OBRA ATUALIZADA CONFORME
O **NOVO ACORDO ORTOGRÁFICO**
DA LÍNGUA PORTUGUESA.

Dados Internacionais de Catalogação na Publicação (CIP)
(Jeane Passos de Souza– CRB 8ª/6189)

Canella-Rawls, Sandra
    Pão: arte e ciência / Sandra Canella-Rawls. – 6. ed. – São Paulo:
Editora Senac São Paulo, 2020.

    Bibliografia.
    ISBN 978-65-5536-359-3 (impresso/2020)
    e-ISBN 978-65-5536-360-9 (ePub/2020)
    e-ISBN 978-65-5536-361-6 (PDF/2020)

    1. Pães (Culinária) 2. Panificação I. Título.

20-1186t   CDD – 641.815
                                    BISAC CKB009000

Índice para catálogo sistemático:

1. Pão : Técnica de elaboração : Culinária   641.815

Sandra Canella-Rawls

PÃO

ARTE E CIÊNCIA

6ª edição

Editora Senac São Paulo – São Paulo – 2020

ADMINISTRAÇÃO REGIONAL DO SENAC NO ESTADO DE SÃO PAULO
Presidente do Conselho Regional: Abram Szajman
Diretor do Departamento Regional: Luiz Francisco de A. Salgado
Superintendente Universitário e de Desenvolvimento: Luiz Carlos Dourado

EDITORA SENAC SÃO PAULO
Conselho Editorial: Luiz Francisco de A. Salgado
Luiz Carlos Dourado
Darcio Sayad Maia
Lucila Mara Sbrana Sciotti
Luís Américo Tousi Botelho

Gerente/Publisher: Luís Américo Tousi Botelho
Coordenação Editorial: Ricardo Diana
Prospecção: Dolores Crisci Manzano
Administrativo: Verônica Pirani de Oliveira
Comercial: Aldair Novais Pereira

Assessoria e Revisão Técnicas: Ronaldo Lopes Pontes Barreto
Preparação de Texto: Pierina McCarthy
Coordenação de Revisão de Texto: Janaina Lira
Revisão de Texto: Ivone P. B. Groenitz, Luiza Elena Luchini
Preparação e Revisão das Atualizações: Juliana Ramos Gonçalves
Textos Institucionais: Luiz Carlos Cardoso
Projeto Gráfico, Capa e Diagramação: Antonio Carlos De Angelis
Fotos: Claudio Wakahara
Ilustrações: Gabriela Carmocini
Foto da Capa: Tracy Scott-Murray
Coordenação de E-books: Rodolfo Santana
Impressão e Acabamento: Mais Type

Proibida a reprodução sem autorização expressa.
Todos os direitos reservados a
Editora Senac São Paulo
Av. Engenheiro Eusébio Stevaux, 823 – Prédio Editora
Jurubatuba – CEP 04696-000 – São Paulo – SP
Tel. (11) 2187-4450
editora@sp.senac.br
https://www.editorasenacsp.com.br

© Sandra Cássia Canella-Rawls, 2020

Sumário

6 Nota do editor

10 Apresentação – *Ronaldo Lopes Pontes Barreto*

14 Prefácio à 6ª edição

20 Prefácio à 4ª edição

24 Prefácio à 3ª edição

28 Prefácio

34 Introdução

  36 Culinária *versus boulangerie*

  38 *Boulangerie*

  42 Breve história do pão

46 Pão artesanal

  47 Estrelas

60 A ciência por trás da elaboração de pães

  62 Os passos básicos na elaboração de pães

94 A química por trás da elaboração de pães:
os ingredientes básicos

  96 Farinha

  125 Água

  137 Sal

  140 Fermento e fermentadores

  151 Fermento natural ou pré-fermento

164 Os ingredientes enriquecedores

  166 Açúcar

  186 Gorduras

  199 Ovos

  208 Principais flavorizantes e especiarias na panificação

214 A técnica por trás da elaboração de pães

  216 Métodos de mistura da massa

  223 Metodologia: o método de percentagem

232 Fórmulas

  233 Como classificar os vários tipos de massas

415 Bibliografia

417 Índice de fórmulas

419 Índice geral

Nota do editor

A legenda de uma foto deste livro diz: "As infinitas possibilidades de sofisticação, aliadas ao seu caráter primitivo, fazem do pão o mais sedutor dos alimentos". E em todas as páginas do cuidadoso trabalho de Sandra Canella-Rawls identificam-se essas características contrastantes do pão: sua antiguidade como alimento, que dele faz um produto tipicamente de artesão a ponto de, mesmo tendo hoje tecnologia e máquinas a fabricá-lo, depender ainda da mão e do controle do padeiro nos passos decisivos do seu preparo, assim como sua modernidade, no sentido do que já se criou em panificação e da interminável condição de continuar criando.

Por tudo isso, tem-se aqui mais um título de relevo de culinária e gastronomia editado pelo Senac São Paulo e dirigido a estudantes e profissionais dessa área.

Dedico este livro a minha família,
a minhas grandes amigas Sandroca e Elaine,
a minha amiga Regina pelo apoio, a meus estudantes...
Enfim, a todos que estiveram
ao meu lado durante essa trajetória.

Apresentação

"Ganharás o pão com o suor do teu rosto"... que triste vaticínio bíblico que nos condenou a trabalhar para ganhar o suado pão de cada dia, mais suado ainda quando pensamos nos padeiros que enfrentam o seu ofício antes do alvorecer. Todos nós associamos as primeiras horas matinais ao cheirinho de pão assado e não imaginamos os mistérios que envolvem a preparação de um simples pãozinho francês – é uma alquimia que extrapola a combinação de farinha, sal, água e fermento.

A história do pão confunde-se com a da humanidade. Há relatos e testemunhos da sua existência há cerca de seis mil anos antes de Cristo. Seu início deu-se, muito provavelmente, por acaso, quando uma camponesa curiosa percebeu que a massa que deixara cair sobre uma pedra quente transformara-se em algo comestível e apetitoso e – o que era melhor – deixando a sensação de saciedade.

O pão está presente em todos os relatos da humanidade. Na Roma antiga, no ano 100 a.C., havia quase trezentos padeiros. Na Grécia antiga, um certo padeiro chamado Theanos foi elogiado por Platão. No Oriente, o alimento assumiu formas diversas como o *pitta* e o *chapati*. Na Idade Média o pão era sinônimo de *status*, e só os nobres tinham acesso à farinha de melhor qualidade. Tão cioso de suas qualidades, provocou até a queda de Maria

Antonieta, que teria dito ao povo, em tom *blasé*, que comesse brioches, já que não tinha pão. Presente em todos os momentos da humanidade, o pão nos chega hoje quentinho, no café da manhã, hábito inaugurado pelos japoneses.

O pão está presente em praticamente todos os nossos momentos, desde o prosaico café da manhã aos mais requintados jantares. O que seria de uma noitada de *fondue* sem um bom naco de pão? Como fazer um autêntico vatapá baiano sem um pão francês dormido?

No Brasil os portugueses nos trouxeram o salutar hábito de comer pães e, com a sua formidável capacidade de adaptação, substituíram a farinha de trigo pelas farinhas locais, nos legando uma série de pães nossos de cada dia. E Deus, que é brasileiro, nos brindou com o pão de queijo, esta delícia nacional que começa a atravessar fronteiras.

Injustamente acusado de ser inimigo dos regimes, o pão na verdade não possui tantas calorias, se ingerido com moderação. Hoje alcança *status* de produto de luxo, possuindo até *boutiques* e *griffes*. E é neste momento de alta que o Senac São Paulo mais uma vez se adianta e lança este belo trabalho de Sandra Canella-Rawls. Tive o prazer de conhecer a autora deste tratado de *boulangerie* e é com muita satisfação que escrevo estas palavras de carinho e apoio, na certeza de que, muito em breve, ele será item obrigatório nas prateleiras dos apreciadores da gastronomia.

Ronaldo Lopes Pontes Barreto
Professor e assessor das Faculdades de
Turismo e Hotelaria do Senac São Paulo

Prefácio à 6ª edição

De um ponto de vista prático e histórico, o pão torna o grão de trigo digestível. É muito mais simples fazer crescerem grãos e sementes do que se manter em movimento caçando, pescando e buscando fontes de alimentos. Quando o homem elegeu a agricultura para a sua estabilidade e o aumento da sua produtividade, a melhor solução era transformar o trigo e outras gramíneas, grãos e sementes. Não somos animais que pastam e não temos estômagos habilitados para a digestão direta, então o homem reconheceu que deveria preparar os alimentos, promovendo neles alguma modificação.

Da cozinha da vovó, o pão começa a ser produzido em uma pequena padaria local. No entanto, no início do século XX, houve um redirecionamento da indústria do alimento e da própria fabricação de massas, resultante da necessidade de volumes maiores que pudessem abastecer um número de áreas geográficas mais expressivas. É assim que, das pequenas padarias locais, o pão passa a ser fabricado em larga escala e a ser comercializado nas grandes cadeias de supermercados.

Desde então, o pão tem sido examinado, criticado, modificado. A indústria da alimentação está mais eficiente, gastando mais em tecnologia e em propaganda. A indústria do *gluten free* gasta milhões financiando pesquisas que tentam comprovar as reações quase demoníacas das proteínas gliadina e glutenina, que formam o glúten. Uma parte dos consumidores que antes reverenciava e apreciava o pão, bem como sua herança cultural e histórica, começa a qualificá-lo como um dos inimigos da dieta contemporânea, vinculando-o a todos os problemas de saúde e de obesidade. A influência e a pressão exercidas pela imprensa, por setores do governo, pela indústria do *gluten free* e pela comunidade médica, através de campanhas bem organizadas, responsabilizam o consumo do pão, mais do que suas próprias características de produto industrializado, como o grande vilão. E assim o pão segue, entre ciclos de aceitação e popularidade e períodos de rejeição e vilificação.

Para a maioria das pessoas, pão é pão, e não há um crivo que diferencie um tipo de pão de outro. Para mim, porém, existem muitas distinções entre um produto industrializado – elaborado em uma planta de produção automatizada, asséptica e quase intocada pelas mãos humanas – e o pão que eu produzo em minhas cozinhas. Na verdade, há cerca de 150 anos, existiam apenas meus iguais, pessoas que produziam seus próprios pães a partir de água, farinha, sal e fermentação, e que supriam suas necessidades e as de suas famílias, amigos e vizinhos. São elas que hoje chamamos de padeiros ou artesãos. Faziam um pão utilizando métodos antigos e contavam com muito pouco além de suas próprias experiências, sua força de observação, sua força bruta e seus instintos. Com o avanço da mecanização, porém, a indústria do alimento é criada, e ela perdura, com muitas mudanças, até os nossos dias. Em nossa sociedade moderna, portanto, persiste um pequeno número de padeiros e artesãos, de gente que põe a mão na massa!

Nossa sociedade industrial, pautada na automação e na mecanização, tem como principais motivadores a redução de custos e a otimização da produção. Para tal, conta com leis que a auxiliam, com insumos químicos e com uma indústria paralela influente e cheia de recursos. Na indústria do pão, misturadeiras de ação rápida e intensa produzem massas com um glúten muito desenvolvido, que necessita de melhoradores e aditivos para facilitar sua manipulação e modelagem. Uma mistura acelerada e intensa quase não deixa tempo para o crescimento ou a fermentação. A essa mistura são agregados outros aditivos para acelerar seu processo de crescimento e adequar o tempo entre a modelagem e a cocção. Para estender a durabilidade do produto, outros químicos são adicionados, retardando o envelhecimento e prevenindo a proliferação de microrganismos. Um participante desse processo não pode ser chamado de padeiro: é um técnico que opera máquinas produtoras de pão.

Obviamente, também estou preocupada com meus custos, mas por opção confio em menos artifícios mecânicos e químicos e mais na minha habilidade e no meu conhecimento, e tenho como maior motivação criar um produto autêntico e saudável. A grande indústria é uma produtora de números, e eu sou uma produtora de pães! Misturo, faço crescer, modelo, asso, empacoto, vendo produtos frescos cujos ingredientes são inteligíveis e puros. Certamente, muitas das descobertas da ciência da fabricação de massas fermentadas é resultado de pesquisas dentro dos limites das fábricas e dos moinhos. O ponto não são as descobertas, mas o uso que fazemos delas. O padeiro não é um investidor e não utiliza tecnologias e insumos a seu próprio favor. Ele observa e acompanha o processo, fazendo os ajustes necessários de temperatura e umidade e utilizando ciência, instintos, cultura e experiência. O padeiro, que conhece o processo, não utiliza químicos para forçar reações químico-físicas, mas respeita o processo natural e interfere nele com critérios.

O pão que estamos comprando, mesmo em mercados e padarias ditos "gourmets", contém uma lista infindável de ingredientes, muitos dos quais são aditivos químicos, consumidos por nós todos os dias. Quantos deles, em 20 anos, não serão considerados danosos ou até ilegais, como é o caso do bromato de potássio, proibido no Brasil em 2001? Não é sempre que órgãos regulatórios desconhecem os riscos de certos aditivos, mas eles simplesmente não estão capacitados ou equipados para entender essas adições questionáveis. Até que ponto os ministérios da agricultura e outros órgãos entendem completamente as implicações de certos químicos utilizados pela indústria de alimentos?

O pão que você pode produzir não tem preço. O pão comprado no supermercado, barateado e sucateado, seria muito mais caro se elaborado corretamente. O padeiro, o artesão, pensa naquele que consome, em sua saúde, seu bem-estar e sua apreciação. Então, na próxima vez que julgar um pão pelo preço, lembre-se de que o dinheiro que você está economizando naquele pão de ingredientes sinistros poderá ser gasto em contas de farmácia, médico e hospital. Não digo que os pães comprados sejam um veneno que o matará instantaneamente – regulamentos e órgãos não deixarão que isso aconteça. Ainda assim, com o consumo desses produtos, sua saúde vai gradualmente se degradando. A indústria pode acabar com seu potencial autoimune, mas, na contramão, você pode diminuir o consumo desses produtos e escolher melhor. Trata-se de uma mudança de estilo de vida.

Mas compreenda que a questão sobre o que comer não pode estar baseada em regras fáceis. Não vilanize o glúten, pois quando falamos de um bom pão, falamos de muito mais do que comida. O sonho de um bom pão envolve a idealização de uma boa sociedade. Não queremos, aqui, atribuir ignorância ao consumidor, mas apontar a desigualdade social, o declínio de perspectivas para um grande segmento da população e a concentração do poder pela indústria de alimentação.

Faça seu pão. Saboreie-o, presenteie-o! Não vilanize o glúten, entenda-o!

Prefácio à 4ª edição

O padeiro: o verdadeiro coração do pão!

Nestes últimos cinco anos muita coisa mudou na moda, no esporte, na economia mundial e, sem dúvida, na nossa relação com os alimentos. Mais industrialização, mais atalhos que driblam a qualidade para tornar possível a quantidade e o consequente lucro. Por outro lado, há a facilidade do acesso à informação. A mídia brasileira fatura alto com as dicas dos *chefs*, dos apresentadores de tevê, que se metem em uma doma e influenciam a opinião popular, determinando o que é bom, chique, saudável... Para chegar à 4a edição deste livro, de técnicas milenares e de conhecimentos básicos, é uma prova de que ciência e arte continuam sendo importantes. Apesar de as inovações, que evoluem em função de nossas necessidades, simplificarem nossa vida, elas não substituem a história da humanidade com os alimentos.

Para esta edição, eu poderia ter adicionado uma série de novas técnicas, insumos e outras centenas de receitas que desenvolvi nos últimos anos. Porém, a base é a mesma, e meu compromisso profissional continua o mesmo: educar, informar, formar. Minha experiência profissional pelas cozinhas e escolas americanas, minha convivência com verdadeiros *chefs*, com a verdadeira gastronomia, me colocam ainda mais próxima da essência deste meu trabalho: a tradição!

O que define o que hoje consumimos como "pão" vem a ser um processo histórico entre o homem e a manipulação de seu próprio alimento. Na Europa, ainda hoje encontramos milhares de pequenas padarias, daquelas do tipo que o brasileiro não está acostumado a visitar, ou seja, a padaria que vende PÃO! O que ele está acostumado é encontrar estabelecimentos comerciais denominados "padaria" e comprar de carvão a lata de salsicha. Na Europa, esse tipo de negócio vem passando de geração a geração, com o tataravô sendo o primeiro padeiro da família, e daí vem a origem de sua descendência cultural/financeira, que está na verdadeira raiz do negócio.

O pão é um alimento feito de uma pasta fermentada de um cereal (em geral trigo), produzida, incrementada, cuidada e apaixonadamente recriada rotineiramente por um padeiro. Podemos dizer, então, que *o foco está no padeiro, não no pão!* O padeiro é o artista por trás de uma massa que ele artesanalmente preparou, melhorou e repassou para as novas gerações.

O artesão do pão tem a mesma grandiosidade que qualquer outro artesão, principalmente em uma sociedade modernizada, industrializada, que cria e recria apenas visando o lucro. O pão artesanal não se refere a nenhum estilo de pão ou produtos levedados, tampouco a qualquer método de mistura e elaboração. Ele define o padeiro individual. Assim como um artista pode ter diferentes estilos e técnicas, assim também é o padeiro. Por meio de leituras de livros (eu me incluo nessa categoria) e dos seminários sobre o tema, nas convenções, o "pulo do gato" está no padeiro consciente que tenta reunir elementos de técnicas e conhecimentos, descobertas de ingredientes, de instrumentos e de equipamentos e muitas horas de forno, para obter o melhor produto possível. O pão especial, artesanal, da qualidade que deve estar sempre sendo resgatada de nossos ancestrais, vem com um padeiro conhecedor da ciência por trás da elaboração do pão, que se prepara tecnicamente e com uma única missão: satisfazer seu consumidor! Extrair aquele suspiro de reconhecimento em seu interlocutor, satisfeito com um aroma, uma coloração, uma delicadeza, uma série de pequenos detalhes.

Nesta publicação, explorei os elementos básicos da elaboração de pães utilizados pelo artesão, pelo artista. Não espere encontrar "melhoradores químicos", presença exagerada de fermento, atalhos, etc.; ao contrário, busquei expandir, detalhar, enfocar, resgatar. A informação aqui contida não elimina outras informações às quais se tem acesso. Ao contrário, somei! Não existe um método único. Não existe um modelo único. Muitos são os programas que podem melhorar seu conhecimento. Essa é a minha perspectiva.

Prefácio à 3ª edição

Do casamento entre as minhas experiências em cozinhas na América e das minhas experiências lecionando nos Estados Unidos e no Brasil nasceu este livro. Pelo curso de minha carreira, acredito que era previsível que um dia, conciliando a ciência de alimentos, a arte culinária, o ensino de culinária e minha inquietude em conhecer os porquês, eu procuraria informações que não constam em rótulos nem em livros levianos de receitas com fotos bonitas.

Em sua série de livros *What Einstein told his cook*, Robert Wolke, ao capturar a ideia que lhe originou cinco livros sobre alimentos, apresenta um exemplo em que Einstein, em New Jersey, em 1935, entrava em sua cozinha e visualizava um guisado sendo elaborado no fogão. Atrás de sua mente interrogativa e criativa, teria na verdade visto um aparato que transforma a energia química contida no gás ou na madeira em energia térmica, aplicada a um pedaço de galinha. Nada disso teria diminuído seu prazer em degustar a galinha preparada, mas certamente haveria colocado certo tempero extra em sua refeição, um tempero não detectável por intelectos sem a sintonia científica.

No meu entender, ciência adiciona razão e profundidade a eventos corriqueiros, como preparar ou comer um alimento. O alimento é ao mesmo tempo confortante e necessário para a continuação da vida. Mas compreendê-

-lo desde a sua descoberta até suas aplicações, seus contextos histórico-culturais, suas implicações em nossa vida diária, uma definição generalizada da própria gastronomia, alimenta nossas mentes e adiciona um tempero singular ao que já saboreamos sobre a preparação e a degustação culinárias.

A cocção de um pão de qualidade não termina na escolha do método certo, da farinha correta ou do forno ideal. É preciso entender que outras reações, além da imediata formação de um produto, estão ocorrendo simultaneamente: a microbiologia da fermentação, a mecânica do desenvolvimento de uma massa por atrito físico, a variedade e implicações agriculturais do trigo, os aspectos de processamento dos ingredientes, as reações químicas levadas a cabo pelas reações físicas e tecnológicas. É preciso pensar fora da panela!

Este livro é uma exploração das técnicas milenares de elaboração de massas fermentadas, principalmente vistas através de uma mente curiosa que tenta repassar o prazer da descoberta e do conhecimento. Na revisão desta terceira edição, li, reli, repensei, e me satisfaz a opção, certamente delicada, em escrever para uma gama de indivíduos, desde aqueles que estudaram ciência mais aprofundadamente até aqueles que pouco conhecem aspectos científicos, atrás de coisas corriqueiras. E entendi ser necessária a introdução, ou melhor dizendo, a reintrodução mais enfatizada e em bom momento da produção do pão artesanal, o pão original que nasceu às margens do rio Nilo, no Egito antigo, e migrou para as *boulangeries* ao redor da Europa e do mundo, operada por artistas chamados "padeiros artesãos".

Um padeiro artesanal é possuidor de talento, conhecimento e experiência, treinado na habilidade mais invejável, a de misturar, fermentar, moldar e assar um pão único. Deve entender da ciência atrás da produção, das reações físico-químicas dos ingredientes, e administrar o melhor ambiente e condições para o desenvolvimento de uma produção artística e única. Comparo o padeiro artesanal a qualquer outro artista, semelhante ao trabalho de um fino joalheiro, um talentoso marceneiro, um refinado costureiro. Ele sabe como combinar materiais para realizar algo forte e ao mesmo tempo elegante e delicado. Combinando os materiais de diferentes formas, cria modelagens, texturas, cores. O produto final o faz se sentir orgulhoso; afinal, tanto empenho intelectual, físico, monetário e de criatividade foi utilizado.

Para a produção desses pães artesanais de melhor qualidade, precisamos de uma divulgação maior do que é o pão, precisamos qualificar padeiros, educar investidores e proprietários da indústria afim, e acredito que podemos iniciar por aqui. Leitura de bons livros, viagens, conversas com outros povos e culturas, cursos de gastronomia responsáveis... muito a pedir. Minha contribuição? O que vi, repeti, aprimorei, aprendi e tento repassar a meus alunos e a todos aqueles que me derem a oportunidade de falar dessa minha paixão pelo tema.

Assim, agradeço à Editora Senac São Paulo por sua seriedade, investimento e pela oportunidade de rever o meu livro, corrigir alguns erros de impressão, alguns erros de interpretação e preencher certas lacunas de informação que penso serem importantes para expressar minha paixão e minha gratidão pelo fascínio que esse alimento supremo milenar me desperta: e vamos ao pão.

Prefácio

Milhares de anos atrás, em uma sociedade basicamente rural, quando cidades não passavam de modestas vilas, pode-se dizer que quase todas as famílias sabiam uma receita ou outra de pão: *água*, *farinha*, *sal* e algum mecanismo ou ingrediente *fermentador*. O pão era então assado sobre fogueiras, brasas ou pedras. Em tais condições provavelmente era produzido um pão duro, seco, que exigia ser consumido ainda quente; ou demandava, digamos... muita mastigação. Mesmo assim, já naquela época o pão era apreciado por todos.

Ao se transferir essa produção da cozinha doméstica para as padarias comerciais, perdemos uma tradição individual, e alguns dizem até que o pão desde então vem se transformando em apenas mais um produto. De fato, muitas mudanças ocorreram. Mas hoje, se perdeu o caráter individual e artesanal, o pão ganhou com as novas conquistas da sociedade moderna. A farinha nunca apresentou tanta variedade e qualidade; cereais nunca foram tão cuidadosamente investigados e produzidos; contamos com o fermento instantâneo; temos misturadeiras, fornos os mais variados possível, e... livros!

As descobertas às quais temos acesso hoje delineiam a construção de áreas múltiplas de conhecimento e vêm colaborando para a explicação e o controle de variáveis tais como o tempo, a perpetuação da espécie e até a cozinha. A arte culinária também se revê, se explica, transcende quando à luz do conhecimento. A produção de massas fermentadas é um exemplo claro – afinal, acontecem reações e modificações físico-químicas. É forma, é arte, é expressão. É adicionar novos elementos, ajustar outros, dar novas formas, criar, melhorar, melhorar. E tudo isso só se atinge com conhecimento e controle de variáveis, com investimento em pesquisa e com muita, muita prática.

Este livro investiga a parte da culinária que estuda, desenvolve e produz pães e outras massas, especificamente a arte de produzir pães ou massas fermentadas, conhecida como *boulangerie*, ou panificação.

Assar não depende apenas de uma boa receita ou fórmula. Requer aplicação de conhecimento, pesquisa; um desafio mais sério e consistente. É capacidade de reprodução, apesar das variáveis que acometem o processo, como a qualidade da farinha, o tipo de sova, a fermentação, as bactérias presentes no ambiente, a temperatura, o tipo de forneamento, o acondicionamento, entre outros.

Quando elaboramos uma massa de pão, transformamos a cozinha em um laboratório de reações, aromas, odores, sabores e texturas. A receita é a expressão de um experimento científico. Imagine como uma massa pegajosa e sem paladar pode se transformar em um alimento com a riqueza e o significado do pão?

O que faz do pão um alimento tão versátil e imprescindível? Como se desenvolve sua textura leve e porosa? A resposta é *gliadina* e *glutenina*, duas proteínas encontradas unicamente na farinha de trigo. Ao misturar-se com um líquido e ser amassada, a farinha forma uma substância elástica, denominada glúten. O glúten tem a habilidade de esticar-se e aprisionar as bolhas de gás que farão o pão crescer.

Tais gases vêm de uma ação fermentadora provocada por fungos minúsculos, unicelulares, chamados comercialmente de fermento biológico, e artesanalmente de fermento natural. A combinação simples de fermento + farinha + líquido resulta em uma massa esbranquiçada e pegajosa. No interior dessa mistura, as moléculas se movem e ocorre a fermentação. Algumas enzimas do fermento atacam o amido da farinha, quebrando-o em glicose.

Outras enzimas transformam moléculas de glicose em gás carbodióxido e etanol. O gás se expande na mistura, causando o crescimento da massa e suas decorrentes características de porosidade, odor, etc.

Assar é por definição a *aplicação de calor a um alimento, expondo-o a temperaturas elevadas*. Neste livro, assar se refere à cocção de massas e misturas, incluindo massas fermentadas, laminadas, folhadas, levedadas e mistas. Seguiremos explorando detalhadamente os ingredientes utilizados em massas, bem como uma descrição minuciosa das funções próprias e por associação que esses ingredientes desempenham. Podemos dizer, *grosso modo*, que a leitura deste material oferecerá ao leitor três importantes ferramentas:

- Noção técnica apurada de ingredientes e como reagem entre si para a elaboração de um alimento, nesse caso mais específico, o pão.
- Os procedimentos envolvidos na produção de massas.
- A arte manual e as técnicas de produção.

Este livro não pretende fornecer receitas, e sim oferecer uma referência científica e profissional para a elaboração de pães. Embora haja fórmulas – extremamente pesquisadas e testadas – na última seção, o enfoque não privilegia simples receitas como ponto central. A intenção é contribuir para a compreensão e aplicação de conceitos e informações básicas envolvidas no processo de elaboração de produtos de *boulangerie*.

Assim, dirigimo-nos especialmente aos estudiosos da arte culinária, sem esquecer do público em geral que deseja conhecer mais profundamente a área da *boulangerie* e *pâtisserie* e aprofundar-se no entendimento de como certos ingredientes combinados são usados na elaboração de produtos atraentes, saborosos e com grande valor nutricional.

Para os experts na *boulangerie* e *pâtisserie*, este livro servirá como referência profissional quanto a ingredientes, métodos e fórmulas, dos mais básicos aos mais complexos. Para os noviços, é um guia prático detalhado da expressão da arte da *boulangerie*. O objetivo é que se compreenda que o *boulanger* verdadeiro dedica-se a minúcias e preocupa-se em elaborar um pão artesanal tão bom quanto possa ser, ainda que em escala de consumo.

Espero contribuir para que o pão que deu certo (por acaso) hoje possa também dar certo amanhã, com maior segurança e perfeição; para que a compreensão das variáveis façam-se úteis e constantes, e mais um campo de conhecimento se abra para meu leitor. Quem sabe nascerá mais um *boulanger* ou *pâtissier*, que venha engrossar a insípida mas deliciosa e promissora carreira profissional em nosso país. Então, mãos à obra.

Introdução

Em nosso país, vemos um crescimento relativamente recente do estudo sistemático e institucionalizado da arte culinária. São apenas poucos cursos, algumas faculdades na área da gastronomia, uma outra dezena de cursos na área tecnológica de alimentos e uma outra centena, talvez, de cursos para donas de casa, *hobby* mais do que formação.

Porém, essas escolas têm apenas uma parte, e bastante reduzida, de seus programas destinada à *boulangerie* – produção de pães e massas fermentadas – e à *pâtisserie* – produção de artigos de confeitaria –, ambos termos emprestados do francês, na ausência de uma palavra em nosso idioma que resuma a complexidade de tais artes. Busca-se apenas a capacitação do profissional global – cozinhar, assar... entender de tudo um pouco. Parte-se do pressuposto que um gastrônomo, *chef* ou cozinheiro *chef* deveria também estar capacitado a elaborar pães e sobremesas, uma vez que a maioria absoluta dos restaurantes, hotéis e afins inclui tais itens em seus menus.

Enquanto em toda a América do Norte, Europa e Oriente a carreira de um *chef boulanger* e *pâtissier*, que se dedique exclusivamente a essa parte da arte culinária, é bastante difundida e apresenta-se vital para a manutenção de padrões de qualidade internacionais, no Brasil nos encontramos em outros patamares. No país, ainda são poucos os cursos de formação superior nas áreas de panificação e confeitaria.

Assim, apesar do acentuado crescimento da área da culinária e gastronomia, na área específica da *boulangerie* e *pâtisserie* existe grande carência na coleta e sistematização de informações, e faltam cursos e escolas especializadas. Por outro lado, esse despreparo gera uma indústria de produção sem qualidade e produz um consumidor sem crítica ou exigência diante dos produtos que leva para casa e com os quais alimenta sua família.

Vemos esse mercado cada vez mais dominado pelas grandes indústrias, pelos grandes supermercados. As próprias padarias de bairro vendem de tudo, menos pão. Nesse mercado aberto e sem critérios, a massa folhada se transforma em *croissant*, usualmente enrolado com presunto e queijo, e a mesma massa do pão francês se transforma sem punições ou desconforto em *ciabatta*, pão italiano cuja elaboração exige grande complexidade. Dá-se a nomenclatura que bem se entende a esses produtos, em um mercado consumidor com limitado poder de compra, incipiente poder de julgamento e com paladar viciado. Bem ao "jeitinho brasileiro".

Chamamos *boulangerie* ao estabelecimento comercial que oferece uma gama variada de pães, de diferentes massas, odores, aparências e texturas, com preços naturalmente diferenciados. Usualmente as *boulangeries* apresentam certa produção de artigos de *pâtisserie* – biscoitos, doces, tortas, bolos, sobremesas. Quantas *boulangeries* você conhece?

Na verdade, raramente se tem acesso ao pão fermentado, trabalhado e finalizado rigorosamente, de qualidade infinitamente superior, mas de custo mais elevado. A produção em escala comercial usualmente causa não apenas a perda de qualidade, mas principalmente a perda de tradições e raízes mais básicas da própria alimentação humana.

Culinária *versus boulangerie*

Os procedimentos de assar e cozinhar têm muito em comum. Ambos fritam, assam, dão forma e modelo, sabor, se preocupam com o apelo visual de seu produto. Se o cozinheiro ou *chef* utiliza-se de receitas, o *boulanger* ou padeiro trabalha com fórmulas precisas. O pão assado alimenta o organismo, mas a massa em si tem de ser alimentada pelo boulanger, e esse processo é ao mesmo tempo um movimento físico, intelectual e até psicológico.

O cozinheiro ou *chef* pode fazer adequações de sal, temperos, água e leite, por exemplo. E usualmente seu produto ou sua receita pode sofrer variações de ingredientes ou outros elementos sem perda de qualidade e consistência. Já a elaboração de pães e massas fermentadas, ao contrário da culinária geral, é ciência antes de ser arte.

Começa por um atento e minucioso *mise-en-place*. Atém-se ao tipo, qualidade, combinação e reação de ingredientes entre si; exige precisão absoluta em pesos, medidas e temperaturas; requer domínio completo de técnicas e métodos, dentre tantos outros fatores de qualidade.

Em termos técnicos, denominamos *mise-en-place* (traduzido do francês como "colocar em local apropriado") a organização e preparação que antecede uma tarefa culinária. Trata-se de identificar os ingredientes, observar sua temperatura, a maneira pela qual serão utilizados (cru, picado, em purê, frio, quente, etc.), reunir o equipamento e utensílios necessários, os recipientes para mistura e cocção, ajustar a temperatura do forno, enfim, todos os detalhes envolvidos na elaboração. No ambiente profissional dizemos que um *mise-en-place* bem-feito é 50% do sucesso do trabalho.

Na organização e preparação de seu trabalho, o *boulanger* trabalha com medidas exatas de peso, por exemplo. Uma vez que sua baguete esteja no forno, nenhuma outra medida de correção poderá ser efetuada. Quanto ao forno, o *boulanger* necessita vigiar a temperatura, analisar a necessidade ou não de vapor, a duração da cocção e até mesmo como seu produto deverá ser retirado da fôrma e esfriado. Daí em diante se dedicará à conclusão de seu trabalho, decorando e dando a finalização e acondicionamento.

Em minhas aulas iniciais gosto de dizer que observar a elaboração de uma simples baguete pode ser excelente oportunidade para admirar as tremendas voltas das descobertas e invenções humanas. Parece-lhe muito pretensioso?

Vejamos. A elaboração de um pão requer farinha; para obtê-la é necessário um campo cultivado de trigo, que pede cuidados na escolha da semente, na plantação, na colheita, além de sofisticados passos tecnológicos para a moagem e a extração final da farinha propriamente dita.

Assim como a agricultura já se desenvolvia perto de 8000 a.C., também naquela época já evoluía a arte de fermentar grãos para a produção de vinhos, cervejas e massas similares às que consumimos hoje. Para crescer, o pão requer fermento ou algum tipo de processo fermentador. Louis Pasteur, na metade do século XVIII, desenvolveu uma linha de raciocínio para explicar a conexão entre fermento e fermentação, que foi a base do conhecimento utilizado para iniciar a produção industrial de produtos fermentados. Até chegar aos patamares modernos de produção e manter-se confiável e suficiente para ser a maior produção de fungos vivos do planeta, o fermento certamente traçou um longo percurso.

E finalmente, o pão requer forno! E existe uma variedade enorme de tipos de fornos, condução de calor, vapor, etc. Cada um desses componentes expressa gerações de desenvolvimento, e não se teria chegado ao que o mundo contemporâneo conhece como pão de outra maneira.

Assim, é importante que a essa altura já tenhamos compreendido que assar não é apenas um dom ou uma boa receita ou fórmula. Engloba também aplicação de conhecimento, pesquisa, arte – enfim, é um desafio mais sério e consistente. Como diria um *chef* francês, meu professor na Johnson & Wales University, nos Estados Unidos: é 10% de inspiração e 90% de transpiração!

São muitas as dificuldades que venho enfrentando na minha experiência profissional como *boulangère*, *pâtissière* e *chef*-instrutora em diversas escolas, hotéis e restaurantes. Discutir, descrever, expor, conscientizar, informar, capacitar... esse é o desafio.

Boulangerie

Mas por que essa paixão pela *boulangerie*? Apenas porque entendo que o pão, particularmente, é de vital importância para a espécie humana, alimentando de maneira singular, jamais apresentada por outro alimento.

O pão, como o consumimos hoje, é o resultado de um processo antigo, de milhares de anos. Trata-se de uma herança ancestral, de um conjunto de conhecimentos repassados, alimentados e sistematizados no decorrer de gerações e culturas. Gregos, hebreus, egípcios, ibéricos, americanos, enfim, todas as civilizações que sempre produziram seus alimentos contribuíram para o pão que vemos hoje em nossas mesas.

Você já se deu conta de quanto pão consumimos por ano? Assim como batatas, vegetais, arroz, etc., cada indivíduo em média consome mais de 100 kg/ano, ou, digamos, duas vezes seu próprio peso corporal. É uma parte tão importante em nossas vidas que deveria ser levado mais a sério.

A essa altura, você já até deve ter enumerado suas padarias favoritas, e seus pães favoritos na cidade onde mora. Além do tão comum pão francês, da baguete, do pão de forma branco, do pão de hambúrguer, do pão de cachorro-quente, existem muitos outros tipos, chamados pães "especiais". São pães de centeio, de aveia, pães doces, pães com mel e com uva passa, bisnagas de leite, tranças; e ainda aqueles pães rápidos presentes na mesa de café da manhã ou no lanche do final da tarde, como o nacionalíssimo pão de queijo e a broa de fubá.

Todavia, cada vez menos pensamos na figura do velho padeiro, que está sendo substituído pelos padeiros invisíveis da padaria do supermercado e das fábricas de pães. A indústria da alimentação cresce virtuosamente, e a mecanização é a ordem do dia. Enquanto um pão elaborado pelo padeiro, sem recurso adicional comercial, como fermentos em excesso, melhoradores, farinhas quimicamente manipuladas, enzimas, etc., pode demorar até mesmo dias para sair, no supermercado, por milagre, sai em apenas uma hora! Ótimo. Apenas não pensemos que essa otimização e barateamento de um item tão importante na dieta humana não compromete o pão que consumimos diariamente. Na verdade, ele tem deficiências em suas características principais de sabor, odor, qualidade nutricional, entre tantas outras. No tópico "Fermento natural ou pré-fermento" abordamos o que é um pão elaborado com o fermento natural, quais as diferenças de paladar, qualidade, conservação e, principalmente, os benefícios para a saúde no consumo desses pães artesanais.

Poderíamos então dizer que o pão, apesar dos atalhos adotados pela sociedade moderna, ainda é um dos alimentos mais finos para consumo diário, e que, de fato, a dieta humana contemporânea não existiria sem ele. Muitos são os alimentos superficiais ou supérfluos, como sorvetes, chocolates, batata frita, hambúrgueres – na verdade, seria mais saudável não consumi-los. Uma dieta balanceada capaz de manter o corpo e a mente em funcionamento deve obrigatoriamente conter o alimento primordial: um *bom pão*.

Como veremos no tópico destinado aos pré-fermentos, o processo de fermentação da massa de um pão levedado se inicia na verdade dentro das quatro paredes da padaria, e pede pouco ou preferencialmente nenhum fermento industrializado. Os produtores de pães artesanais costumam dizer que não querem introduzir em suas massas nenhum fermento oriundo de uma fábrica desconhecida ou de um meio (ambiente) desconhecido. Elaboram seu próprio fermento, o que eleva a elaboração de pães a um outro patamar de controle de variáveis e qualidade, com a necessidade contínua de atentar para os microrganismos que se criam ou proliferam.

Na verdade, esse método não "produz" ou faz crescer apenas um tipo de microrganismo, mas uma cultura de bactérias extremamente benéficas ao processo de elaboração de uma massa fermentada.

Naturalmente, não estamos falando de nenhuma novidade. Assim o pão era feito originalmente. Se analisarmos a história do pão, reconheceremos que o advento do fermento comercial é algo bastante recente: veio com a industrialização, com a necessidade de produção de alimentos em massa e com a introdução crescente de máquinas em substituição às mãos humanas. Até certo momento, o fermento era produzido na padaria, pelas mãos do padeiro, que o alimentava, controlava e conhecia muito bem suas particularidades. A introdução de máquinas paulatinamente retirou a característica secular do pão, de ser produzido e reproduzido por mãos humanas em toda a sua dinâmica. A máquina substituiu o homem e o pão feito pelo homem foi substituído por um artigo industrializado. E padeiros se transformam em técnicos em vez de artesãos...

A popularidade do fermento comercial logo chegou aos lares e às pequenas padarias. No mundo industrial perdeu-se o artesanato do pão, experimentado e aprimorado pela humanidade por milhares de anos... até que algumas pessoas – como já acontece em tantos países do mundo moderno –resolveram voltar a essas tradições e conhecimentos. Embora nem todos os padeiros artesãos dogmaticamente devotem sua produção ao pão levedado naturalmente – contam-se aí a facilidade e a rapidez que o fermento comercial oferece –, sem dúvida todos querem se reaproximar da fascinante produção artesanal desse alimento.

Os artesãos do pão estão voltados para o processo de criação mais do que para a produção em larga escala. Na Europa e nos Estados Unidos, existem milhares de pequenas *boulangeries*, com produção limitada, que não utiliza nada mais do que água, farinha e sal. Como padeiros, diariamente entram em contato com organismos vivos criadores do pão que eles fazem. Desenvolvem extrema sensibilidade para os fermentos que manipulam: como reagem com o tempo, com os ingredientes, com todas as variáveis a que estiverem suscetíveis. A paixão e o envolvimento despertados nessa maneira pura de elaborar o mais antigo e fundamental alimento de que a humanidade tem notícia merecem todo o nosso respeito e admiração.

Você sabia?

- O pão é consumido há 7.500 anos.
- A indústria do pão é uma das maiores do setor alimentício.
- O pão contém muito pouca gordura e virtualmente nenhum açúcar.
- 70% do pão que consumimos é do tipo pão branco.
- Sanduíches são responsáveis por cerca de 50% do pão que ingerimos.
- Os trabalhadores que ergueram as pirâmides do Egito foram pagos com pão.
- O grande incêndio de Londres, em 1666, começou em uma padaria.
- Em 1942 a Federação Britânica dos Padeiros organizou sua produção para servir de suporte à guerra.
- Pão é o primeiro fast food que a humanidade conheceu, e continua sendo o melhor!

Breve história do pão

A história do pão permeia a própria história da humanidade. Diferentes origens podem ser encontradas na literatura. Não pretendo postular nenhuma como a verdadeira. A explicação seguinte, porém, parece bastante coerente.

Muitos estudos consultados partem da premissa de que os primeiros pães foram elaborados no período neolítico, onde hoje está situada a Suíça, em um vilarejo às margens do lago Dwellers, cerca de 8 mil anos atrás. Essa comunidade construiu suas casas sobre palafitas às margens do lago, cujas águas eram ricas em minerais. Com o passar dos anos, o local foi submerso; elementos químicos presentes na água petrificaram muitos dos objetos abandonados ali, e, como resultado, cientistas e arqueólogos colheram no local uma gama extraordinária de detalhes do modo de vida dessas pessoas. Um dos indícios encontrados é que eles já assavam pães.

Antiguidade (8000 a.C.–600 d.C.)

O homem descobriu o fogo meio milhão de anos atrás e os cereais eram provavelmente torrados em fogueiras a céu aberto pelo menos há 100 mil anos, quando já eram cultivados no Oriente Médio. Trigo e arroz eram naquele momento provavelmente os cereais mais difundidos. Exatamente por virem se alimentando do trigo e derivados por mais de 10 mil anos, nossos corpos foram habituados a elaborar enzimas e outros mecanismos necessários à sua digestão.

O pão já era elaborado nos vales dos rios Tigre e Eufrates, na antiga Mesopotâmia (exatamente onde atualmente se encontra o Iraque), e no vale do rio Hindu. Supõe-se que tinha formato oval e achatado, como uma panqueca, e era feito com grãos triturados rusticamente, como aveia, cevada, trigo e outras sementes, como gergelim, por exemplo. Os cereais eram misturados com água e deixados sobre pedras, onde levedavam grosseiramente e então eram assados, envoltos ou cobertos de brasas. Esses pães de formato estendido ou achatado, denominados em inglês *flatbreads*, foram os únicos conhecidos pelas civilizações durante milênios, e ainda hoje são produzidos e consumidos largamente em todo o mundo, principalmente nessa mesma região.

Egito

Foi às margens dos bancos de fertilização, ao lado do rio Nilo, que os egípcios, antes de 300 a.C., transformaram definitivamente esse *standard* de alimento rústico, conduzindo-o ao campo da arte.

O Egito antigo desenvolveu os modelos primários de pedras moedoras, bem como as variedades de trigo mais duras. Nessa época, a fermentação da cerveja e a elaboração de pães tornou-se uma habilidade crescente. O clima quente dava ao ambiente condições extremamente favoráveis à proliferação de fermentos (bactérias), e os padeiros começaram a experienciar os primeiros pães fermentados.

Os relatos supõem que um pedaço de massa contendo apenas água e farinha foi esquecido a céu aberto, e naturalmente foi inoculado pelas bactérias presentes no ambiente. Começou assim uma fermentação alcoólica, transformada, após alguns dias, em fermentação ácida, que ofereceu volume à massa. A alguém teria ocorrido juntar essa massa expandida a uma massa nova. Assim a fermentação teria sido incorporada ao repertório culinário. (Esse princípio de fermentação foi amplamente explorado até pelo menos o século XX, quando padeiros começaram a incluir algum fermento comercial para acelerar e potencializar a capacidade de fermentação de sua esponja ou pré-fermento.)

Em seguida os egípcios inventaram o forno fechado, e a produção de pães assumiu grande significado. Um tributo era pago a Osíris, o deus do grão, e pão era usado no lugar de dinheiro, tanto que grande parte dos trabalhadores das pirâmides foi paga com pães.

O conhecimento e a importância do pão no Egito estão cravados nos desenhos minuciosos deixados nas tumbas dos faraós no Vale dos Reis. As figuras mostram o pão sendo oferecido aos deuses, em pelo menos quarenta formas diferentes: arredondados, quadrados, achatados, triangulares, espirais, cônicos, e todas suas combinações. Muitos desses pães são bastante semelhantes aos que consumimos atualmente, embora o método de manufatura fosse bem distinto: acredita-se que os egípcios sovavam a massa com os pés!

Roma antiga (1000 a.C.)

Em Roma, o pão levedado se tornou popular em torno de 500 a.C., quando foram desenvolvidos moedores circulares, base de toda moagem até a Revolução Industrial do século XIX.

A produção de pães na Itália era tão importante que já o famoso filósofo Juvenal professava que os romanos precisavam apenas de duas coisas: *panem et circenses*, ou seja, pão e circo (no sentido de entretenimento).

As primeiras associações de padeiros foram formadas em Roma cerca de 150 a.C. Em torno de 40 a.C. autoridades decretaram que o pão fosse distribuído gratuitamente a todos os homens adultos.

Idade Média

O crescimento das vilas e cidades ampliou a troca de mercadorias e padeiros começaram a investir na produção comercial. Associações de padeiros protegiam os interesses de seus membros e regulamentavam preço e peso do pão. Durante a dinastia Tudor, quando a Grã-Bretanha vivia um momento de prosperidade, o pão tornou-se um símbolo de *status*: a nobreza consumia pães brancos, pequenos, e os mais pobres se alimentavam com pães escuros e maiores. Isso porque, na época, a farinha moída e tratada para a elaboração de pães brancos era obtida em pequenas quantidades. Padeiros de pão branco e padeiros de pão escuro chegavam a ter associações diferentes, o que duraria até 1569, quando a rainha Elizabeth I uniu as duas facções.

Em Portugal, o dia de santa Isabel, padroeira dos padeiros, é comemorado em 8 de julho. Conta-se que em 1333 a rainha Isabel, esposa do rei dom Diniz, empenhou suas joias para poder continuar a distribuir pão aos pobres. Em um dia de partilha o rei chegou de surpresa ao local da distribuição. Isabel, ao vê-lo, escondeu os pães dentro de suas vestimentas. Indagada pelo rei o que tratava de esconder, ela respondeu: "Rosas!". "Rosas em janeiro? Deixe-me ver", desafiou o rei. Isabel abriu suas vestes e... caíram rosas.

Era industrial (1700–1887)

No início do século XIX, a vida se transformou profundamente pelos efeitos da Revolução Industrial. Um grande número de trabalhadores rurais se deslocou para centros maiores a fim de trabalhar em novas indústrias. Menos alimento acabou sendo produzido, mais bocas precisavam ser alimentadas, e a fome ressurgiu como um sério problema. Nesse contexto, o consumo do pão como alimento essencial era largamente difundido. Entretanto os cereais disponíveis para sua elaboração eram escassos e diferenciados. Os pães integrais, consumidos pelos militares, eram considerados mais saudáveis e sugeridos para a aristocracia.

O século XX

Fornos movidos a gás substituíram os fornos de tijolo e lenha, produzindo maior quantidade e qualidade na cocção de pães e massas em geral. As unidades automatizadas para elaboração de pães em grande escala aumentaram sensivelmente a produção de pães.

A partir da década de 1930 cientistas identificaram os benefícios do consumo de farinhas integrais. Na década de 1940 o cálcio começou a ser adicionado à farinha para tentar suprir deficiências de cálcio nas mulheres. A década de 1960 já marca o desenvolvimento de um modelo de produção e distribuição industrial avançado, e a produção começa a mudar de endereço: das pequenas padarias às grandes indústrias e supermercados. Na Inglaterra foi desenvolvido um modo de produção que reduzia o período de fermentação, introduzindo um processo de mistura extremamente rápida, diminuindo drasticamente o tempo de produção e, por conseguinte, barateando o preço.

Na década de 1980 estudos na área da saúde começaram a sugerir a elevação da quantidade de pão a ser consumida para substituir o consumo de gorduras e açúcar na dieta moderna. Recomendavam ainda que agentes para o tratamento de farinha branca fossem estendidos às farinhas escuras ou integrais. Outro ponto levantado dizia respeito à não necessidade de enriquecer os pães com vitaminas e minerais.

Pão artesanal

Estrelas

O pão continua a sustentar nações, culturas, heranças, períodos de guerra e de paz, fome e abundância. Cada pão é único, distinto em tamanho, formato e textura. Os pães de um país dizem quem é seu povo! Famílias ao norte da Europa consomem um pão preto, carregado por alcaravia. Na Áustria, um outro povoado está provavelmente celebrando com um bolo levedado por fermento biológico, algum açúcar e muita manteiga. Na França, uma longa baguete com mais casca que miolo está sendo carregada sob os braços de um consumidor comum. Os pães que encontramos ao redor do mundo simbolizam momentos e particularidades da humanidade, e ainda se conectam com os costumes alimentares, com a cultura local e a habilidade do homem em conquistar territórios e expor seus hábitos a outros povos.

O interesse pelo pão artesanal coincide com o aumento de público para o mercado *gourmet*, com especialidades e alta qualidade em produtos. Melhorar o palato e a cultura do consumidor médio é um desafio que vejo ainda principiando no Brasil. Fica difícil se falar em *Pain Ordinaire* enquanto nosso consumidor está preocupado em comprar uma goma chamada "pão" de queijo, que nem sequer leva algum ingrediente em comum na fabricação de pães. A farinha orgânica, plantada e tratada organicamente, branqueada sem a adição de bromato de potássio ou outros químicos sinistros e encobertos pelo dinheiro dos grandes moinhos, ainda desponta como um sonho para os *gourmets, gourmands*, e um pequeno grupo de consumidores mais atentos e seletivos.

No mercado americano, as pequenas *boulangeries* são a estrela maior do momento da panificação, eleitas por consumidores conscientes dos benefícios do pão elaborado artesanalmente, cuidado e eleito como arte suprema há milênios. Os padeiros da antiga escola fazem de suas pequenas e cuidadosas produções, de qualidade inigualável, um negócio altamente rentável e conceituado.

O pão das prateleiras de supermercados, sem fermentação, apenas mais um alimento processado para o consumo das multidões, nem poderia ser considerado um "pão", apenas uma massa assada. As deturpações de produção, a falta de legislação e *standards* são vendidos a cada esquina sem punição. Encontramos *croissants* que nunca foram *croissants*, carregados com gorduras plásticas, nocivas à saúde; pães integrais que contêm uma quantidade irrisória de farinha integral, às vezes até sem nenhum conteúdo de farinha diferenciada, apenas a adição de um corante barato, aditivos químicos e outros ingredientes suspeitos. As técnicas de elaboração, os métodos de mistura, a fermentação controlada, a cocção primorosa, nada disso chega às vitrines de nossas panificadoras revendedoras de cigarros e coca-colas. Infelizmente, principalmente em países de terceiro mundo, ainda são esses os pães conhecidos e consumidos. Obviamente, como uma padeira experiente e amante da arte da verdadeira panificação, muito me entristece a ignorância de nossos consumidores, que desencadeia um processo de anticriatividade e antirresponsabilidade profissional e governamental sem precedentes.

Nos Estados Unidos, que têm cultura culinária e compromisso para com o consumidor, o pão artesanal vem sendo explorado e oferecido até mesmo em mercados comuns. Prateleiras de pães extensivamente processados se veem divididas com pães com mais fibras, grãos, técnicas elaboradas de fermentação natural e forneamentos primorosos. No Brasil, ainda nos deparamos com uma massiva e desqualificada produção. Tive certo retorno de leitores, alunos, profissionais sérios, que não estão simplesmente ocupados com a moda e a dieta, mas curiosos de como poderíamos disparar no Brasil uma qualidade competitiva e melhores opções ao consumidor. Onde encontrar o pão elaborado a partir de ingredientes naturais, muitas vezes orgânicos, sem a adição de gorduras trans e açúcares modificados, em alguns casos até com a introdução de fermentação natural, em vez da fermentação rápida, de baixa qualidade, da indústria processadora de alimentos?

Os pães étnicos também começam a conquistar espaço no mercado. O pão *ciabatta*, por exemplo, um pão de origem italiana à base de farinha, água, sal e fermento, cheio de sabor e história, pode ser considerado um exemplo de novos produtos que alcançam as prateleiras diferenciadas. Mas não significa que essa "inovação" tenha cunho qualitativo ou traga nossos *standards* amadores para o nível desejado.

O que é o pão artesanal?

A minha compreensão da terminologia "pão artesanal" refere-se primariamente ao estilo eurocêntrico, de interior úmido e granulometria mais aberta, uma presença intensa e acentuada no paladar, um odor sutilmente azedo e aromático, uma textura que varia de borrachuda a crocante, elaborado artesanal ou manualmente, em pequenas porções, com a presença de um artesão de pão, que possui técnicas de estilo em todos os detalhes de produção do pão, incluindo o conhecimento de ingredientes e mistura, fermentação e o complexo processo de cocção. Pães verdadeiramente artesanais são encontrados em toda a Europa, em pequenas *boutiques* ou padarias familiares, onde o fundador era normalmente o avô ou tataravô do padeiro e dono atual; por norma, manufatura em larga escala nunca foi uma prioridade. Seus pães são usualmente mais caros do que aqueles processados e comprados em supermercados e padarias de moda (não *boutiques*). É mais provável que esses tipos de pães tenham sido originalmente elaborados no Oriente Médio e depois adotados em toda a Europa, onde fazem parte da cultura e do dia a dia de diferentes povos.

Não se pode confundir a visão de um pão artesanal com *pães de sabores* ou *pães especiais*, usualmente todos cortes de uma mesma massa, insípida e sem fermentação correta, sem respeito a técnicas, tradições e qualidades devidas. A adição de vegetais (o pão de abacate, por exemplo), nozes e passas, frutas, grãos diferenciados, muito queijo, presunto, sardinha, etc., não fazem um pão de qualidade. A apelação desses pães centra-se em seus aromas, textura e benefícios nutricionais pelo acúmulo de vários ingredientes "enriquecedores", mas ainda sem a tradição e a técnica artesanal. Ainda que o desejo de se explorar essa facção diferenciada de mercado exista, os produtores da indústria de panificação deparam-se com um desafio óbvio: como viabilizar a produção de um pão de qualidade, como estender sua vida de prateleira, como levar ao consumidor a informação necessária para que esse esforço seja apreciado e cresça.

Como diferenciamos o padeiro do artesão?

Primeiro, confira os ingredientes. O pão do artesão consiste apenas dos ingredientes que devem estar presentes: água, sal, fermento e farinha; caso feito por levedação natural, nem sequer fermento biológico industrial deve constar na lista de ingredientes. Pães flavorizados, entretanto, podem listar outros ingredientes não reconhecidos como básicos, e incluir frutas oleaginosas (nozes, amêndoas, etc.), cebola, alho, presunto e queijo. Vale ressaltar que os produtos de *viennoiserie*, como um brioche, por exemplo, incluirão leite, ovos e manteiga, obviamente ingredientes que diferenciam tais produtos. Ao levar um pão para casa, lembre-se de que está consumindo o alimento mais antigo e básico na dieta da humanidade. Tal produto não deveria levar aditivos, corantes, emulsificantes, conservantes, todos implementos que definitivamente nunca pertenceram à elaboração de pães tradicional e nunca deveriam ser listados.

Depois, pense no local onde esse pão foi elaborado. Recentemente, visitei um padeiro alemão em Orlando, Flórida, que fez questão de me proporcionar um *tour* em sua pequena padaria. Mostrou-me seu fermento natural (o mesmo há 20 anos), seu forno com câmaras importado da Alemanha, cinturões e controle de temperatura peculiares. Apresentou-me seu filho, o padeiro em função, e me contou como o havia treinado segundo as tradições da família e o quanto ele entendia da combinação de ingredientes, do critério de escolha da farinha, do cuidado com a técnica. Havia, sim, poucas máquinas, uma modeladora, uma divisora, peças antigas e funcionais. Cada pão era finalizado à mão, em um formato irregular e único.

O pão, como o queijo, o vinho ou até mesmo as cervejas artesanais, deve prever o controle de fermentação e a ação de bactérias naturais que produzem uma variedade de características, do sabor mais delicado ao mais rústico. Assim como podemos combinar e associar vinhos com alimentos, o mesmo poderíamos fazer com a escolha do pão. Uma baguete adocicada e leve vai perfeitamente com manteiga; um pão italiano, forte e azedo, é perfeito para acompanhar pratos mais fortes de sabores mais definidos. Saboreie o máximo de qualidades possível e aprecie as diferenças e de onde elas vêm: tipo de ingredientes, fermentação, extensão do tempo de elaboração e as características agregadas de sabor, textura e coloração, assim como você faria com um queijo, um vinho, uma cerveja diferenciada. Esse esforço não só será educacional, mas deliciosamente compensador.

A LENDA DOS INGREDIENTES

A farinha

A indústria de pães busca uma farinha de alto conteúdo de proteína, entre 11,5% a 14%, o que facilita o desenvolvimento de uma massa forte que pode apresentar maior resistência ao manuseio por equipamentos, além de auxiliar na formação de crostas mais grossas, com uma granulometria mais aberta, já que um alto conteúdo de glúten auxilia a massa a reter gases durante a manipulação industrial. Já o artesão pode dominar melhor seu produto com menos proteína, entre 10% e 10,5%, mas com uma proteína de qualidade. A época do ano, a qualidade do trigo, as condições de armazenamento e manipulação são definidores da qualidade da proteína. Um conteúdo menor de proteína faz pães mais borrachudos, mais sensíveis à manipulação, exigindo mais cuidados. Melhor para mãos humanas do que para equipamentos massivos. Pães artesanais são ainda usualmente mais úmidos, com um teor de água maior do que pães especiais ou pães brancos. Essas massas mais hidratadas são mais pegajosas e difíceis de serem manuseadas por equipamentos, que danificam muito o produto e quebram a ordem do escape dos gases presentes na massa.

Fermentação

Podemos dizer que a fermentação é o coração de um pão. Os padeiros artesanais usualmente utilizam um fermento natural de acidez e odor característicos, o *levain* (palavra francesa para azedo ou fermentado), uma colônia ativa de microrganismos da qual uma porção é retirada e usada para a elaboração de uma massa. *Levain* ou massa azeda é essencialmente uma forma ancestral de pré-fermentar uma mistura ou massa; refere-se a um processo que fermenta o pão por meio da captura de bactérias selvagens presentes no meio ambiente, em oposição ao uso de fermento comercial, de uma cultura controlada (não selvagem), como a de *Saccharomyces cerevisiae*. A massa azeda, como o típico pão italiano encontrado em São Paulo, por exemplo, ou o *sourdough*, de São Francisco, na Califórnia, mais especificamente, refere-se a uma cultura simbiótica de lactobacilo e bactéria fermentadora (fermento biológico), o que oferece um distintivo sabor azedado e fermentado por causa, principalmente, da presença de ácido láctico e ácido acético produzidos pelos lactobacilos. Além disso, um tempo de fermentação mais longo produz ótimos resultados de volume, sem a necessidade de utilização de melhoradores químicos.

A manutenção dessa colônia de microrganismos (*levain*) é trabalhosa e sensível às mudanças de ambiente, temperatura e nutrientes. O padeiro refresca frequentemente essa colônia, às vezes uma ou duas vezes por semana, outras vezes todos os dias, por 365 dias no ano. Para alguns negócios, isso significa que não existem feriados, e o padeiro chefe não pode esquecer de realimentar esse processo sob o risco de perder a sinergia presente entre os organismos fermentadores. A perda do balanceamento da cultura de bactérias pode resultar em mudanças não desejáveis ao sabor e ao odor do pão. Esse *levain* é ainda extremamente sensível a mudanças de temperatura, e mudanças podem exacerbar ou privilegiar o crescimento de microrganismos selvagens ou não desejados.

Uma companhia americana desenvolveu uma cultura seca de levedura que é uma mistura de bactérias lacto-ácidas e fios de fermento-base *Saccharomyces cerevisiae*, que incluem *Pediococcus acidilacti*, *Pediococcus pentosaceus*, *Lactobacillus plantarum* e *Lactobacillus brevis*. Essas culturas in vitro secas são cultivadas separadamente e então misturadas em proporções onde as bactérias estão presentes em 10 partes a cada 100 partes de cultura fermentadora.

Aroma, sabor e odor

Uma fermentação longa produz aroma, sabor e odor únicos ao pão artesanal. Em pães, os organismos levedadores são responsáveis pelo aroma e sabor finais, ainda mais do que na produção de vinho, por exemplo. O sabor e o aroma de um pão é o resultado do tempo do processo de fermentação e de sua temperatura. Esses fatores também afetam a produção de ácido e álcool dos organismos levedadores. Já os pães especiais confiam na adição de agentes flavorizantes naturais ou artificiais para a elaboração de suas características vitais. A adição de nozes, tomate seco, ervas, uvas passas, azeitonas, frutas secas, queijos, presunto, grãos diferenciados, etc., é outra maneira de se incrementar o sabor do pão. Esses ingredientes melhoram a aparência, textura e adicionam valor nutricional ao pão especial.

Aroma, sabor e odor do pão são largamente influenciáveis pela temperatura do forno e pelo grau de fermentação da massa. A mesma farinha fará um pão diferenciado em sabor de acordo com a fermentação, carregada lenta ou rapidamente, e a temperatura adequada do forno. Uma temperatura alta parece ter o efeito de dispersar rapidamente essências sublineares e sutis. A formação rápida de uma crosta sólida certamente auxilia na retenção de algumas dessas essências flavorizantes naturais.

HIDRATAÇÃO

A quantidade de água em uma massa define o tipo de pão que será elaborado. Os exemplos abaixo mostram como diferenças em hidratação mudam o tamanho da estrutura dos bolsões e criam um miolo mais aberto. Apesar de as diferenças em modelagem e técnicas de cocção contarem como diferenciadores em aparência e miolo, os quatro ingredientes básicos (água, farinha, sal e fermento) são sempre os mesmos; assim, é a hidratação que dá à massa sua definição e caráter.

Hidratação padrão 55%: baguete comercial

Apresenta modelagem regular e estrutura de poros pequenos e fechados. Tem uma crosta geralmente mais fina e coloração suavemente dourada. Essas características podem torná-la borrachuda em vez de crocante e de intenso dourado e de maiores alvéolos, se comparados aos produzidos em uma baguete artesanal de taxa de hidratação maior.

Hidratação 62%: baguete artesanal

Apresenta modelagem mais arredondada, visivelmente feita manualmente, e crosta mais dourada, o que significa que desfrutou de uma fermentação lenta e completa e que em sua cocção foi aplicado vapor; os poros abertos são causados por uma maior hidratação, fermentação mais longa e manipulação diferenciada.

Hidratação 80%: baguete artesanal

A porosidade na estrutura é causada pela hidratação de 80% e pela fermentação estendida. Essa estrutura porosa é valorizada por sua dificuldade de elaboração. Uma massa hidratada apresenta distinção de favorecer a retenção de sabor, segundo a teoria de que em tais condições o fermento tem mais espaço para "respirar" e funciona melhor, sendo, assim, menos inclinado a converter em alimento aqueles constituintes solúveis da farinha, que são ricos em sabor e odor.

Pão comercial (pão de forma tipo Pullman) versus pão artesanal

 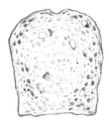

Nomeado por sua semelhança ao carro de passageiros do trem (Pullman), é tipicamente de interior denso, usualmente elaborado a partir de farinha de alta proteína, fermento biológico comercial em quantidade significativa e baixa hidratação, qualidades não associadas ao pão artesanal. Essas imagens comparam o pão Pullman comercial a um pão com maior hidratação, abertura de miolo diferenciada, coloração, aroma e textura únicas.

Bagel

Com 50% de hidratação, *bagels* tradicionalmente apresentam miolo denso, criando uma textura borrachuda. O *bagel* é elaborado exatamente com os mesmos ingredientes dos pães artesanais, mas um processo diferenciado e uma hidratação moderada lhe imprimem textura e aparência distintas.

Coloração: natural *versus* artificial

Os pães especiais escuros, como o de centeio, por exemplo, são obtidos pela adição de corantes pela indústria de panificação. Já para o artesão, que somente utiliza ingredientes naturais, cores artificiais são proibidas, e apenas devem ser atingidas pela cocção correta, ou seja, quando há a *reação de Maillard*, que acontece na presença de açúcares naturais e das proteínas da farinha. Na produção artesanal o pão de centeio e os pães escuros, em geral, apresentam coloração natural, resultado apenas da combinação de seus ingredientes e de seu método de produção.

Conservantes

Enquanto a indústria largamente utiliza agentes químicos na preservação de seus produtos, tais como a adição de *calcium propionate* e inibidores de molde, ao padeiro artesanal não são admissíveis tais adições. Em vez de lançar mão de artifícios químicos, o padeiro artesão utiliza sua técnica para trabalhar com um pH de acidez controlado, entre 4-5, que pode atuar como conservante natural. Além disso, a adição de conservantes naturais e a fermentação longa também auxiliam nessa função, além de influenciarem o aroma, a estrutura e a textura.

A durabilidade ou resistência ao ressecamento variam no pão artesanal. Baguetes serão excelentes se consumidas ao longo de todo o dia, enquanto certos pães de massa azeda podem durar dois dias ou mais. Pães com ingredientes enriquecedores, como ovos, gordura, nozes, também têm consumo estendido porque os ingredientes promovem um ambiente mais rico internamente, segurando a perda de umidade do produto. Predizer a demanda de maneira precisa é extremamente interessante para a maximização do lucro da produção artesanal.

O método de mistura na produção artesanal

Podemos dizer que o processo de manufatura do pão consiste em três operações básicas: mistura (formação da massa), fermentação e cocção.

O procedimento padrão para obter um pão branco comum com o método esponjoso consiste em misturar parte da farinha e da água com o fermento em uma massa suave. Essa esponja é então fermentada em torno de uma hora antes de se agregarem os outros ingredientes para a mistura da massa final. A massa é em seguida colocada para descansar, o que chamamos de fermentação de piso, por cerca de uma hora, antes de ser mecanicamente dividida e colocada para descansar novamente por cerca de 30 minutos. Então a massa é levemente sovada, moldada, colocada em fôrmas ou assadeiras e deixada fermentar por cerca de uma hora ou até dobrar de volume. Esse tipo de pão, elaborado pelo método esponjoso, oferece uma estrutura de células finas, com alta tolerância ao tempo de manipulação e outras variações nas condições de processamento.

A produção do pão artesanal, entretanto, requer um tipo de mistura diferenciado, um tempo de fermentação de piso extensivo, manipulação cuidadosa e delicada da massa, e uma cocção diferenciada daquela do pão comum. Produzir o pão artesanal requer consideravelmente mais tempo e trabalho manual. Uma realização que usa de poucos ou de nenhum aditivo funcional.

Para o pão comum, a massa é misturada por um período mais longo do que o do pão artesanal, com o objetivo de desenvolver glúten em uma massa de alto teor de proteína. O tempo de fermentação dessas massas é significativamente menor, com praticamente nenhuma pré-fermentação. A massa do pão artesanal, entretanto, requer menos tempo de mistura para o desenvolvimento do glúten porque apresenta melhor e maior quantidade de proteína de uma farinha de melhor qualidade, que resiste por um período de fermentação maior, o que contribui para as características gerais do pão artesanal.

Misturadeiras. O pão artesanal deve ser misturado em equipamento apropriado, não em batedeiras verticais comuns. As misturadeiras mais apropriadas são as espirais de batedor único em forma de gancho, de velocidade mais baixa do que a dos batedores comuns.

Divisores de massa. A indústria de produção de pão comum envolve uma manipulação mecânica – mistura, modelagem e finalização – que é muito rústica para os menos fortes e mais hidratados pães artesanais. Esse é um dos obstáculos mais sensíveis à produção do pão artesanal em grande escala. A indústria de equipamento vem trabalhando para melhorar seus produtos e facilitar o processo, em que uma ação mais delicada fornecerá manipulação com menos prejuízo para a massa.

Cocção. O pão artesanal deveria ser assado em fornos de lastro equipados com algum tipo de pedra. Os forros refratários presentes em certos equipamentos são muito convenientes para absorver e refletir calor, sendo excelentes para a cocção do pão artesanal. A aplicação de vapor durante a cocção mantém a camada externa da massa flexível e úmida. Isso auxilia na obtenção de um maior crescimento no forno e consequente volume. Uma vez que a camada externa da massa se firma/coagula, os gases dentro do pão não podem mais se expandir e aumentar o tamanho do produto. Aplicar vapor durante a cocção também gelatiniza o amido presente na camada externa, promovendo brilho e caramelização da crosta.

Distinções dietéticas do pão artesanal. O fato de pães especiais terem agregados grãos diversos, frutas, vegetais ou nozes, sejam eles artesanais ou não, não diminui as vantagens nutricionais que eles oferecem. Em adição à presença de fibras, pães com a presença de cereais integrais são melhores recursos de vitaminas B e E e de muitos minerais que não estão presentes em pães comuns. Grãos integrais são também bom recurso de ácido fólico e *selenium*. O ácido fólico é reconhecido por reduzir o risco de doenças coronarianas e malformações de fetos, sendo então especialmente recomendado para mulheres grávidas e grupos de risco para doenças coronarianas, que deveriam ingerir em torno de 400 microgramas diárias de ácido fólico; uma fatia de pão de grão integral contém cerca de 17,5 microgramas de folacina, enquanto a mesma quantidade de pão comum não chega a apresentar a metade dessa quantia. A quantidade de *selenium* em pães especiais é cerca de duas vezes maior do que em pães comuns. A ingestão de *selenium*, segundo um estudo da Harvard School of Public Health, está associada à prevenção do câncer de próstata. A introdução de frutas oleaginosas, com destaque para a amêndoa, introduz gorduras monossaturadas e proteínas à base de plantas que também são colesterol-*free*, ricas em fibra, ferro, cálcio, ácido fólico e vitamina E.

A ciência por trás da elaboração de pães

O pão, como o consumimos hoje, é resultado de um processo antigo de milhares de anos. Trata-se de uma herança ancestral repassada no decorrer de gerações e culturas. Gregos, egípcios, hebreus, ibéricos, europeus, enfim, todas as civilizações que sempre produziram seus alimentos contribuíram para o que vemos hoje em nossas mesas. O pão é resultado da cocção de uma mistura de farinha de trigo, água, sal, fermento e, em muitos casos, de outros ingredientes. O processo básico envolve a mistura dos ingredientes até que a farinha seja convertida em uma pasta firme ou massa, seguida de um processo de fermentação, sova, modelagem e cocção. O grande desafio está em produzir uma massa que crescerá e apresentará propriedades requeridas para um pão de aparência, sabor e odor agradáveis.

Cada passo desse processo deve ser medido, controlado, elaborado; caso contrário, nunca se chegará a patamares de consistência e qualidade desejáveis. Os ingredientes devem ser selecionados criteriosamente. As características individuais, bem como as reações físico-químicas desencadeadas pela junção de certos componentes de uma massa, são o ponto central para o sucesso da operação.

Os passos básicos na elaboração de pães

São doze os passos básicos na elaboração de pães fermentados. Estes passos são aplicados a produtos fermentados em geral, com algumas variações, dependendo da particularidade de cada um.

Pesagem precisa dos ingredientes

Sabemos que existem diferentes sistemas de medidas, utilizados em diferentes países, como o sistema imperial inglês, o sistema *standard* americano e o sistema métrico, por exemplo, mas a maioria das pessoas pode não saber as diferentes maneiras de medição de ingredientes utilizadas.

Uma grande diferença é a pesagem ou medição de ingredientes secos, que pode ser feita por peso (gramas, quilos, onças, libras) ou por volume (colheres, xícaras, litro/mililitros). Por exemplo, nos Estados Unidos a medição é feita por volume (xícaras, colheres), enquanto na Europa a medição é feita por peso (gramas/quilogramas) para ingredientes secos, e por volume para ingredientes líquidos.

A pesagem exata dos ingredientes é parte do processo de panificação. Fazê-lo de forma inapropriada resulta em produtos inconsistentes e de qualidade inferior. A precisão da medida significa que as fórmulas ou receitas sairão perfeitas todas as vezes sem necessitar de ajustes na quantidade de líquidos ou de farinha.

O uso correto de uma balança de precisão, seja ela manual ou digital, assegura que as quantidades dos ingredientes estejam em conformidade com o que foi solicitado na fórmula. Assim, caso você realmente se interesse em produzir pães de boa qualidade, a aquisição de uma balança é fundamental. Lembre-se: existem, sim, receitas desbalanceadas... mas também existem padeiros descuidados. Antes de julgar a qualidade de uma receita ou fórmula, certifique-se de que seus ingredientes sejam escalados com exatidão.

Uso de medidas padronizadas

Xícaras – Essas medidas padronizadas são encontradas com facilidade, e marcam com certa precisão (ao menos a proporção) ¼, ⅓, ½, ⅔, ¾, e 1 xícara.

Colheres – Variam entre os tamanhos ⅛ de colher de chá e 1 ½ colher de sopa.

Agora certamente você deve estar se perguntando por que eu estou dizendo que colheres, xícaras e copos, por exemplo, não são considerados exatamente medidas acuradas. Vejamos.

1 copo de farinha = 140 gramas. Entretanto, a medida varia entre 110 gramas e 160 gramas, dependendo de alguns fatores, como, por exemplo: como a farinha foi colocada no copo; se o recipiente foi introduzido no saco da farinha; ou se esta foi retirada às colheradas. A proporção de umidade presente na farinha também pode influenciar o peso. Em dias secos a farinha é mais seca e fofa; em dias úmidos a farinha absorve a umidade do ambiente e fica mais compactada.

Conversões e equivalências

O sistema métrico é o mais utilizado no mundo. A interpretação de fórmulas é sempre trabalhosa quando temos de convertê-las de livros americanos, por exemplo, que utilizam outros sistemas de medida, demonstrados em libras, onças, Fahrenheit, quartos ou galões. Isso significa que dominar alguns parâmetros de conversão realmente não é, como dizemos em português, cultura inútil. É muito necessário!

Para obter sucesso em uma operação comercial é preciso que o negócio seja passível de controle. O produto à venda deve obrigatoriamente ser consistente todas as vezes que for elaborado. É importante para o padeiro e para o empreendedor entender que o cliente espera a mesma qualidade de produto todas vezes que efetiva uma compra. *Standards* de medida foram estabelecidos exatamente para garantir essa consistência.

É muito difícil seguir uma receita antiga de acordo com as variáveis de colheres, xícaras, pratos fundos, copos... Uma colher de sopa pode ser capaz de conter 25 gramas em vez de 15 gramas. O termo *standard* é definido como "regras ou medidas usadas para realizar padrões e julgamentos". *Standards* podem ser padrões tanto de quantidade como de qualidade. *Standard* de quantidade é uma medida de peso, número e volume padronizados.

Abaixo segue um quadro de índices referenciais e outro de medidas.

Para converter	em	multiplique
Onças	Gramas	28,35
Gramas	Onças	0,035
Libras	Quilograma	0,45
Quilograma	Libras	2,21
Onças fluidas	Milímetros	28,35
Quartos	Litros	0,91
Litros	Quartos	1,1
Fahrenheit	Centígrado	Subtraia 32 da temperatura mostrada em F; multiplique o resultado por 0,555
Centígrados	Fahrenheit	Multiplique a temperatura em °C por 1,8 e adicione 32

Medidas secas

3 tsp*	½ oz***	1 tbsp**	15 gramas
6 tsp	1 oz	2 tbps	30 gramas
24 tsp	4 oz	8 tbps	120 gramas
		½ xícara	
48 tsp	8 oz	16 tbps	240 gramas
		1 xícara	

* *teaspoon* (tsp) = colher de chá
** *tablespoon* (tbsp) = colher de sopa
*** oz = onças

MISTURA DE INGREDIENTES (*PÉTRISSAGE*)

Objetivos gerais da mistura de massa:

- distribuição uniforme dos ingredientes;
- otimização da mistura para produzir características de textura de qualidade;
- otimização do desenvolvimento do glúten para obter maior elasticidade (a elasticidade permite retenção de gases formados pelo fermento);
- distribuição uniforme das células de fermento, para que este receba nutrição adequada, evitando a perda de agente fermentador.

Após a escolha e a pesagem exata dos ingredientes, vem a mistura. Esse processo, em um primeiro momento, distribui uniformemente os vários ingredientes, o que ocorre durante a primeira parte da mistura. O tempo remanescente é necessário ao desenvolvimento do glúten (proteína).

Os efeitos da mistura ou agitação sobre o ingrediente "farinha" são fundamentais ao iniciar o processo de elaboração de uma massa fermentada. A farinha, constituída também por pedaços de proteína e grânulos de amido, deve ser misturada à água. A ação da mistura servirá para quebrar fisicamente os pedaços de proteína e trazer à tona sua porção hidrofílica.

Misturar eficientemente os ingredientes é fator importante em qualquer massa. Influencia a viscosidade, o grau de dispersão, a incorporação de ar e outras características de qualidade.

Temperatura da massa

Cada massa tem um período correto de mistura, dependendo da capacidade de absorção da farinha e do método escolhido. Amassar demais produz uma massa muito extensa, mas com propriedades elásticas reduzidas. Misturar pouco pode causar a formação de pequenos núcleos que, uma vez não incorporados, não se desenvolverão e não crescerão no pão.

Porém, o cerne do processo de mistura, além da distribuição dos ingredientes, é a temperatura com que a massa sairá da misturadeira. Temperaturas baixas retardam a ação do fermento. Em condições normais, entretanto, a temperatura da massa durante a mistura, pela própria ação mecânica de fricção, tende a elevar-se continuamente. A temperatura elevada dispara o processo de fermentação quando ainda não se concluiu o processo de mistura. Por esse motivo, usualmente se utiliza água gelada, gelo ou misturadeiras com controle automático de temperatura. Na elaboração de massas pelo método direto de mistura, a massa deve atingir no máximo 24 °C, caso contrário comprometerá todo o processo. Para métodos que utilizam um pré-fermento ou esponja, é aconselhável uma temperatura levemente inferior no início da mistura, já que pela própria adição de uma mistura já fermentada (e consequentemente já aquecida pelo movimento do fermento), a massa sofrerá uma certa elevação de temperatura, que, no geral, não deverá ser superior a 26 °C. A tabela que se segue traz a conversão de graus Celsius para graus Fahrenheit, no caso de consulta a fórmulas estrangeiras:

Celsius (°C)	Fahrenheit (°F)
0 °C	32 °F
20 °C	68 °F
32 °C	89.6 °F
110 °C	225 °F
130 °C	250 °F
140 °C	275 °F
150 °C	300 °F
170 °C	325 °F
177 °C	350 °F
190 °C	375 °F
200 °C	400 °F
220 °C	425 °F
230 °C	450 °F
245 °C	475 °F
260 °C	500 °F
290 °C	550 °F

A importância do uso do termômetro

A utilização de termômetro de uso culinário para a medição da temperatura interna de carnes, aves, confeitos e pães, entre outros, é extremamente recomendável. Adquirir um termômetro confiável, de fácil leitura, com variação de temperatura (entre -17 e 0 °C e a máxima de 104 °C – *standard*) que esteja nos patamares de nossa manipulação diária, é de fundamental importância.

O termômetro não só nos certifica de que o alimento atingiu sua temperatura ideal de cocção, mas ainda determina o estágio em que a possibilidade de contaminá-lo é eliminada.

Quando avaliamos o custo da preparação do alimento, vale o investimento em um termômetro de qualidade.

A maioria desses termômetros de uso geral é feita com um bimetal, com sensores de aço inoxidável localizados próximos da extremidade. Um ponteiro indica a temperatura, apontando para um número na escala.

Vários tipos de termômetros estão disponíveis no mercado:

Termômetro não instantâneo analógico

Deve ser inserido na área mais sensível do alimento, ou seja, a parte central ou mais espessa, durante a cocção, usualmente 3 cm a 6 cm adentro, dependendo obviamente da espessura e do tamanho do alimento a ser medido. Em alimentos muito finos, insira o termômetro pelos lados com o sensor voltado para o centro. Cerca de 15 segundos a 20 segundos são suficientes para que a temperatura seja acurada e marcada no *display*.

O termômetro arredondado, de tamanho relativamente grande, com ponteiros marcando temperaturas em Celsius e Fahrenheit, é mais utilizado para a medição de confeitos, caldas e produtos com espessuras mais significativas.

Termômetros não instantâneos analógicos, usados em pães e alguns produtos de confeitaria.

Termômetro não instantâneo digital

Possui um sensor de calor lido digitalmente, na ponta do aparelho. Introduza-o na parte mais espessa do alimento, no mínimo 2 cm, por cerca de 10 segundos para obter uma leitura acurada.

Termômetros não instantâneos digitais.

Como os termômetros funcionam

Os dois principais tipos de termômetros à disposição dos consumidores são aqueles com sensor de temperatura bimetal (com mostradores e números) e aqueles que se utilizam de um fluido expansor (com coluna de vidro). Ambos apresentam vantagens e desvantagens, além de uma enorme variedade de modelos, qualidade e... preços.

Termômetro bimetal

O metal expande-se quando aquecido e contrai-se quando esfriado. Metais diferentes se expandem ou se contraem em variações diferentes. Os sensores do termômetro bimetal são compostos de dois metais diferentes conectados; quando aquecidos, a combinação "se curva". O metal com a maior taxa de expansão move-se mais rapidamente do que os elementos do outro metal.

Termômetros de leitura instantânea usam um sensor bimetal hélico e um tubo muito fino de aço inoxidável. Tal combinação permite que o instrumento responda acurada e rapidamente às mudanças de temperatura.

Termômetros de tubo de vidro

Esses termômetros utilizam um fluido selado dentro do tubo de vidro. Um reservatório ou bulbo, na parte inferior da coluna, armazena o fluido, que se expande ou contrai pelo tubo segundo as variações de temperatura. Uma escala de temperatura impressa diretamente no vidro ou em papel marcará a temperatura.

Os termômetros de vidro podem variar muito de preço, dependendo da qualidade do vidro, do marcador de escala, do fluido e do cuidado com o qual o termômetro foi calibrado.

Termômetros de uso culinário

A maioria possui lentes de plástico que, embora resistentes, não são apropriadas para ir ao forno quente. São destinados a tomadas rápidas de temperatura. Com o uso diário o termômetro perde naturalmente sua calibragem. Por esse motivo, alguns deles apresentam um controle que recalibra a temperatura.

Termômetros para doces (açúcar)/frituras

Geralmente os termômetros para doces e frituras apresentam uma variação de temperatura entre 38 ºC e 260 ºC. A variação utilizada para doces/açúcar está entre 110 ºC e 171 ºC, e para frituras entre 177 ºC e 204 ºC. Como poucos graus de variação apresentam aqui efeitos profundos no produto, esses tipos de termômetros apresentam-se em graduações de 5 graus; para medidas muito acuradas há termômetros com variações de até 2 graus.

Termômetro para doces.

Termômetros para forno

A precisão ao se medir a temperatura interna de um forno depende de diversos fatores; ele pode apresentar diferentes temperaturas na base, topo, laterais, fundo e frente. Ainda que o forno venha equipado com termômetro, orientamos a instalação desse tipo de termômetro, o que permite conferir a exatidão das medidas apontadas pelo seletor.

O termômetro mais comum para forno é o bimetal, com face numerada e um ponteiro. Normalmente vai ao forno pendurado ou encaixado. O outro tipo, de vidro acoplado em uma caixa de metal, é mais acurado, mas seu preço é bastante elevado.

Termômetro para forno.

Termômetros para refrigerador/freezer

O tempo de estocagem, a qualidade, a aparência do alimento, tudo depende da temperatura à qual o alimento está armazenado. Por essa razão a indústria de alimentos utiliza-se e confia na medição precisa da temperatura de refrigeradores e congeladores.

Esses termômetros estão no mercado no tipo bimetal e de vidro. A variação de temperatura está entre -28 ºC e 15 ºC para ambos os tipos. Apresentam propositadamente resposta lenta para desprezar variações de temperatura, cada vez que a porta do refrigerador /congelador é aberta.

Massas fermentadas

Padeiros deixam a massa crescer sob tempo e condições de temperatura e umidade controlados. O termômetro é inserido no centro da massa durante seu crescimento/fermentação.

Na verdade, a maioria das receitas domésticas orienta para deixar a massa fermentar ou crescer até dobrar de volume. Não dizem nada a respeito de temperatura ou termômetros! No entanto, o resultado final de tal exatidão influencia a cocção, textura, modelagem, aparência e sabor do pão.

O outro uso do termômetro para padeiros está na medição da temperatura interna na qual o pão deverá ser retirado do forno, geralmente em torno de 90 ºC a 100 ºC (*standard*).

Termômetros específicos para massas.

ESTÁGIO DE MISTURA

Considera-se que a mistura de massas fermentadas constitui-se de quatro etapas: a adição da farinha, dos ingredientes secos, do fermento e da água.

Em velocidade baixa, a farinha é colocada na misturadeira ou batedeira (ou sobre a mesa, caso feita à mão). Juntam-se os demais ingredientes secos, areando-os por alguns segundos. O momento de adição do fermento depende do tipo de fermento que será utilizado (ver tópico "Métodos de mistura da massa").

A água, particularmente, é sempre uma variável, pois não se conhece de antemão qual a capacidade higroscópica da farinha que se está utilizando. Por isso será colocada aos poucos, ainda em baixa velocidade. Por último, adicione a gordura até incorporar, caso a fórmula não sugira um método diferenciado.

ESTÁGIO DE LIMPEZA

Quando os ingredientes se unem e pode-se ver o fundo do recipiente. Nesse ponto, aumente a velocidade para o segundo nível e inicie o estágio de desenvolvimento.

ESTÁGIO DE DESENVOLVIMENTO

Estágio mais longo do processo de mistura, assim chamado exatamente porque é quando o glúten se desenvolve. O oxigênio é absorvido pela massa; o amido vem à superfície já transformado em glúten; e a massa se apresenta firme, mas ainda quebradiça e de coloração irregular.

ESTÁGIO FINAL

A massa no estágio final já está desenvolvida e, quando esticada entre os dedos, praticamente permite que se veja através dela, sem que se rompa. O controle da temperatura é importantíssimo, pois não é desejável disparar o processo de fermentação precipitadamente.

Segure um pequeno pedaço de massa entre os dedos e estique-o. Se o glúten estiver bem desenvolvido apresentará grande resistência e esticará até uma camada fina, quase transparente. Em geral, pode-se aferir como *standard* 3 minutos e 5 minutos para o primeiro estágio (mistura/limpeza), em velocidade baixa. O segundo estágio, de desenvolvimento/finalização, como *standard*, pode levar entre 9 minutos e 12 minutos, em segunda velocidade.

Fermentação de piso (*pointage*)

Quase todo produto de panificação se expande a partir das bolhas de gás carbodióxido. Essas bolhas, no caso de massas fermentadas (pães), são provocadas pela utilização do fermento biológico (por ação de uma bactéria ou fungo), e, no caso da produção de pães rápidos e outros produtos de confeitaria, pelo uso de um produto químico de base ácida ou alcalina.

Após o trabalho intenso da massa e seu consequente aquecimento, ela fica descansando para relaxar as cadeias de glúten formadas. Inicia-se o processo de fermentação propriamente dito, que só será concluído no forno quando a massa atingir a temperatura de 58,8 °C. Nesse ponto as bactérias do fermento morrem e cessa a fermentação. A massa apresenta então uma textura macia, elástica, com capacidade de reter a liberação de gás carbodióxido e se expandir.

O glúten se torna mais macio e elástico durante a fermentação. A massa que não esteja suficientemente fermentada não atingirá o volume apropriado; uma massa fermentada excessivamente ou sob temperaturas muito elevadas se tornará pegajosa, difícil de ser manipulada e levemente azeda.

Na produção de massas fermentadas, a fermentação inicia-se imediatamente após o fermento ser colocado na mistura. Entretanto consideramos que o *período de fermentação* inicia apenas quando a massa, sovada e finalizada, sai da misturadeira e é transferida para a área de trabalho, que deve ser mantida em temperatura de 26 °C e com umidade controlada relativa de 75%, e se encerra na etapa seguinte, quando a massa será dividida.

Durante essa etapa, as células de fermento crescem, as moléculas de proteínas gluteicas se juntam, formando cadeias, e álcool e gás carbodióxido são liberados na quebra de carboidratos (como o amido e os açúcares), que ocorrem naturalmente na farinha.

O fermento quebra o açúcar em carbodióxido e água. Enzimas presentes no fermento e na farinha também auxiliam na reação. Quando há saturação de oxigênio, as reações ocorrem desta maneira:

açúcar + oxigênio = carbodióxido + água = energia

A energia liberada por esse processo é utilizada pelo fermento para crescer e agir na massa. Na massa de pão, cujo suplemento de oxigênio é limitado, o fermento quebra o açúcar apenas parcialmente. Álcool e carbodióxido são produzidos nesse processo, conhecido como fermentação alcoólica. A fermentação alcoólica é o tipo mais desejável de fermentação. Para assegurar que esse tipo de fermentação predomine, a massa deve ser mantida entre 24 ºC e 26 ºC.

O carbodióxido produzido nessas reações causará o crescimento da massa, e o álcool produzido vai evaporar e deixar a massa durante a cocção. Milhares de pequenas bolhas, cada uma cercada por uma fina película de glúten, formarão células dentro da massa. E o crescimento da massa ocorre exatamente quando essas pequenas células são preenchidas com gás.

Os fatores importantes para uma boa fermentação são:

- Desenvolvimento apropriado da massa.
- Umidade apropriada – mantenha a massa coberta e protegida de partículas sólidas ou líquidas.
- A temperatura da massa deve estar entre 22 ºC e 28 ºC para uma fermentação ideal.
- Unte levemente a superfície com óleo antes de colocar a massa para descansar; isso evita que a massa grude. Essa etapa só não será seguida se você utilizar melhoradores, condicionadores de massa e/ou fermento biológico instantâneo. Pulverize então a massa com farinha de trigo comum antes de fazer a divisão e a modelagem.

Nessa etapa:

- Cubra a massa para prevenir a formação de crosta.
- Verifique a temperatura ambiente (de 25 ºC a 27 ºC); a massa vai dobrar de volume.

Durante a fermentação ocorre a transformação: a massa de pouco volume e densa torna-se extensa, elástica e capaz de reter os gases que estão se formando.

O tempo desse processo foi convencionado em aproximadamente uma hora, mas na verdade tudo depende do nível de fermento/fermentação e da temperatura da massa e do meio ambiente.

Por meio de atividade química a massa aumentará naturalmente de temperatura, entre 29 °C e 32 °C, patamar favorável à fermentação alcoólica. Nesse limite alcoólico, uma pequena parcela de ácido acético e lático é produzida, e é extremamente benéfica. Entretanto, sob temperaturas mais elevadas uma quantidade excessiva desses ácidos é produzida, juntamente com ácido butírico – este muito indesejável. Isso resulta em um produto de baixa qualidade, com sabor e odor azedos e desagradáveis. A crosta apresenta coloração pálida, o pão, pouca simetria e a textura fica excessivamente aberta.

FERMENTAÇÃO NO MÉTODO DIRETO

Pelo fato de a duração da fermentação ser variável de controle, a massa deve ser testada a intervalos diferentes. O tempo para a sova – a retirada dos gases – pode ser determinado inserindo a mão até a altura do punho. A massa deve ir "esvaziando-se" com a retirada da mão.

Quando a fermentação estiver atingida, a massa não murchará ou sofrerá colapso ou retrocederá, mas afundará levemente em volta da depressão. Além disso, meça a temperatura inserindo um termômetro apropriado no centro da massa (36 °C-42 °C).

FERMENTAÇÃO DO FERMENTO NATURAL

A fermentação de fermentos naturais varia enormemente, dependendo da força das proteínas da farinha, da temperatura da esponja e da qualidade e quantidade de fermentador utilizado. A observação segue basicamente o mesmo procedimento usado para determinar o tempo de fermentação, com a exceção de que a esponja não necessita (para alguns, nem deveria) ser sovada; basta ver quando a massa começar a retroceder levemente.

Sova

A fermentação deve ser considerada concluída quando a massa dobrar de volume. Nesse momento, por meio da sova, as bolhas formadas são liberadas, resultando em uma redistribuição dos gases, com o consequente esfriamento da temperatura interna. Após cada sova, a massa volta a ser preenchida com mais bolhas de gás.

Na verdade o termo "sova" parece brutal para a ação a que de fato corresponde. Não se trata de espancar a massa, mas de revolvê-la sobre si mesma, espalhando o calor e sua consequente concentração de atividade fermentadora. A sova pode ser definida como o método de reduzir o volume para a expulsão do gás carbodióxido, redistribuindo o fermento para futuro crescimento, relaxando o glúten e balanceando a temperatura da massa.

Uma nova mistura e a consequente redistribuição da massa durante essa fase servem a dois propósitos. Primeiro subdivide as células de gás em numerosas pequenas bolhas para aumentar a capacidade de captura de CO_2. Segundo, os componentes da massa são novamente dispersos, reunindo moléculas adicionais de açúcar e células de fermento.

Procedimento: boleie a massa completamente e pressione-a para retirar todo o ar. Cubra-a novamente e espere o próximo passo.

Divisão (pesage)

Dividir a massa deve ser um processo rápido e acurado. Utilize uma balança de precisão para dividir a massa em pedaços de peso uniforme, de acordo com o produto a ser elaborado. Não se esqueça de computar a perda natural de peso que ocorrerá por causa da evaporação de umidade no forno, aproximadamente entre 10% e 13% do peso total.

A massa continua crescendo durante essa etapa também, e a demora significa deixar a massa exposta à superfermentação. Corte as peças de acordo com os pesos desejados e boleie, cobrindo os pedaços com plástico para evitar perda de umidade da camada externa.

Divisão e boleamento.   Descanso de mesa.

As peças que foram cortadas e boleadas primeiro devem ser modeladas logo no início do processo de modelagem.

Boleamento

Nesse procedimento uma película se forma em volta da massa, por causa do esticamento do glúten exterior em uma camada lisa, que atuará retendo o gás gerado dentro da massa durante o descanso.

Um bom boleamento simplifica a modelagem posterior, e ainda auxilia na retenção de gases produzidos pelo fermento.

Descanso de mesa ou intermediário (*pointage*)

Após a divisão, circule a massa sobre si mesma, com firmeza, até a obtenção de uma bola macia, lisa e de aparência suave.

Lembre-se de que a fermentação continua nessa etapa, e que a massa deverá permanecer coberta todo o tempo.

As peças boleadas descansam cobertas na mesa por cerca de quinze minutos, para o relaxamento do glúten, o que facilita a modelagem.

Modelagem e formas (*façonnage*)

A modelagem da massa é outro quesito que diferencia e estabelece alguns *standards* de aparência e textura. Ao longo das civilizações, povos de regiões distintas desenvolveram receitas de acordo com as características da matéria-prima (tipo de trigo ou outros cereais, qualidade da manteiga, dos ovos) que tinham em mãos, de suas necessidades de dieta (sementes, gorduras) e da maneira, digamos, artística pela qual elaboravam seus alimentos.

No caso dos pães, o produto é finalizado imediatamente antes da cocção, com cortes ou incisões. Cortar o pão com o auxílio de um bisturi ou lâmina tem funções não apenas estéticas mas também funcionais. Historicamente, por todo o interior da França havia fornos de uso comum, que eram de propriedade dos senhores feudais (e em alguns casos da Igreja). Eram manipulados por forneiros que os mantinham quentes e taxavam os membros da comunidade que quisessem utilizá-los. Assim, várias famílias faziam seus pães e os colocavam para assar simultaneamente, e nesse processo corria-se o risco de serem misturados entre si. A solução veio com pequenas incisões na superfície da massa, que os distinguiam uns dos outros. Após o declínio da sociedade feudal os fornos passaram a ser de domínio público, administrados por distritos ou por governos locais. Na França ainda se podem ver alguns desses fornos, utilizados ocasionalmente para festas; os pães ali colocados até hoje levam marcas distintivas de cada família!

De qualquer maneira, o pão que não for assado em uma fôrma ou que não tenha sido mantido em um gabinete ou em câmara especial, com 100% de umidade, quase sempre se abre; e sem os cortes tal abertura será acidentada, sem controle. Os cortes controlam então não só a formação da crosta do pão, como também a qualidade e a aparência decorativa final do produto. Um bom corte mostra quão bem o padeiro combinou o poder de crescimento da massa com as propriedades mecânicas do glúten. Um pão bem cortado sem dúvida é sinal de proficiência na arte de elaboração de pães.

Adicionalmente, o corte previne as famosas "asas" do pão. Na verdade, as asas se referem ao levantamento ou despregamento completo da parte superior do pão durante a cocção, que forma uma grande bolha.

No processo da modelagem, a massa já teve o descanso necessário e pode ser modelada no formato desejado. A manobra deve ser realizada com agilidade, evitando a excessiva fermentação e a perda de umidade.

O pão pode ser modelado em diferentes formatos e finalizado com vários sabores: do clássico pão de forma a pãezinhos pequenos; com fendas, compridos, redondos, retangulares; com algum tipo de cobertura, como sal grosso, açúcar cristal, ervas aromáticas, gergelim, semente de papoula, *crème pâtissière*, entre outros.

No capítulo "Fórmulas" há algumas ilustrações de modelagem de pães. A nomenclatura utilizada mantém seus nomes originais, traduz para o português outras, mas o importante é conseguir oferecer uma ideia da versatilidade e criatividade da massa de pão.

Crescimento ou prova final (*appret*)

A última etapa antes de a massa ser levada ao forno é o crescimento ou a fermentação já na forma e na modelagem desejadas. O ideal é que essa etapa se realize de maneira controlada, em gabinete bem isolado, com temperatura entre 32 °C e 35 °C, e com umidade relativa entre 75% e 85%.

Nesse momento a massa vai atingir máxima fermentação antes de ser assada. Na maioria dos casos a massa estará pronta quando dobrar de volume, aparentar leveza e inflar ao toque.

Imediatamente antes de ser levada ao forno, a massa deve receber o acabamento necessário como, por exemplo, cortes, cobertura, pincelagem, pulverização com açúcar ou farinha.

Bisturi para panificador.

Acabamento

Pincelagem ou *egg wash* – Mistura de ovos batidos (ovos inteiros, ou apenas as claras, ou apenas as gemas) e um líquido (usualmente água ou leite/creme de leite). Essa mistura é pincelada na superfície do produto exatamente antes de ser levado à cocção para dar brilho levemente dourado e auxiliar na textura (amaciamento) da crosta. Pode servir de base para sustentar coberturas adicionais, como sal grosso, nozes moídas, semente de papoula, semente de gergelim, ervas, açúcar, chocolate picado. Pode ainda ser utilizada na preparação de pães e tortas como agente aglutinador, pois permite que a massa não se separe durante o escape de vapor na cocção.

Pincelagem & efeitos

Ingredientes	Características
Clara de ovo + pitada de sal	Opaco, levemente dourado, formação de casca quebradiça na superfície
Gema + pitada de sal	Brilhoso, levemente dourado, formação de casca lisa na superfície
Leite integral	Opaco, dourado
Creme de leite	Opaco, com rachaduras, crosta dourada
Óleo de oliva	Brilhoso, levemente dourado

Farofa ou *Streusel* – Como complemento à finalização de pães, *muffins*, bolos e tortas, utilizamos um *topping* quebradiço com uma mistura de manteiga, farinha e açúcar; também pode levar especiarias, nozes picadas, farinhas variadas (germe de trigo, farinha de soja, aveia). Essa mistura é distribuída sobre o produto antes de ser levado ao forno, provendo uma crosta crocante que adiciona tanto sabor quanto textura ao produto final. *Streusel*, do verbo alemão *streuen*, significa "cobrir", "pulverizar". Era originalmente usado na elaboração do *Streusel Kuchen*, bolo servido com café e elaborado com uma infinidade de sabores. *Streusels* são utilizados amplamente para cobertura de bolos, *danish*, tortas, *muffins*, pães doces, entre outros.

Cocção (*cuisson*)

O término do processo de elaboração da massa é exatamente a transferência de calor de um recurso de aquecimento para a massa. Isso ocorre no final do período de último crescimento, quando o pão é colocado no forno rapidamente, mas com cuidado. A 50 ºC a maior parte das bactérias é eliminada e as enzimas são desativadas. As atividades físicas envolvidas nessa transformação são complexas, e ocorrem da seguinte forma.

À medida que o calor intenso do forno penetra na massa, os gases se expandem rapidamente, aumentando o tamanho dela. A pressão de gases dentro da massa se eleva, aumentando de volume daqueles milhares de pequenas células pela ação do calor. O calor transformará líquidos em gases pelo processo da evaporação, e o fermento ainda terá seu último movimento de expansão, produzindo mais células de gás, até que a massa atinja a temperatura de 60 ºC. A exposição a uma temperatura uniforme nesse estágio dará firmeza às paredes das células.

O calor intenso seca a parte exterior exposta diretamente ao calor e causa a formação da crosta. Ao chegar a 60 ºC, a crosta se estabiliza; na presença da água eliminada pelo glúten a parede externa do amido se granula; e o amido de dentro da massa forma uma pasta gelatinosa, que auxilia na estrutura da massa. A partir dos 74 ºC, a cadeia de glúten que envolve as células de gás se transforma em uma estrutura semirrígida. Conforme a temperatura interna aumenta, em torno de 90 ºC a 100 ºC, a massa fica assada.

Ao chegar aos 160 ºC, a temperatura externa do pão geralmente apresenta definição de coloração, pois o açúcar começa a caramelizar – é a reação de Maillard. Ao deixar o forno, a parte externa do pão estará acima dos 200 ºC e a temperatura interna, como dissemos, entre 90 ºC e 100 ºC.

O método mais tradicional de determinar se o pão está pronto é bater em seu fundo e receber um som oco, que indica que a maior parte do líquido foi evaporada e o pão está assado por inteiro. Caso ainda reste dúvida, insira um termômetro no centro do pão; este deve atingir entre 95 ºC e 98 ºC.

A massa de pão não é boa condutora de calor por causa do excesso de umidade e da presença de produtos isoladores, como as gorduras.

Diagrama de temperatura de cocção

30 °C	expansão dos gases, produção de enzimas e conversão de açúcares. No início do processo de cocção, o fermento está latente e completamente disponível à atuação da temperatura do forno, que lhe dará as últimas características;
45 °C–50 °C	gelatinização do amido;
50 °C–60 °C	formação de CO_2 e de poros;
60 °C–80 °C	finalização do processo de gelatinização, coagulação da glutenina e quebra da atividade de enzimas;
100 °C	formação da estrutura final, evaporação de água;
100 °C–130 °C	formação de dextrina (crosta), caramelização, exalação de odores e enrijecimento final da crosta;
130 °C–186 °C	caramelização com formação de manchas escuras (coloração);
200 °C	pão queimado!

Fornos

O calor é transferido ao alimento por uma fonte, por três métodos principais: condução, convecção ou radiação. Um pão é disposto ou "sentado" sobre uma fonte de calor, que efetua a combustão de gás ou elementos elétricos. Ao circular, o ar quente entra em contato com o ar frio, aquecendo-o; esse calor será transportado à massa, assando-a por condução. Consideremos ainda um alimento que será disposto em óleo fervente; o óleo é aquecido e circulado; o alimento entra em contato com o óleo e o calor deste será transferido para o interior do alimento, por condução.

Quando a fonte de calor provém da circulação de calor no forno, a massa será assada por convecção. Em um forno, a condução do calor se transfere por ventoinhas ou hélices que movem o ar rapidamente, que passa o ar quente através da massa. Tal processo pode diminuir o tempo de cocção em até 50%.

Por último, quando o calor é irradiado diretamente para a massa, ela será assada pela transferência de energia por radiação, que, ao penetrar no alimento, causa fricção intermolecular (micro-ondas, por exemplo).

Que tipo de forno deve ser usado?

Consenso entre profissionais da área diz que o forno de lastro é excelente para a cocção de pães especiais, massas gordas e ricas. Já baguetes, pão francês e massas magras em geral podem ser assados com maior sucesso em forno turbo, que distribui o calor por ventoinhas, de maneira mais intensa e uniforme. Fôrmas perfuradas, nesse caso, são extremamente recomendáveis. O forno a lenha, que volta à moda, é excelente na cocção de pães étnicos, como *ciabatta*, *focaccia* e *pitta*, e pães de massas magras especialmente, mas não unicamente.

Quando usar vapor?

O método de injeção de vapor foi desenvolvido em meados de 1920. Até então, apesar de toda a técnica e tradição dos pães produzidos na Europa, os padeiros primariamente elaboravam grandes pães arredondados, compactos, com desenvolvimento ou expansão final obtida do forneamento bastante reduzido.

Sem as vantagens do vapor, a formação e a apresentação da crosta era carente de brilho e apelo visual. Pela supersaturação da câmara do forno com vapor, a umidade se condensa sobre a superfície da massa durante os primeiros momentos de cocção. Esse fenômeno facilita a expansão e o desenvolvimento da massa e também dilui levemente a superfície do amido. Consequentemente a gelatinização cria uma camada protetora que alisa a crosta e lhe oferece uma atraente aparência após a caramelização. O resultado é uma crosta mais fina, crocante, com a acentuação do tão apreciado sabor adocicado. Entretanto, como nada é perfeito, a crosta mais fina infelizmente é mais sensível ao amaciamento em clima úmido.

É melhor usar vapor ao assar qualquer tipo de massa fermentada, pois quando introduzimos o pão em um forno seco e quente a parte externa começa a secar e formar crosta, antes que o pão tenha tido a chance de alcançar sua expansão final. Introduzir vapor auxilia a manter a superfície úmida e flexível, de tal maneira que o pão ainda possa continuar a crescer.

O vapor também auxilia o desenvolvimento da crosta e dá ao pão brilho e coloração.

Temperaturas de cocção	
400 °C–450 °C	Pizza
325 °C–375 °C	Pães integrais
280 °C–320 °C	Pão branco
210 °C–250 °C	Pão doce, massa folhada
180 °C–200 °C	Biscoito, bolo
100 °C	Ponto de ebulição da água

Como assar pães em fornos domésticos

Se o trabalho for em estilo caseiro, a atenção a alguns detalhes pode também produzir um pão de boa qualidade. Seguem alguns princípios importantes.

Equipamento

Uma pedra especial para pizza/pão pode ser um bom investimento.

Vapor

A simulação de vapor contribui imensamente na criação de uma casca firme e dourada. Para tanto, coloque em uma assadeira retangular ou quadrada, até a metade, pedras ou pedregulhos limpos, tipo pedrinhas para aquário, por exemplo. Coloque a assadeira na parte mais baixa do forno; as pedrinhas vão captar e reter o calor. Aqueça o forno com bastante antecedência à cocção, pois demora em média uma hora e meia para que as pedrinhas atinjam a temperatura apropriada.

No momento de colocar o pão no forno, deve existir algum vapor. Para tanto, despeje cerca de ½ xícara de água sobre as pedras aquecidas e feche o forno rapidamente. Como dissemos, o vapor serve para dar brilho à casca do pão, mas a razão principal do vapor é a presença de umidade condensada que será acumulada na superfície da massa. Isso, além de agir na maciez, permite à crosta expandir e à massa obter seu último crescimento no forno. Na ausência do vapor, como já foi dito, o calor forte pode assar a crosta muito rapidamente e o pão corre o risco de não crescer apropriadamente.

Cocção: o caso do *dutch oven*, ou panela de ferro fundido batido

O nome *dutch oven* pode ter sido derivado do processo original holandês ("dutch") de processar, de uma maneira singular, potes de metal fundidos utilizados para cocção. Antigamente, esses potes versáteis eram uma boa substituição não apenas ao forno: aparentemente se preparava qualquer coisa em um deles. Esses potes foram inicialmente elaborados com ferro fundido, e hoje são feitos com uma série de outros materiais, como barro, cerâmica e esmalte, sendo utilizados em toda parte do mundo. Para aqueles feitos de metal fundido, existe um tratamento especial preliminar ao seu uso.

Os primeiros *dutch ovens* tinham "perninhas" de apoio, o que permitia que eles fossem dispostos sobre carvão ou lenha, que podiam ser alimentados facilmente. Os modernos *dutch ovens*, sem pernas, podem ser utilizados para fritar, assar e tostar diretamente no forno a lenha, na churrasqueira, em fornos domésticos e comerciais e sobre a boca do fogão a gás ou elétrico. São ideais para cocções longas e lentas, tais como caçarolas, guisados e cozidos. A humanidade vem cozinhando em recipientes com efeitos similares há milhares de anos, como a panela de barro, ainda hoje usada e apreciada. A panela de barro é coberta durante a cocção, criando um ambiente que permite que o calor e a umidade circulem, basicamente vaporizando o alimento e resultando em uma preparação uniformemente cozida. O barro retém bem o calor, mantendo o alimento aquecido depois que ele sai do forno, o que elimina a necessidade de reaquecimento.

No caso do pão, a utilização de qualquer um desses recipientes ou panelas de barro, metal fundido ou esmalte auxilia a crocância, a formação da crosta e a coloração dos pães, o que torna esses utensílios essenciais para aqueles que querem se iniciar na produção de massas fermentadas ou pães nesse estilo. O vapor criado dentro do pote transforma milagrosamente o pão, assegurando à crosta características únicas. Qual a melhor maneira de produzir vapor dentro do pote? Simplesmente aqueça-o preliminarmente! Escorregue a massa gentilmente para dentro do pote e tampe-o, o que criará vapor.

O pão dentro da panela – Quando cru, com toda a umidade de seu interior, o pão é colocado cuidadosamente dentro da panela ou do pote preaquecido, e uma umidade preciosa será capturada na forma de vapor. Esse vapor mantém a massa macia por um tempo mais longo, o que permite uma expansão de forno mais prolongada, e o pão pode seguir crescendo durante os primeiros estágios de sua cocção. O resultado é um pão volumoso e brilhoso, que parece ter saído de uma padaria! Em adição, quando a umidade atinge a superfície do pão, gelatiniza um pouco do amido, que incha e se torna brilhante, criando uma crosta de brilho atrativa. Além disso, graças a essa liberação de vapor, quaisquer cortes ou desenhos feitos na massa crua se abrirão de maneira única, formando orelhas ou cantos que adicionam crocância e um estilo artesanal ao produto final. Isso tudo ocorre porque a umidade mantém a superfície da massa fria por mais tempo enquanto o pão assa, o que permite que enzimas (do fermento) metabolizem parte significativa do amido presente na farinha em açúcares simples, responsáveis pela caramelização e pela criação da crosta dourada, além de irresistíveis sabor e aroma.

Preparando-se para assar – Intrigado? Primeiramente, busque a receita "Pão sem sova", ou a receita de sua preferência, que deve ser de alta hidratação, pois essas massas oferecem mais umidade para a formação de vapor. Siga as quantidades e instruções da receita. Após todas as fermentações e dobras, modele a massa em um círculo, sem se importar com um boleamento firme ou muito perfeito. Pulverize um papel manteiga com semolina e disponha a peça para a última prova. Nesse instante, aqueça o forno e insira nele a panela que será utilizada na cocção.

Preaquecimento do pote/panela/molde – Para assegurar um impacto significativo de vapor quando dispensar a massa crescida no veículo de cocção, introduza-o (pote e tampa) assim que acender o forno. Caso o forno já esteja quente, garanta que o veículo seja inserido por pelo menos 40 minutos antes do início da cocção. Não se esqueça que o último tempo de fermentação depende da temperatura ambiente e do próprio processo de fermentação a que a massa foi exposta. Cuidadosamente, retire o pote quente do forno e coloque-o sobre uma superfície à prova de calor.

Cocção – Escorregue a massa crescida cuidadosamente para dentro do recipiente, faça os cortes finais, borrife com água e tampe imediatamente. Asse por 30 minutos. Depois, remova a tampa e asse por mais 10 minutos, ou até obter uma coloração bem intensa. Utilize um termômetro para medir a temperatura interna de 88 °C.

- Crostra dourada
- Miolo alveolado
- Sabor e aroma intensos

Finalização

Pincelagem, cortes e distribuição de toppings são usualmente o último passo antes da cocção. Envernizar, polir, fazer brilhar e aplicar lustro são todos sinônimos de ações que provocam efeitos diferenciais na finalização de uma massa de pão antes de sua cocção, e às vezes também após a finalização da cocção. Pode-se borrifar água sobre a massa ou pincelar uma mistura à base de claras, gemas ou ovos inteiros, ou ainda produtos lácticos, principalmente o leite e o creme de leite. Uma clara de ovo batida com uma colher de sopa de água produz uma crosta um pouco mais crocante, mas um efeito visual não tão embelezador. O ovo inteiro, com duas colheres de sopa de água, produz uma casca dourada e brilhante. Uma gema de ovo batida com duas colheres de sopa de água produz uma crosta mais escura, mas essa técnica deve ser controlada, além de não ser indicada para pães muito grandes ou que serão expostos a uma cocção longa ou a temperaturas muito altas. Se substituímos a água por leite, a coloração e a intensidade do verniz se modificam. Outra opção é a manteiga clarificada ou o óleo, que produzem uma crosta sedosa. A aplicação de meia xícara de água misturada com uma colher de sopa de amido de milho (maizena), que é cozida até uma fervura plena, também produz uma casca brilhante e espessa. Outra razão pela qual pincelamos um líquido sobre a massa antes de sua cocção é para melhorar a adesão de coberturas ou toppings a serem aplicados, como sementes de papoula ou gergelim.

COBERTURAS

Sugere-se que os produtos de massa doce recebam uma pincelada com geleia de brilho assim que saiam do forno. Tal procedimento, além de selar o produto, protege-o da perda de umidade, prolonga sua vida de prateleira e melhora a aparência geral.

- Mel – provoca uma crosta macia, suave e obviamente bem pegajosa! Pincele-o cuidadosamente sobre o pão recém-retirado do forno, e deixe-o secar por algumas horas antes de manipular ou servir o produto.
- Azeite de oliva e manteiga clarificada – Adicionam sabor e brilho. Pincele-as imediatamente antes da cocção ou assim que esta for concluída.
- Coberturas cremosas e adocicadas – A aplicação de creme de confeiteiro, creme à base de *cream cheese*, *fondant* de confeiteiro, frutas glaceadas, geleias e tantas outras adições pós-cocção embelezam e enriquecem sua produção.

Saboreando o pão perfeito

O American Institute of Baking definiu, em 1987, um padrão de avaliação para a classificação de pães.

Critérios de pontuação

Pontuação externa (Perfeito = 30 pontos)

Volume (10 pontos) – A unidade volume considerada para padrões americanos está designada como cu in. por onça transportada para o primeiro decimal. Divida o volume do pão em polegadas cúbicas – cu in. (ou em centímetros cúbicos) pelo seu peso em onças – oz (ou em quilos). Pontue o volume do pão branco comum como se segue:

Cu in.	por oz	Pontuação
11.5	12.4	9
10.5	11.4	9.5
9.5	10.4	10.1
8.5	9.4	9.5
7.5	8.4	9
6.5	7.4	8.5
5.5	6.4	8

Coloração da crosta (8 pontos) – A coloração deve atingir um marrom-dourado. Deve também ser uniforme, isenta de manchas. Os cortes devem estar proporcionalmente abertos e bem definidos. Caso a crosta seja pincelada antes da cocção, a uniformidade e a densidade das pinceladas também devem ser avaliadas.

Simetria da forma (3 pontos) – O pão ideal deve ser simétrico, sem a presença de terminações muito diminuídas e de crostas duplas ou rasgadas defeituosamente. No caso de tranças, por exemplo, devem apresentar-se inteiras, sem rasgos excessivos pelo fechamento incorreto (muito fechado). Deduza pontos para extremidades ou terminações encolhidas, rebaixadas nos lados, superfície com desnível acentuado e crostas protuberantes.

Uniformidade na cocção (3 pontos) – O pão deve estar assado uniformemente nos lados e no fundo. A coloração deve ser proporcional no todo, sem a presença de manchas ou áreas queimadas. A sombra dos lados e fundo deve estar em conformidade com a crosta.

Características da crosta (3 pontos) – A boa crosta deve apresentar-se fina e quebrar facilmente. Não deve ser grossa, dura ou ter textura de borracha.

Quebra e esmigalhamento (3 pontos) – O pão deve apresentar quebra macia, uniforme, com um leve esmigalhamento nos lados. Rasgar ao ser partido compromete a aparência do pão.

Pontuação interna (Perfeito = 70 pontos)

Granulometria (10 pontos) – A granulação é formada pelas cadeias de glúten, eclodindo a área que a circunda. A estrutura da célula varia consideravelmente entre os diversos tipos de pão. Exatamente por esse motivo, um padrão não pode ser estabelecido. No geral, entretanto, para o pão branco comum a estrutura deve ser uniforme, com paredes de células finas. Para o pão branco comum, deduza pontos para textura muito aberta, com cavidades pronunciadas e rústicas.

No geral, indica o coeficiente de crescimento e desenvolvimento entre o volume e o peso (densidade) do pão após o crescimento. Esse coeficiente também varia de acordo com o sistema de mistura/fermentação adotado.

Coloração do miolo (10 pontos) – O miolo do pão é criado pela ação do calor na massa, assim como a sua crosta. Após a massa desenvolver o suficiente para multiplicar e expandir as células de carbodióxido, o calor aumenta a temperatura da massa para um nível que causa a gelatinização do amido e a coagulação do glúten. Isso oferece ao miolo sua estrutura final. Simultaneamente a essas modificações, a uma temperatura levemente mais elevada, a amilase presente na massa será destruída. A coloração ideal do miolo deve ser de um branco-creme, o que mostra que a oxidação da massa não foi excessiva durante a mistura. No entanto uma massa misturada a velocidade baixa ou manualmente tende a apresentar miolo de coloração creme acinzentada e com formação de bolhas. Já a massa sovada a maiores velocidades tende a ser praticamente branca e de textura fina. O miolo deve ainda ser macio e elástico e com uma textura aerada. Outro detalhe importante é que o pão bem fermentado e sovado deve preservar a qualidade de seu miolo pelo menos por doze horas.

Características do miolo

1. Cor/aparência geral
   Tamanho das células
   Distribuição das células
   Textura
2. Umidade
3. Maciez
4. Sabor
5. Odor

A coloração do miolo deve ser branca, com ausência total de quaisquer partes acinzentadas. A coloração branca demonstra que a oxidação da massa não foi excessiva durante a mistura.

Quanto mais aberto o poro, maior a fermentação sofrida pela massa.

A textura do miolo, relativa ao tamanho da abertura das células, deve apresentar uniformidade na distribuição e na espessura de suas paredes.

Em relação ao toque, o pão deve apresentar habilidade de, ao ser levemente comprimido, voltar ao formato original sem dificuldade.

Quanto à umidade, não pode estar seco nem úmido: deve estar aveludado.

O sabor ideal é agradável e sutil, sem resquícios de fermentação (acidez).

O odor deve ser suave, aromático, indicando fermentação completa.

Aroma (10 pontos) – Por definição, aroma é reconhecido pelo senso olfativo. Qualidades positivas incluem um cheiro rico, fresco e delicadamente fermentado. Aroma metálico, descaracterizado e reconhecidamente azedo, conta negativamente. O pão ideal apresenta um aroma prazerosamente adocicado e recorda levemente um cereal (trigo).

Pelo fato de o aroma do pão se desenvolver primariamente durante o primeiro crescimento da massa, sugere-se estender ao máximo esse período. Durante seus vários estágios de elaboração, o pão exala cerca de duzentas diferentes composições voláteis, e cada um desses componentes, apesar de estar presente em quantidades mínimas, contribui para o aroma e sabor final do pão.

Paladar (10 pontos) – O atributo mais importante de um bom pão está exatamente em suas características de frescor e em apresentar sabor de cereal (trigo), sutilmente adocicado.

Mastigação (10 pontos) – O pão ideal não requer esforço ao ser mastigado e não forma uma massa densa na boca. Tampouco deve ser seco ou duro.

Textura (15 pontos) – A textura é determinada pelo senso do toque. Influenciada pela granulometria, expressa a elasticidade e a maciez do miolo. A textura ideal é macia e aveludada, não é frágil e não esmigalha facilmente.

Pontuação final

Segundo dados do American Institute of Baking um pão perfeito deve reunir pontuação máxima em todos os critérios apresentados, perfazendo uma pontuação final de 100 pontos.

Esfriamento

Ao sair do forno, o pão estará saturado de vapor, que necessita de tempo para evaporar. Por isso, deixe o pão esfriar até cerca de 25 °C a 30 °C antes de fatiá-lo e embalá-lo. Disponha os pães sobre grades vazadas para que todo o produto atinja a temperatura ambiente, ou, preferencialmente, resfrie antes de cortar (estilo pão de fôrma).

Pães magros são melhores se consumidos no mesmo dia, uma vez que podem envelhecer em poucas horas. Os pães que se conservam por mais tempo são aqueles elaborados com *levain* e outros ingredientes enriquecedores, que conferem à massa certa umidade, como leite, óleo de oliva, ovos, manteiga. Esses pães tendem a durar mais quando acondicionados em sacos de papel e conservados em temperatura ambiente.

Embalagem e estocagem

Pelo menos 40% do pão que a sociedade moderna consome é fatiado e acondicionado, a maioria das vezes em embalagens de polietileno, que são fundamentais para:

- proteção do pão contra a deterioração e oscilações de umidade;
- higiene;
- favorecer o registro dos dados do produto e do produtor;
- aumentar a capacidade de conservação em prateleira do produto em cerca de 50% (pães embalados mantêm-se frescos por três a quatro dias a mais, além de se protegerem mais tempo contra mofo e envelhecimento);
- evitar o desperdício, pois pode ser consumido até a última fatia, o que não acontece com o pão não embalado.

É ilegal a utilização do plástico reciclado para a embalagem de alimentos. O polietileno tem poder calorífico de 43 MJ/kg (megajoule por quilo), similar ao combustível inflamado comum. A incineração do polietileno é provavelmente a opção mais eficiente até o momento para a questão de gerenciamento ambiental. O papel-manteiga também é utilizado, em quantidade cada vez menor. Também não é adequado para reciclagem.

ESTOCAGEM

O pão comercial pode ser refrigerado com êxito por até uma semana. Porém, torna-se seco, e deve ser reaquecido ou tostado para retomar sua umidade.

Quando apropriadamente embalado e conservado, pode ser congelado por seis meses. Recomenda-se congelar o pão em pedaços antes de congelá-lo, embalando-o em plástico (não reciclado) ou papel-alumínio. Descongele com antecedência antes do consumo.

Envelhecimento

O principal problema experienciado pelas padarias é sem dúvida o envelhecimento do pão ou produto. A queda de qualidade inicia-se na verdade logo após o artigo ser retirado do forno. Uma percentagem significativa da produção é perdida por causa da degeneração visual, da textura, do aroma e do sabor do produto.

Em termos técnicos, qualquer produto apresentará perda de umidade no miolo e consequentemente na casca ou na parte exterior. O miolo se fará firme e perderá elasticidade, por causa das mudanças que ocorrem no amido, conhecidas tecnicamente como "retroação", que reverterão o produto a um estágio inferior. O amido de cereal tem dois tipos de moléculas: a amilase e a amilopectina. A amilopectina é que retrocede, convertendo-se ao seu estado inicial firme, como grânulos cristalinos rígidos.

Outro aspecto que contribui para o envelhecimento é o crescimento de fungos e bactérias, que se transferem do ambiente da padaria para a massa. Isso pode ser controlado com inibidores de fungos e com enzimas especiais, amplamente disponíveis no mercado. Outra medida auxiliar na prevenção do envelhecimento é a adição de amaciadores ou condicionadores de massa, que funcionam como agentes antirrigidez.

Observa-se também que os pães elaborados com farinhas de alto conteúdo de proteína não se enrijecem tão rapidamente, além de apresentarem miolo menos firme. Daí muitos padeiros adicionarem uma pequena percentagem de farinha de glúten (glúten vital) para aumentar o conteúdo de proteína da farinha, retardando assim o envelhecimento.

A adição de uma pequena quantidade de farinha de soja também contribui para o retardamento, além, obviamente, de agentes amaciadores propriamente ditos, como as gorduras.

Outra estratégia bastante utilizada é a adição de uva passa e nozes, que, por conterem grande quantidade de dextrose, frutose e gordura, auxiliam na extensão da vida de prateleira do produto, tanto por auxiliar na retenção da umidade no interior do pão como pela presença de ácido propinoico, inibidor natural de fungos.

A química por trás da elaboração de pães: os ingredientes básicos

Familiarizar-se com a diversidade e a combinação de ingredientes é parte do sucesso na elaboração de massas. Identificar esses ingredientes e selecioná--los da maneira mais apropriada é outro ponto essencial. Também o conhecimento de técnicas e processos básicos se faz necessário. Técnicas eficientes permitem ao *boulanger* expandir a complexidade de seu repertório, preparar massas mais elaboradas e construções mais minuciosas.

Em sua simplicidade, o pão consiste de fermento (natural ou artificial), água, sal e farinha. Fomos adicionando e subtraindo ingredientes no decorrer dos tempos para criar maior variedade, diferenciar sabores, aromas e formas, de brioches a *ciabattas*, de sonhos a pizzas.

Ingredientes básicos
Água
Farinha
Sal
Fermento/fermentador

Ingredientes enriquecedores
Ovos
Açúcar
Especiarias
Gordura e leite
Sementes (papoula, gergelim, erva-doce, cardamomo)
Agentes oxidantes
Farinhas diferenciadas (legumes, batata, amido)
Leite e derivados
Acidulantes
Agentes antimicrobiais
Preservantes
Essências flavorizantes

Os próximos capítulos tratam detalhadamente dos ingredientes, básicos ou enriquecedores – divisão que fizemos para efeito expositivo –, bem como da descrição das funções que desempenham na produção de massas. Embora substituições possam ser efetuadas, variar a proporção e o caráter de alguns ingredientes interferirá nas reações dos ingredientes entre si, e fatalmente alterará a textura, a aparência, o sabor e o aroma do produto final.

Farinha

Farinha é o ingrediente principal em produção de massas. É o construtor de estrutura primária na maioria dos pães e massas fermentadas, além de importante auxiliar em bolos, tortas e massas em geral. É obtida de vários grãos de cereais moídos, como trigo, cevada, milho, centeio, aveia.

Pouca ou nenhuma informação é oferecida aos consumidores acerca da qualidade da farinha. Em nossa opinião, a melhor maneira (e talvez única, caso você não possua um laboratório de análises) de conhecer as características de cada farinha é pela prática: experimente-as! Busque aquela que lhe oferecer resultado melhor para uma necessidade específica. Nosso objetivo neste capítulo é que os conceitos aqui presentes possam subsidiar conhecimentos que simplifiquem o processo de escolha da farinha correta para cada produto.

O grão de trigo

O mais efetivo grão na elaboração de pães é o trigo, não apenas por suas qualidades de paladar, mas porque possui aspectos em sua *performance* não atribuídos a nenhum outro grão. Contém todos os ingredientes para uma boa massa – amido, que fornece volume, alimenta o fermento e torna o pão adoravelmente dourado no forno. Contém em seu germe óleos e gorduras essenciais à dieta humana, melhorando assim o valor nutricional do pão como alimento. A casca fornece peso e auxilia na digestão; e o glúten, um componente mágico desenvolvido potencialmente pelo trigo, permite ao pão expansão e crescimento perfeitos. Assim como na construção de uma casa, onde o alicerce de sustentação necessita ser formado, no pão o glúten não apenas desempenha essa função, como também dá a estrutura das células do interior da massa.

O grão de trigo é uma semente que pode crescer em uma nova planta de trigo. Também é a parte do trigo processada em farinha. Em geral, é oval, fino e levemente achatado. Mede entre 5 mm e 9 mm de comprimento e pesa entre 35 mg e 50 mg. Tem coloração avermelhada, embora existam variedades na cor branca, preta, marrom, violeta e verde (cinza). O grão é dividido em três partes principais, descritas a seguir.

GERME OU EMBRIÃO

É a parte que se desenvolve em uma nova planta, a semente. O germe se localiza em uma das terminações do grão e representa apenas 2,5% de seu peso. É rico em lipídios e em vitaminas B e E. Necessita ser removido durante a moagem porque seu teor de gordura o torna extremamente exposto à rancidez durante a estocagem da farinha. É muito valioso na suplementação alimentar de fibras e está presente em vários produtos. Na maior parte dos casos, então, o embrião é separado do processo. Para repor as perdas de nutrientes ocasionadas por essa eliminação, a farinha é enriquecida pela adição de tiamina, riboflavina, niacina e ferro, advindo daí a nomenclatura "farinha especial".

CASCA

É a parte externa ou casca da semente do trigo, composta por várias camadas. Essas camadas protegem o germe e o endosperma e providenciam a reserva de alimento pelo qual o germe se alimenta e cresce. A casca é utilizada em farinhas de trigo integral e consiste em 14,5% do grão. É rica em vitamina B e em minerais.

ENDOSPERMA

É a parte principal do grão do trigo porque contém amido e proteínas formadoras de glúten, essenciais na elaboração de massas levedadas. A farinha comercial é elaborada primordialmente do endosperma, que perfaz 83% do peso do grão.

A farinha de trigo

A farinha de trigo é singular porque o trigo é o único cereal que possui proteínas formadoras de glúten. Glúten e proteína estão relacionados intimamente, mas não são sinônimos. As proteínas interagem umas com as outras quando misturadas com água, formando glúten. O glúten nada mais é do que uma cadeia elástica e flexível que dá estrutura à massa; isso ocorre por causa dos gases expansores que provocam o crescimento da massa.

O conteúdo de proteína na farinha afeta diretamente a formação de glúten e consequentemente a força da massa. Porém não é a quantidade de proteína, mas sim a qualidade que interfere nessa performance. Devem ser considerados, entre outros fatores agronômicos, a quantidade de chuva, o uso de fertilizantes, a variação de temperatura, as características geográficas. Devem-se levar em conta ainda o processo de moagem e como o moinho procede para balancear quantidade e qualidade de proteína na preparação da farinha.

A qualidade da farinha pode ser atestada indiretamente por instrumentos como o farinográfo, que mede a resistência da mistura de água/farinha durante a ação mecânica. Essa resistência é gravada com uma curva gráfica, que oferece ao moinho informações importantes como a força da massa, a tolerância à mistura e as características de absorção de líquido.

O chamado trigo duro, por exemplo, contém mais proteína; já o trigo macio a possui em menor quantidade.

COMPOSIÇÃO

A farinha é composta basicamente por cinco componentes primários: *água, amido, minerais, gordura* e *proteína*. Durante sua formação e processamento, a planta do trigo absorve uma percentagem de água, podendo ser maior em casos de plantações em regiões úmidas, sujeitas a mais chuva, ou até mesmo à beira de reservatórios de água, por exemplo. O amido perfaz quase 75% da farinha. Os minerais, quase em sua totalidade, são extraídos do grão durante o processamento, restando em torno de apenas 2% no volume total. O conteúdo de gordura é pequeno, e também sofre perdas durante o processamento do grão; há maior concentração nas farinhas integrais.

Ainda na composição da farinha há que observar a presença de uma cadeia de enzimas chamada diástase, que quebra algum amido em açúcar, e este pode ativar o fermento. O amido ajuda na produção de gás por meio do fornecimento de açúcar para o fermento. O amido ajuda também na formação da estrutura da massa, que ocorre quando suas partículas entram em contato com a água da fórmula. Esse amido vai se gelatinizar durante a cocção, o que faz o glúten se firmar. A quantidade de enzimas (amilases) contida na farinha determina a proporção em que o amido é convertido em açúcar e transformado em alimento para o fermento. Então, quanto maior o conteúdo de amilase, maiores os valores de fermentação por açúcar na massa.

Os diferentes tipos de farinha contêm quantidades variáveis de proteínas formadoras de glúten. A quantidade de proteínas é influenciada primariamente por aspectos ambientais, enquanto a qualidade das proteínas é geneticamente determinada. Apesar de o amido ser o componente de maior volume, é a proteína que dará a característica principal à farinha: a capacidade de formação de glúten.

As proteínas solúveis e as proteínas insolúveis presentes na farinha são as responsáveis pela habilidade da farinha em juntar-se e formar uma estrutura coesa. As proteínas insolúveis *gliadina* e *glutelina* agem diretamente nas características de elasticidade (gliadina) e flexibilidade para segurar carbodióxido, formado durante a fermentação (glutelina). Uma farinha especial ideal para pães e produtos fermentados contém em torno de 12% de proteína, e é utilizada exatamente pela sua grande capacidade em produzir uma massa estruturada. Farinha para produtos de confeitaria tem cerca de 7,5% de proteína. O baixo conteúdo de glúten é ideal para a *pâtisserie*, pois resulta em produtos macios, de textura mais leve.

As chamadas farinhas domésticas misturam grãos das duas espécies (dura e fraca) durante a moagem, para compor um grau de proteína em torno de 10,5%, que forma uma farinha para uso médio, que não compromete nenhum tipo de produto que será elaborado.

Para elaboração de artigos de confeitaria, o ideal é uma farinha fraca, com teor de proteína entre 7,5% a 9%, com mais presença de amido, elaborada com grãos mais fracos, moles. Essa farinha deve ser submetida a um processo de branqueamento rigoroso, que a torna hábil a carregar mais açúcar e gordura, bem como líquidos, durante a mistura. O pH da farinha pouco proteinada deve estar em torno de 5,2%, o que a torna levemente ácida. Esta acidez auxilia no amaciamento do glúten.

No processo de refino, o amido é processado em um pó fino, enquanto as partículas de proteína permanecem maiores, mais grossas, mais granulosas ao toque. As proteínas determinam a quantidade de glúten. A textura e o tamanho dos grãos da farinha também desempenham papel importante no processo de mistura e sova da massa e são ainda determinantes da velocidade com que a massa crescerá. Em geral, a farinha de trigo especial para pães é levemente mais granulosa e cai quando pressionada entre os dedos, não se mantendo compactada por muito tempo. A farinha comum apresenta-se mais macia e fina ao toque e, se pressionada entre os dedos, tende a se manter compactada por tempo mais longo. Então, para se ter um parâmetro, a farinha que se mantiver compactada tem menos teor de proteína, é mais fina e clara em coloração (amido) e mais adequada à produção de confeitaria ou de pães rápidos, em que pouca formação de glúten é desejada.

Na verdade, não só os grãos de trigo são indicadores da qualidade da farinha. O tipo de processamento a que é submetido o grão no moinho terá efeito na performance da farinha, no seu sabor e em suas características nutricionais. Por exemplo, quando a farinha é processada com o emprego de temperaturas altas, existe perda de nutrientes, fator muito importante se considerarmos que a farinha de trigo branca comum ou especial já perde naturalmente cerca de 90% de seu conteúdo de fibras ao ser refinada; perde ainda quase toda a vitamina E; perde cerca de 50% do ácido linoleico (um ácido graxo essencial para a dieta humana); a maior parte dos minerais e das vitaminas é reduzida a pouco mais de 20% do conteúdo original.

TIPOS DE TRIGO E SUAS CARACTERÍSTICAS

O trigo cresce em todas as regiões do mundo. No entanto, as farinhas feitas com trigo norte-americano, exposto ao sol quente durante o estágio de crescimento, contêm alta concentração de proteína e baixa percentagem de amido. Já o trigo macio de outras regiões contém menos proteína, e sua farinha provavelmente necessitará da adição de glúten seco e de outros recursos para produzir uma boa estrutura para a elaboração de pães.

Como dissemos, o glúten pode ser comparado ao alicerce de uma casa, não só na sustentação da construção, mas também na estrutura das células no interior da massa. Em massas fermentadas, que requerem forte estrutura de glúten, a farinha com alta concentração de proteínas é, sem dúvida, muito apropriada.

O glúten formado durante a mistura ou sova coagula durante a cocção e auxilia no suporte de ingredientes pesados como açúcar, ovos e gorduras. Já na produção de confeitaria, bolos, sobremesas e outros artigos, não se beneficiam com essa alta concentração, que resultaria em produtos duros e secos.

Um bom teste para reconhecer a qualidade da farinha de trigo pode ser feito pelo toque. Esfregue diferentes marcas de farinha entre os dedos e você perceberá que algumas são mais granulosas ou duras, outras, mais pulverizadas ou suaves. A dureza ou maciez estão relacionadas à proporção de proteína contida no amido presente na farinha. A proteína se quebra em partículas de grânulos maiores, que podem ser sentidas ao toque, enquanto maior conteúdo de amido forma um pó fino, mais sedoso, mais macio. Portanto, farinhas mais granulosas, a princípio, contêm mais proteína.

TRATAMENTOS DA FARINHA

Branqueamento

O branqueamento faz a farinha mais clara. Tecnicamente falando, os pigmentos de carotenoide (amarelo) na farinha são oxidados para produzir a farinha branca. A oxidação ocorre naturalmente, no decorrer do tempo, com a exposição da farinha ao ar. Historicamente, o moinho deixava a farinha envelhecer por semanas para garantir certo embranquecimento. Essa oxidação natural, todavia, era um processo irregular e requisitava considerável investimento em espaço e tempo. Atualmente, o branqueamento é obtido pela ação de agentes químicos.

Maturação

A maturação é o fortalecimento da farinha. Para a farinha de trigo, o termo maturação implica melhora das propriedades de formação da massa, pelo aumento da capacidade do glúten em reter gás. Agentes comuns de maturação são o bromato de potássio e o ácido ascórbico. Pães produzidos com essas farinhas geralmente exibem pronunciado aumento de volume e granulosidade mais fina.

Malte

É a adição de farinha de cevada à farinha de trigo para auxiliar na formação de fermentos. Durante o estágio de desenvolvimento da massa, a farinha de cevada providencia uma atividade enzimática específica, que converte o amido presente na farinha em açúcares simples. Tais açúcares se disponibilizam como fonte de alimento para o fermento, proporcionando fermentação apropriada. A farinha tratada com cevada exibirá ainda, no produto final, uma crosta mais caramelizada.

Enriquecimento

É a adição de nutrientes à farinha. Tal enriquecimento cobre exatamente as deficiências e perdas de vitaminas e minerais ocorridas durante o processamento do trigo.[1]

TIPOS DE FARINHA DE TRIGO

Farinha de trigo integral

Elaborada com o grão inteiro – casca (a parte exterior), germe (contém o embrião da nova planta, vitaminas, minerais, proteínas e gordura) e endosperma (corpo do grão). O componente de gordura pode se tornar râncido muito rapidamente, em três ou quatro meses após sua moagem, dependendo da estação do ano e da umidade. Ela deve, por isso, ser adquirida em quantidades pequenas e conservada em ambiente fresco, até mesmo sob refrigeração, e afastada de odores fortes e fatores químicos. A ingestão de farinha rância em si não é reconhecida como prejudicial à saúde, mas o produto final apresenta odor e sabor amargo e acentuados.

---

[1] No Brasil, segundo determinação da Agência Nacional de Vigilância Sanitária (Anvisa), desde junho de 2004 as indústrias estão obrigadas a adicionar ferro e ácido fólico na farinha de trigo. Essa decisão tem o objetivo de combater os casos de anemia no país. Ver mais informações em www.anvisa.gov.br. Também está em tramitação um projeto de lei do deputado federal Aldo Rebelo, que dispõe sobre a obrigatoriedade de adição de farinha de mandioca refinada, de farinha de raspa de mandioca ou de fécula de mandioca à farinha de trigo. Disponível em www.camara.gov.br.

Possui sabor característico, rica em fibras alimentares e vitaminas, mas com pouca capacidade de formação de glúten, e por conseguinte fornece pouca estrutura e demonstra inabilidade na retenção de gases. Por sua própria composição forma glúten, mas suas pontas irregulares cortam as cadeias de glúten, reduzindo o crescimento e a expansão da massa. Por isso é usualmente misturada à farinha de trigo comum na elaboração de pães. Assim como a farinha de trigo branca, a integral pode ser extraída de grãos duros ou suaves.

Farinha especial para pães

É produzida e comercializada especificamente para a produção de pães. Contém mais proteína (entre 10,5% e 12%) e portanto tem mais capacidade para formar glúten. Demanda mais sova e propicia maior flexibilidade. Tende a absorver mais água por seu conteúdo de aminoácidos gliadina e glutelina.

Farinha *durum*

Farinha cremosa, de textura extrafina e sedosa, de cor levemente amarelada, processada da espécie de trigo *durum*, diferente do trigo tradicional. Cresce somente em climas frios e é o tipo de trigo mais duro e resistente que existe, com um acentuado conteúdo de glúten e, ao contrário do que muitos dizem, pode ser usada com êxito na produção de pães, principalmente combinada à farinha de trigo comum. É utilizada na elaboração de massas ou pastas.

Farinha de semolina

Semolino di grano duro, como é conhecido nas prateleiras das casas especializadas, não é uma variedade do trigo, mas sim trigo *durum* moído relativamente mais grosso, então peneirado para remover a farinha mais pulverizada. Sua arenosidade faz da semolina uma boa opção na elaboração de massas ou pastas. Cozinha em ponto firme e absorve menos água do que farinhas mais macias, menos proteinadas.

Farinha de trigo com adição de fermento

É tipicamente uma farinha com conteúdo médio de proteína, misturada com ácido fosfórico, bicarbonato de sódio e sal. Não pode ter conteúdo alto de proteína, senão os produtos finais perdem a leveza e a textura (proteína entre 9,5% e 11,5%).

Farinha de glúten

Processada com o glúten puro derivado da lavagem da farinha integral, que retira praticamente todo seu amido. Esse mesmo amido, inerente à farinha integral, é isolado e removido da farinha por um processo de lavagens e enxágues. O glúten que sobra é seco, moído em pó fino, utilizado para fortalecer farinhas com deficiências de glúten, como a farinha de centeio e as farinhas não originárias do trigo. Também utilizada na elaboração de pães para portadores de diabetes e outras enfermidades, que têm restringida a absorção de alimentos ricos em amido.

Farinha de trigo especial para bolo

No Brasil não são vendidas comercialmente com essa nomenclatura. Porém, todos aqueles com experiência doméstica já notaram que essa ou aquela farinha se desenvolvem melhor para pão ou para bolo. Usualmente é branqueada (apresenta coloração mais branca), de textura macia e fina. Apresenta-se com menor conteúdo de proteína e produz bolos e afins de textura mais macia. Proteína tipicamente entre 8,5% e 10%.

Germe de trigo

Altamente nutritivo, o germe de trigo é, como o próprio nome diz, o germe isolado do grão de trigo. Aumenta o valor nutricional, adicionando um distinto aroma de nozes. Também se torna râncido rapidamente, devendo por isso ser conservado preferencialmente sob refrigeração.

Casca de trigo (*all bran*)

Assim como o germe, a casca de trigo é isolada antes do processamento. Contém basicamente carboidrato, cálcio e fibras. É mais grosso e escuro que o germe de trigo, e usualmente é comercializado sob o nome genérico de *all bran*.

OUTRAS FARINHAS

Todos os grãos inteiros podem ser moídos para fazer farinha, porém não são intercambiáveis com a farinha de trigo. Cada grão tem sua própria personalidade. Apresentam texturas diferentes, paladares diferentes, propriedades físico-químicas diferentes quando introduzidos em uma massa. O trigo é certamente o mais versátil e o mais utilizado por conter glúten.

Assim, farinhas extraídas de outros cereais que não o trigo também são utilizadas na panificação. Contêm algumas proteínas, mas não as essenciais para a formação do glúten (gliadina e a glutelina). Por essa razão, na maioria das vezes que aparecem em receitas, devem ser incrementadas por certa quantidade de farinha de trigo, o que impede que o produto se torne muito denso.

Vale ressaltar que muitas doenças do aparelho digestivo, por exemplo, estão diretamente associadas à ingestão de glúten. Facções mais radicais do movimento vegetariano, por exemplo, apontam os produtos elaborados com a farinha de trigo branco como danosos à saúde. Então, vale comentar as opções para a substituição total ou parcial da farinha de trigo por aquelas chamadas *gluten free* ou com pouco teor de glúten.

Amaranto (*gluten free*, mas com glicogênio)

O amaranto era a base da dieta das culturas inca e asteca. As sementes, pequenas e pálidas, se assemelham à lentilha, com sabor adocicado e nucicado (nozes), e são moídas em farinha, utilizada na fabricação de massas. Por causa de seu sabor acentuado e sua habilidade em reter a umidade, deve ser usada como farinha secundária em elaborações de biscoitos, panquecas, *waffles*. Não deve ser utilizada em receitas que peçam fermento biológico. Por conter fibra e ferro, é bastante utilizada em barras de granola e produtos energéticos.

Quando aquecida, torna-se gelatinosa e viscosa, em virtude do elevado teor de amido presente no grão. Por isso, é utilizada também como espessante em geleias, em substituição à pectina, e em conservas, que assim dispensam adição maior de açúcar.

Amido de milho (*gluten free*)

Uma farinha densa e extremamente pulverizada, extraída de parte do endosperma do milho. Amido de milho é mais utilizado como agente espessante em pudins, molhos, sopas, mingaus e em fabricação de produtos assados leves, como *cookies* e *muffins*, oferecendo-lhes uma textura fina e mais compacta. Em pães, é normalmente utilizado para suavizar a textura e oferecer um pouco mais de qualidade na conservação de um produto assado.

A aparência brilhante se deve ao fato de seu conteúdo de glúten permanecer indissolúvel, não impedindo a passagem total de luz. Como espessante em geleias, compotas e pudins normalmente é utilizado no final do processo, pois em presença de um ácido (suco de limão, por exemplo) tende a perder ou enfraquecer suas capacidades espessantes.

Araruta (*gluten free*)

A araruta (*Maranta arundinacea L.*) é um vegetal de raiz tropical, notável pelo grande número e tamanho de seus caules (rizomas). A parte da planta que cresce acima do solo pode ter até 1,80 m de altura; sua parte comestível tem cerca de 25 cm de comprimento e parece uma batata grande. As raízes são desidratadas e moídas, formando uma farinha extremamente fina. É utilizada como espessante em produtos de *pâtisserie*, uma vez que apresenta em média duas vezes mais poder espessante que a farinha de trigo. Por ser extrema e rapidamente digerível, é bastante utilizada na fabricação de produtos para alimentação infantil.

Farinha de arroz (*gluten free*)

Farinha fina e sedosa, retirada do interior do grão do arroz. Contém entre 6% e 7% de proteína, mas também não forma glúten. Para pessoas alérgicas a glúten, farinha de arroz é um substituto aceitável para trigo, aveia e centeio, por exemplo. É utilizada com êxito na elaboração de pudins, tortas, biscoitos e bolos como espessante, por causa de sua capacidade de absorver umidade sem desenvolver glúten.

Farinha de aveia (baixo teor de glúten)

Distingue-se por ser um grão consumido em grande escala há milênios. Produzida com cereal rasteiro (*gramineae*), tem conteúdo relativamente alto de minerais e proteína, 17%, porém não forma glúten.

Tipos de aveia

- **Aveia em flocos:** utiliza todo o grão.
- **Farelo de aveia:** o grão todo é quebrado em pedaços antes de ser processado, e então é moído.
- **Aveia instantânea:** a aveia é cortada em pedaços finos e processada de maneira que praticamente não necessita cocção; apenas a adição de líquido fervente. Usualmente é vendida flavorizada e com adição de açúcar.
- **Farinha de aveia:** os grãos são moídos inteiros até formar uma farinha.

Na maioria das farinhas de aveia, todas as três partes do grão, casca, germe e endosperma, são preservadas. Cada farinha apresenta grau de moagem diferente, mas todas mantêm os mesmos valores nutricionais.

Adiciona sabor e oleosidade à massa, o que auxilia na durabilidade do produto, e previne que as outras gorduras se tornem râncidas rapidamente. É muito é utilizada em combinação com a farinha de trigo comum, por conter um mínimo de glúten.

Farinha de centeio (baixo teor de glúten)

Farinha moída do cereal de centeio (*gramineae*). Contém glutelina, mas não produz glúten por conter outras substâncias que interferem em sua habilidade de formar glúten, e ainda por conter uma glutelina diferente estruturalmente daquela presente no trigo. Assim como no trigo, o centeio pode ser moído inteiro, apenas o endosperma ou em porcentagens intercambiáveis, derivando daí farinhas de centeio diferenciadas, mais claras, escuras, duras, patente. Quanto mais forte a moagem do centeio utilizado na elaboração da farinha, menor deve ser a substituição de farinha de trigo por farinha de centeio.

Trata-se de uma excelente farinha para a produção de pães. Diferencia-se pelo seu odor típico e por uma quantidade de glúten que, embora pequena, possui qualidades expansivas satisfatórias. Produtos elaborados com centeio são úmidos e densos. Quando utilizados na panificação ordinária (sem restrições de dieta especial), a farinha de centeio é combinada a farinhas com altos teores de proteína/habilidade do glúten para aumentar sua capacidade de crescimento.

Nos locais onde o pão de centeio é mais apreciado, como na Alemanha, Rússia e Escandinávia, principalmente, o sistema de levedação natural, ou *levain*, é quase absoluto. E isso acontece parcialmente pelos próprios aspectos culturais, mas principalmente pelo sabor e aroma que apenas a fermentação natural (láctica) pode oferecer, e que parece atender aos padrões de paladar do noroeste europeu.

Farinha de cevada (contém glúten)

É um grão ancião. Conhecido há mais de 4 mil anos, vem sendo utilizado há milênios na elaboração de pães e produtos integrais e, obviamente, em produção de cerveja. Acelera o crescimento das células de fermento. Quando adicionado ao pão oferece um efeito levemente adocicado. Composto praticamente apenas pelo endosperma do grão do trigo, resulta em carência de proteínas formadoras de glúten. Para ser usado na elaboração de pães deve estar balanceado com farinhas proteicas formadoras de glúten. É usado como espessante em molhos por ter sabor adocicado. Esta farinha maltada é auxilia no amaciamento e condicionamento de massas; suplementa a massa com enzimas naturais, auxiliando no crescimento, e por esse motivo é considerada muito mais um aditivo do que propriamente um ingrediente estruturador. É rica em proteína e potássio.

Farinha de grão de bico (*gluten free*)

Contém alto teor de proteína, cálcio, fósforo e potássio, além de vitaminas e ferro. Exacerba as características da proteína e adiciona sabor característico e adocicado. Bastante utilizada nas produções de pães na Índia, como *pitta*, *naan* e *dosas*.

Farinha de milho (fubá) (*gluten free*)

Processada a partir do milho seco, consiste basicamente de amido; é excelente fonte de vitamina A. Apresenta-se em diferentes granulações, dependendo do fabricante. Contém entre 7% e 8% de proteína, mas não forma glúten. A farinha de milho ou fubá processado na América Latina em geral conserva a semente por inteiro, elemento que pode torná-la rância mais rapidamente. Os demais países em geral removem o germe durante o refinamento.

O milho surgiu na Europa graças a Cristóvão Colombo, que o trouxe de uma viagem à América. Ainda que contra todas as evidências, foi chamado grão turco, baseado na teoria de que tão estranho artigo só poderia vir de um local exótico como a Turquia. O milho se tornou o grão dos pobres na Europa, onde, por exemplo, a polenta ainda hoje substitui o pão em várias áreas menos favorecidas.

Farinha de soja (*gluten free*)

Derivada da semente da soja (*leguminosae*), tem pouco conteúdo de amido, mas contém até 50% de proteína. Apresenta conteúdo zero de colesterol e é plena em vitaminas e minerais. Por tais características, é usada primariamente para complementar o conteúdo protéico dos alimentos. Não contém glúten ou amido. Em panificação é utilizada apenas como suplemento dietético, sem funções estruturadoras significantes. Inibe a absorção de gordura, e por isso é utilizada em massas de fritura.

É utilizada misturada a outras farinhas não apenas pela sua baixa habilidade em produzir glúten, mas também pelo fato de que, mesmo cuidadosamente desodorizada durante seu processamento, apresenta odor extremamente forte.

A adição da farinha de soja na elaboração de massas fermentadas melhora sua manipulação e sua habilidade de extensão – especialmente em massas elaboradas em escala industrial –, fazendo com que o pão apresente melhor volume e maciez de miolo. Nos EUA, a soja é, há mais de cinquenta anos, um ingrediente comumente utilizado na indústria de pães, sendo permitida pelos regulamentos de farinhas e pães daquele país.

Fécula de batata (*gluten free*)

É usualmente combinada com outras farinhas. Elaborada com batata cozida, seca e moída, é utilizada em locais com certa umidade. Oferece maciez às massas delicadas. Contém cerca de 8% de proteínas, e é excelente fonte de tiamina, riboflavina e niacina.

Linhaça e óleo de linhaça (*flax seeds*)

A semente de linhaça é conhecida por ser poderoso antioxidante e fitoestrógeno natural, que beneficia especialmente as mulheres em pré-menopausa, menopausa e pós-menopausa, auxiliando na redução de sintomas como os conhecidos calores de menopausa. Ajuda ainda a reduzir o colesterol, a estabilizar os níveis de açúcar no sangue e a diminuir o risco de câncer de mama, cólon e próstata. Também é empregada na cosmética para a manutenção do brilho em cabelo, como umectante para a pele e lubrificante para os olhos. O óleo é obtido da semente e pode ser encontrado em cápsulas.

O imperador Carlos Magno colocou a semente de linhaça em evidência na dieta da nobreza, impressionado pela capacidade medicinal e pelo conteúdo de fibra da semente; postulou leis que não apenas garantiam seu cultivo, mas também seu consumo.

Em panificação, a semente de linhaça pode ser utilizada inteira ou moída para acrescentar fibras a um produto específico. Deve substituir proporcionalmente a farinha, ou seja, substituem-se duas colheres de sopa de farinha por duas colheres de sopa da semente moída ou inteira. A linhaça não interfere no processo de cocção.

Farinha de tapioca ou polvilho (*gluten free*)

A farinha de tapioca, ou polvilho, é obtida das raízes da mandioca (*Manihot esculenta*), encontrada nas regiões equatoriais entre os Trópicos de Câncer e Capricórnio. A farinha de tapioca é um ingrediente muito valioso para modificar a reologia dos sistemas alimentares líquidos e semissólidos. Com base em suas propriedades de gelificação, espessamento e retrogradação, ela executa uma ampla variedade de funções, entre as quais:

- formação de géis (após o cozimento);
- espessamento da massa para maior estabilidade da bolha de gás;
- efeito de adesão ou ligação para formulações sem glúten; e
- retenção da umidade de pães.

Triticale (contém glúten)

Grão híbrido excepcionalmente duro, criado por agrônomos do Canadá, pelo cruzamento de trigo com centeio. Foi desenvolvido para alimentar pessoas que vivem nas áreas menos férteis do mundo. Tem em média uma percentagem de proteína maior do que a farinha de trigo, e trata-se de um grão versátil e nutritivo. Pode ser utilizado na elaboração de massas sozinho ou em associação com outras farinhas. Em massa de pão, a farinha de triticale oferece melhores propriedades de manipulação da massa do que a farinha de centeio porque forma mais glúten, mas não é tão potente quanto a farinha de trigo. O pão elaborado com triticale requer menos sova; seu glúten é mais suave do que o da farinha de trigo comum e pede apenas uma fermentação.

Substituição da farinha

- Em fórmulas ou receitas-padrão, pode-se substituir farinha de trigo por farinha de arroz e de amido, polvilho, fécula de batata. Considere, no entanto, variações de sabor e de textura no produto final.
- Na utilização de outra farinha, o tempo de cocção será mais extenso, e temperaturas mais brandas são mais apropriadas, principalmente para pães integrais e de centeio, sem adição de qualquer amaciante natural, como leite ou ovos.
- Por apresentarem baixo ou nenhum teor de glúten, as farinhas substitutas do trigo não produzem massas fermentadas satisfatórias.
- Pães rápidos elaborados com outras farinhas são melhores se cortados em peças menores.

O QUE É GLÚTEN?

Muito do conhecimento técnico de produzir pães refere-se à quantidade, natureza e controle do glúten desenvolvido em uma farinha particularmente.

Como dissemos, a farinha de trigo é essencial na elaboração de pães e massas exatamente por ser elaborada do único cereal conhecido por conter glutelina e gliadina. Quando combinadas com a água estas proteínas formam glúten – material elástico que aprisiona os gases produzidos pela reação química das enzimas do fermento no açúcar. Essa moldura elástica se expande para conter as bolhas de gás liberadas pelo fermento durante o crescimento.

Diversas são as proteínas encontradas na farinha. Mas são os aminoácidos glutelina e gliadina que dão à farinha de trigo a característica única da produção do glúten. Na verdade, não existe uma substância conhecida como "glúten" no trigo. Glutelina é um aminoácido solúvel em água, pertencente à classe de proteína glutelina, presente no endosperma do trigo. É ela que fornece força à massa para conter o gás carbodióxido formado durante a fermentação. No momento em que a água ou outro líquido é adicionado à farinha, outro aminoácido, a gliadina, se dissolve, dando à massa elasticidade. Na sova, essas proteínas dissolvidas se conectam para formar uma cadeia longa e elástica. Esta cadeia elástica é o que se conhece como glúten.

Voltemos ao exemplo da estrutura da casa. Pense no cimento e no concreto. O cimento é apenas um pó acinzentado, produto da trituração de pedras. Todavia, quando misturamos água ao cimento, este se transforma em concreto. Acontece o mesmo com a glutelina: caso um líquido não lhe seja adicionado e misturado, não existirá glúten.

O glúten nada mais é do que uma proteína viscosa que sobra quando o amido é retirado da farinha de trigo. Provê a consistência correta para as bolhas de gás serem contidas pela massa, o que dá ao pão uma textura leve e porosa. Assim, o teor de glúten contido no trigo é de grande importância, porque a qualidade e as características vitais da massa estão centradas em sua eficiência.

Outro dado diz respeito à intolerância ao glúten que, em geral, uma pessoa em cada 1.500 pode desenvolver. Conhecida por doença de Coeliac, ou doença celíaca, é causada pela presença de glúten na dieta de pessoas com tendência hereditária para o desenvolvimento dessa patologia. Nem sempre é fácil reconhecê-la, e o diagnóstico é feito pelos sintomas. Ela afeta a capacidade do intestino delgado de absorver nutrientes dos alimentos e pode causar diarreia e desnutrição.

Atualmente existem vários produtos elaborados sem glúten, inclusive pães preparados do amido do trigo.

O quadro a seguir sintetiza os fatores que afetam o desenvolvimento do glúten.

Farinha	Tipo de farinha (farinha rica em proteína produz mais glúten)
Gordura	Quantidade de gordura
	Tipo de gordura – Líquida se espalha mais rapidamente e dá mais maciez; sólida produz massa flocada
	Como a gordura foi incorporada à massa
Água	Quantidade da água
	Temperatura da água
Temperatura	Os ingredientes devem estar frios quando misturados (24 ºC, no máximo 26 ºC)
Manipulação	Quanto maior a manipulação, mais formação de glúten

A cocção do glúten

O glúten formado durante a mistura coagula durante a cocção e auxilia no suporte de ingredientes pesados como açúcar, ovos e gorduras.

Para aumentar a capacidade estrutural da farinha, esta deve ser submetida a um processo de branqueamento rigoroso, que a torna hábil a carregar mais açúcar e gordura, bem como líquidos durante a mistura. O branqueamento é feito com cloro ou peróxido de benzoila. Farinhas branqueadas mantêm pH mais baixo, melhorando o desempenho do cozimento; aumentam a capacidade de absorção de açúcar, gordura e líquido na fórmula; reduzem a temperatura de gelatinização do amido presente na farinha, o que torna possível a rápida fixação de estrutura do produto na cocção.

Outro fator também importante é a granulometria da farinha. Quanto menor e mais uniforme a granulação da farinha, melhores os resultados obtidos na elaboração de produtos de confeitaria. A farinha granulada fina, de partículas reduzidas, é mais facilmente dispersa na massa de bolos e tortas, por exemplo, pelo aumento de sua área superficial. Essas características incidem também no rendimento do produto.

O que acontece durante a cocção de uma massa é fundamental para que se tenha um alimento digerível, saboroso, poroso e aromatizado. As atividades físicas envolvidas nessa conversão são complexas, mas os fundamentos podem ser explicados como se segue.

À medida que o calor intenso do forno penetra a massa, os gases de seu interior se expandem rapidamente, aumentando o volume. Essa reação, chamada "expansão de forneamento", é causada por uma série de reações:

gás + calor = aumento de volume

O aumento de volume é causado pela pressão exercida pelos gases aprisionados dentro das células. Ao serem expostas ao calor excessivo, as células tornam-se maiores.

Uma porção considerável de gás carbônico produzido pelo fermento está presente em forma solúvel dentro da massa. À medida que a temperatura da massa sobe para cerca de 40 °C, o carbodióxido aprisionado em soluções se transforma em gás, e se movimenta para dentro de células de gás já existentes, expandindo-as e diminuindo o grau de solubilidade dos gases. O calor do forno transforma líquidos em gases durante o processo de evaporação direto, bem como pela evaporação do álcool que está sendo produzido.

O calor também exerce efeito importante na atividade do fermento. Com o aumento da temperatura, aumenta também a proliferação do fermento, e, por conseguinte, a produção de células de gás, até que a massa atinja a temperatura na qual o fermento morre (46 °C).

Quando o fermento morre, não se alimentará mais do açúcar extra produzido em temperaturas entre 46 °C e 75 °C. Tais açúcares ficam então disponíveis como adoçantes e douradores da crosta (vide "Reações de Maillard").

A partir dos 60 °C a crosta começa a se estabilizar, os grânulos de amido incham, e, na presença da água liberada do glúten, a parede externa da célula do amido explode. O amido forma então uma pasta grossa, de textura gelatinosa, que auxilia a formação da estrutura do pão.

A partir dos 74 °C as cadeias de glúten que envolvem as células de gás se transformam em uma estrutura semirrígida, comumente associada à força da crosta do pão.

As enzimas naturais presentes na massa morrem a diferentes temperaturas. Aos 75 °C uma enzima importante, a alfa-amilase, responsável pela quebra do amido em açúcar, conclui sua função.

Durante a evolução da cocção a temperatura interna da massa atinge aproximadamente 98 °C. A massa não pode ser considerada completamente assada até que essa temperatura seja atingida. Alguma perda de peso da massa inicial é perceptível, usualmente em torno de 20%, por causa da evaporação de umidade e álcool da crosta e do interior do pão. Aos 100 °C, o pão exalará certo vapor.

Aditivos

Historicamente a farinha fresca, saída diretamente do moinho, chamada farinha verde, tem vida curta. Na verdade, se estocássemos a farinha fresca, com o decorrer de apenas alguns meses ocorreria um processo de oxidação natural, que transformaria a farinha em uma substância esbranquiçada, de textura fina, que interferiria em suas qualidades de cocção. Ou seja, a farinha necessita de amadurecimento apropriado para se transformar em um produto de qualidade. O uso de farinha fresca, que não foi oxidada, não é uma boa opção. O produto estará aquém do desejável, com textura grossa e com crosta de coloração pálida.

Existem duas maneiras de amadurecer a farinha: natural ou quimicamente. O modo natural demandaria tempo e condições de controle bastante dispendiosas. Foi assim que, no início do século XX, engenheiros de alimentos criaram métodos químicos para clarear a farinha e melhorar sua performance de cocção. Esse processo alvejante e de maturação de agentes, feito por enriquecedores, condicionadores e melhoradores, adicionados em pequenas quantidades, é controlado pelos órgãos controladores de cada país.

Estes órgãos aprovam alguns oxidantes para uso em farinhas. Oxidantes são químicos causadores da oxidação, uma mudança que envolve a perda de elétrons. A farinha que não teve a adição de oxigênio – pela exposição ao ar durante estocagem – precisa de um agente oxidante, que pode ser bromato de potássio ($KBrO_2$) ou ácido ascórbico (vitamina C).

Aditivos e melhoradores auxiliam, então, a produzir uma variedade de pães de qualidade. Esses ingredientes opcionais devem ser utilizados com conhecimento e muita moderação. Eles resultam em uniformidade dos produtos e eficiência de operações, ajudam a aumentar a tolerância das massas em relação às variáveis de produção e satisfazem a demanda por variedade de sabor e aroma em massas fermentadas. Em geral, podemos classificar tais ingredientes como melhoradores de massa.

Os melhoradores permitem que a massa seja menos trabalhada e reduz o tempo de fermentação. Fazem-na mais forte e maleável, aumentando sua tolerância ao atrito mecânico – gerado da máquina para pães (*breadmachine*). O produto final também é beneficiado – sua textura é mais leve, com melhor coloração de crosta e maior durabilidade na prateleira.

Também conhecidos como condicionadores de massa, ajudam a manter a consistência em produtos fermentados biologicamente. Consistem de cinco elementos: gorduras, oxidantes, substâncias biológicas, emulsificantes e açúcares. A gordura lubrifica o glúten; os oxidantes fortalecem o glúten; as substâncias biológicas, na forma de enzimas, retardam a segunda fermentação; os emulsificantes vegetais e animais desenvolvem o glúten, criando tensão superficial; e os açúcares, ou a dextrose mais especificamente, atuam como alimento para o fermento e providenciam a coloração.

Melhoradores naturais de massa

Os melhoradores de massa (não confundir com os melhoradores de farinha, abordados no tópico "Farinha") ajudam a estender o tempo de armazenagem e controlam algumas variáveis que podem causar mofo em curto espaço de tempo. Eles apenas garantem um dia ou dois a mais de durabilidade do pão. Os melhoradores de massa também não devem ser confundidos com preservantes: são artificiais ou artificialmente derivados de substâncias naturais. Os melhoradores fazem mais do que apenas manter o pão fresco por mais tempo. Podem fazê-lo crescer mais, melhorar a textura e a caramelização da casca, oferecer à massa textura mais fina, melhorar a retenção de umidade, contribuir com o aroma.

A seguir apresento uma lista de melhoradores de massa. Alguns você provavelmente já conhece, pois são facilmente encontrados no mercado.

LECITINA

Encontrada na soja e na gema de ovo, a lecitina faz o pão permanecer fresco por mais tempo e atua no glúten para dar mais leveza e volume à massa. Produzida industrialmente do germe da soja, a lecitina é um material gorduroso.

A lecitina possui importante propriedade emulsificante e funciona como agente lubrificante durante a formação da massa. Além disso, contém propriedades antioxidantes. Mesmo empregando-se entre 0,1% a 0,15%, tende a diminuir a oxidação da massa e o resultante efeito branqueador.

Sua utilização usualmente ocorre na proporção de 100 gramas a 200 gramas por 100 quilos de farinha.

ÁCIDO ASCÓRBICO OU VITAMINA C

Provê um ambiente ácido no qual o fermento se desenvolve melhor. Também auxilia na durabilidade do pão e no controle da proliferação de mofo e bactérias.

Reforça as propriedades físicas e auxilia no estágio de maturação da massa. Permite que a massa seja manipulada por mais tempo, influindo no aumento de volume. Quando exposto ao calor, o ácido ascórbico é quebrado e não deixa vestígios no pão assado – está comprovado que o ácido ascórbico não interfere no desenvolvimento do aroma da massa. Por ter capacidade na aceleração da maturação da massa, e consequentemente auxiliar na redução do tempo de fermentação de piso, o ácido ascórbico pode, ainda que indiretamente, limitar a formação de ácidos orgânicos que contribuem para o desenvolvimento do sabor do pão. Portanto, deve ser utilizado com muito controle, pois o uso inadequado pode, sim, prejudicar o pleno desenvolvimento dos odores e sabor da massa.

O ácido ascórbico pode ser incorporado à farinha ainda no moinho, ou posteriormente pelo padeiro diretamente na massa, na proporção de 30 mg a 90 mg por quilo de farinha.

CULTURA LÁCTICA

Em forma seca, é a essência do leite azedo, sem a presença dos sólidos de leite. Auxilia o fermento a proliferar-se rapidamente e com vigor. Por esse motivo, seu uso é particularmente indicado em *breadmachines*. Atua ainda como amaciante de textura. Como qualquer outro tipo de ácido, auxilia na conservação do pão e na inibição de crescimento de mofo e bactérias.

PECTINA

Adiciona umidade ao pão e é um bom substituto para a gordura na feitura da massa. É o mesmo material usado para a elaboração de geleias.

GLÚTEN

Processo que ocorre naturalmente no trigo e nas farinhas elaboradas do trigo, porém em quantidades diferenciadas. Auxilia no crescimento e na textura. Para a elaboração de pães integrais, é especialmente indicada a adição de 1 colher de sopa para cada 500 gramas de farinha.

GENGIBRE

É excelente para incrementar a velocidade da fermentação durante todo o processo de elaboração da massa. Auxilia também na durabilidade do pão e na inibição de crescimento de bactérias e do mofo.

LEITE

Auxilia na coloração da casca, no sabor e na capacidade de retenção de umidade. Aumenta, ainda, o valor nutricional do pão como alimento.

GELATINA

Auxilia na textura e na retenção de umidade pelo pão.

GORDURA

A adição de gordura na massa contribui no paladar, na textura e na capacidade do pão em conservar sua umidade. No caso dos pães elaborados de massas magras, o conteúdo de gordura é irrisório.

OVOS

Auxiliam no crescimento, na coloração, na textura e no sabor do pão. Adiciona ainda valor nutricional; as gemas oferecem os benefícios da lecitina.

Melhoradores comerciais

Existem vários melhoradores de massa disponíveis no mercado. Procure mais informações antes de utilizá-los. Se possível, use sempre os melhoradores naturais acima descritos.

A utilização de melhoradores sofre grande variação em cada país. Por exemplo, a França busca garantir a autenticidade de seu repertório *boulanger*, e associações profissionais e comerciais se dedicam a acompanhar e legislar as características básicas de seus produtos. Nos Estados Unidos, por exemplo, as farinhas são tratadas no moinho com peróxido de benzoila, e, o mais assustador, ainda continuam sendo processadas com adição de bromato de potássio. Ambas as substâncias influenciam nas propriedades degustativas da farinha, e têm características bastante controversas. Em outras regiões, como América Latina, Itália e outros países europeus, se encontram na massa certos aditivos de tipo monoglicerídio e diglicerídio de ácidos graxos.

BROMATO DE POTÁSSIO

Anos atrás, ele era usado como melhorador nas farinhas para pão – principalmente da farinha baixa em proteína. Especificamente, o bromato torna a massa mais maleável, mas, principalmente, oferece expansão artificial no forneamento das massas fermentadas biologicamente. Isso ocorre pela alteração química da capacidade da farinha em produzir cadeias de glúten mais fortes. Se a farinha contém proteína o suficiente, cria-se também glúten suficiente e de maneira natural, tornando o bromato desnecessário. A conclusão a que se chega é de que, para baratear o custo, alguns moinhos compram farinha de baixa qualidade para a elaboração de pães e massas fermentadas e "melhoram" seu produto com o uso de uma substância cancerígena.

Por causa dos riscos à saúde associados ao uso dessa substância, cresce o número de países, e também de empresas, que já não admitem a adição do bromato no tratamento da farinha, utilizando o ácido ascórbico (vitamina C) como condicionador/melhorador. O bromato já foi banido por lei na Europa, Canadá e Japão por suspeitas de ser agente cancerígeno.

Por outro lado, grandes companhias, como a King Arthur Flour, por exemplo, fazem seu *marketing* em cima do fato de não utilizarem esse agente em seus produtos. No Brasil o uso de bromato de potássio nas farinhas e em produtos de panificação é proibido por lei desde 2001.

ÁCIDO CÍTRICO

O uso do ácido cítrico é quase sempre limitado na produção de pães de centeio ou de farinhas mistas. Permite a produção de massas de centeio menos pegajosas e grudentas, o que a tornam mais fáceis de serem manipuladas e mais coesas. O resultado final são pães de formas arredondadas mais definidas, crosta menos quebradiça e capacidade de armazenagem mais prolongada. De maneira geral, pode-se considerar vantajosa a utilização desse ingrediente em pães de centeio.

EMULSIFICANTES

Na indústria, padeiros vêm utilizando agentes emulsificantes, chamados modificadores ou condicionadores de massa, para produzir pães de melhor qualidade e maior capacidade de armazenagem. É adicionado à massa durante a mistura, e sua ação amaciadora ocorre depois da cocção. O pão de batata, por exemplo, demora mais a envelhecer porque a própria batata atua como ingrediente antienvelhecimento.

ENZIMAS

Enzimas estão sendo desenvolvidas por engenheiros de alimentos para prolongar a durabilidade de produtos em vários setores, e são utilizadas apenas em âmbito comercial. Uma vez produzidas com ingredientes naturais, e não químicos, ao serem lançadas no mercado doméstico serão de grande utilidade para produções não industriais.

Enzimas são catalisadores orgânicos, substâncias que causam mudança sem mudarem a si mesmas. Tais mudanças podem ocorrer na própria massa de pão como resultado da fermentação. As mais importantes enzimas no fermento são a diástase, a invertase e a zimase. A diástase alimenta-se de amido e converte-o em dissacarídeo, ou açúcar complexo, como a sacarose. Invertase toma esse dissacarídeo e quebra-o em monossacarídeo, ou açúcar simples; sacarose em glicose e dextrose. A zimase toma os monossacarídeos e converte-os em carbodióxido e álcool.

Por exemplo, a farinha de trigo contém entre 2% e 3% de pentosan, material residual extraído durante o processo de moagem do trigo. Quando uma enzima chamada xilanase é adicionada à massa, provoca a quebra do pentosan, resultando em uma massa mais forte e aumentando suas qualidades de cocção.

AMILASE

A amilase provém de duas fontes. A primeira, comumente elaborada da cevada ou do próprio trigo, pode ser encontrada na forma de farinha maltada, extrato de malte seco ou de emulsão. A segunda, derivada de fungos, é uma substância natural, obtida da cultura de *Aspergillus oryzae* ou *Aspergillus niger*. São enzimas completamente puras e altamente ativas, adicionadas a um amido quando a farinha ainda está no moinho. As amilases de origem fungal pouco ou nada influenciam diretamente no sabor do pão.

Ambas, cereal ou fungal, são utilizadas para corrigir farinhas hipodiastáticas e para restabelecer o equilíbrio da amilase apropriado para a fermentação da massa. A utilização da amilase fungal com moderação tem como efeito secundário aumentar a tolerância à retenção de gases e o subsequente aumento de volume do pão.

A adição da amilase a farinhas hipodiastáticas, seja na própria farinha ou diretamente na massa no seu estágio de desenvolvimento, desempenha papel modesto, ainda que muito positivo, no sabor e no odor da massa.

As amilases permitem maior controle durante o estágio de crescimento da massa (fermentação) e expansão adequada durante a cocção. Assim, os ácidos amiláticos contribuem para a coloração uniforme da casca, o que também interfere no sabor e na melhora da capacidade de armazenagem do pão.

Malte – diastático e não diastático

O malte é um tipo de açúcar líquido feito a partir de grãos germinados, mais comumente a cevada. Existem dois tipos de malte, que funcionam de forma bem diferente um do outro. O malte diastático contém enzimas diastáticas vivas, e é adicionado à massa para assegurar uma fermentação constante. Ele é frequentemente usado em massas que passam por uma longa fermentação, processo em que a levedura consome tanto açúcar que restaria pouco para viabilizar a fermentação contínua; nesse caso, as enzimas diastáticas repõem a disponibilidade de açúcar para que a levedura continue decompondo os amidos em açúcares simples, ajudando, assim, a fermentação a continuar. Por sua vez, o outro tipo de malte, o malte não diastático, é submetido a uma alta temperatura durante sua fabricação, que faz com que suas enzimas sejam destruídas. Ele é usado pelo sabor característico que transmite ao pão, similar aos sabores únicos do mel e do melaço, que também são açúcares líquidos. Tanto o malte diastático quanto o não diastático são vendidos nas formas líquida ou em pó.

Mofo, rope e envelhecimento

Existem três maneiras pelas quais um produto da panificação envelhece:

- retrocesso do amido;
- infestação por mofo;
- infestação por rope.

A secagem, com o consequente enrijecimento da casca, é o processo pelo qual moléculas de amido encolhem depois de esfriar. As moléculas de amido consistem em uma longa cadeia de carbono, hidrogênio e oxigênio, que são alongados quando mornos, tornando-se macios. Depois de frios, esta cadeia encolhe e se torna firme, o que é chamado envelhecimento.

Obviamente, o primeiro passo para eliminar o mofo e o emboloramento é a prevenção. Porém, ao sair do forno, a uma temperatura aproximada de 100 °C, no interior do pão qualquer substância que poderia desenvolver o mofo está completamente destruída. Por conseguinte, ao contrário do rope (veja a seguir), a contaminação por mofo somente é possível depois de o produto ter saído do forno.

É no processo de manipulação e armazenagem que se prolifera o mofo. Pode ocorrer na fatiadeira, na embalagem úmida ou inapropriada ou nas áreas de estocagem, onde existe o maior risco de contaminação. Também os ambientes escuros são favoráveis à proliferação do mofo.

É possível ampliar o tempo de sensibilidade do pão ao mofo com uso de inibidores, como propionato de cálcio, para massas fermentadas, ou o propionato de sódio, para massas levedadas quimicamente (fermento em pó ou bicarbonato de sódio). Tais inibidores reagem como alcalinos em massas. São apenas inibidores, porque não podem ser utilizados em quantidade suficiente para matar os agentes de mofo e emboloramento.

Propionato de cálcio e ácido propinoico são substâncias utilizadas por sua eficiente propriedade antifungal. A função é inibir e atrasar o desenvolvimento de mofo, notadamente em proporções de produção industrial de massas de centeio e massas macias, como as de estilo pão de fôrma, que usualmente são fatiadas e empacotadas, com validade de prateleira de catorze dias.

Esses preservantes devem ser utilizados com o máximo de cautela, pois apresentam características de sabor levemente azedas ou ainda putrefatas, principalmente ao serem mantidos em embalagens plásticas.

Já o rope é uma doença causada por uma bactéria, chamada *Bacillus mesentericus*. Esta doença quebra as células do pão e deixa a massa pastosa e grudenta, de odor semelhante a um melão podre. São bactérias muito pequenas para serem vistas a olho nu. Podem estar presentes especialmente na farinha e no fermento, e não são destrutíveis sob altas temperaturas.

Pães caseiros ou artesanais geralmente não se conservam por muito tempo porque não contêm preservantes como nos pães comerciais. E isso é, naturalmente, uma das principais causas que nos faz querer produzir nosso próprio pão!

Água

A água é ingrediente básico no processo de elaboração de massas: hidrata a farinha e umidifica os grânulos de amido e proteínas. Essas proteínas, após serem transformadas em glúten, servem como agente de ligação para prender os grânulos de amido dentro da matriz do glúten, resultando na criação de uma massa coesa.

Assim, a água cria o ambiente úmido apropriado para o desenvolvimento de intensa atividade enzimática e inicia o processo de fermentação.

É importante atentar para os efeitos da água na formulação de massas fermentadas. A qualidade da água – dura, macia ou média –, bem como seu grau de pureza, obviamente, fazem diferença na elaboração da massa. Assim, pães feitos com a mesma farinha e métodos idênticos, embora em regiões diferentes, podem ter resultados diferentes.

No caso de uma água excessivamente macia, há redução do poder de coesão, enquanto a água excessivamente dura pode acarretar perda de extensibilidade da massa. Em ambos os casos, a qualidade da água, indiretamente e negativamente, afeta o sabor do pão.

Funções da água

- é na presença da água que o glúten é formado;
- atua como agente solvente ou dispersante para o sal, o fermento e o açúcar;
- permite ao amido gelatinizar durante a cocção;
- é responsável pela consistência final da massa;
- propicia o meio em que o fermento pode metabolizar açúcares para formar carbodióxido;
- permite a difusão equilibrada de nutrientes na massa.

O pH da água

O nível de pH de uma solução pode variar de ácido a básico (alcalino). A concentração da atividade dos íons de hidrogênio [H+] na solução determina o pH. Matematicamente isso é expresso por:

$$pH = -\log[H+]$$

A acidez da água é medida pela escala de pH, que varia de 0 (acidez máxima) até 14 (alcalinidade máxima). O meio da escala, 7, representa o ponto neutro. Pelo fato de essa escala ser logarítmica, a variação de um único ponto de pH representa diferenças enormes em seus valores. Por exemplo, a acidez de uma amostra de água com pH = 5 é dez vezes maior do que o de uma amostra com pH = 6. A diferença de duas unidades, de 6 para 4, pode significar que a acidez é cem vezes maior, e assim por diante.

Vejamos o diagrama a seguir.

Água em panificação

A água não é meramente um diluente ou um ingrediente inerte. Ela afeta todos os aspectos do produto final, e o ajuste da quantidade de líquido é essencial para fazer uma massa adaptável ao método de mistura escolhido. Massas muito úmidas grudarão no equipamento e apresentarão problemas na modelagem – romperão quando esticadas – e nas etapas seguintes. Caso fiquem muito secas, as propriedades de expansão também serão afetadas.

As impurezas da água afetam as propriedades da massa. A água ideal para a elaboração de massas fermentadas é de dureza média, com um pH neutro ou até levemente ácido. A água mole resulta em massas pegajosas, e pode afetar a fermentação e as enzimas da farinha.

O grau de dureza da água indica a quantidade dos íons de cálcio e magnésio, expressados em partes por milhão. Água macia tem menos de 50 partes por milhão, enquanto a água dura tem acima de 200 partes por milhão. Geralmente a água ideal para a panificação é aquela de média dureza, ou seja, entre 100 e 150 partes por milhão. Os minerais presentes na água providenciam alimento para o fermento; portanto, a água de pH correto auxilia na fermentação. O pH duro endurece o glúten e diminui o coeficiente de fermentação, pois o excesso de minerais faz a absorção da água mais difícil para as proteínas da farinha. Já a água macia em excesso resulta em uma massa pegajosa e quebradiça.

Geralmente a água potável – de dureza média e levemente ácida, logo abaixo de 7,0 pH – é benéfica para a panificação.

pH ALCALINO

A alcalinidade ou dureza da água diminui a fermentação ao impedir as proteínas de absorver água, endurecendo o glúten. A alcalinidade é provocada pela presença de carbonato de cálcio.

pH ÁCIDO

Normalmente não é um problema em panificação, uma vez que os aditivos e melhoradores utilizados na farinha contêm minerais e tendem a aumentar a alcalinidade da massa.

Uma nota sobre a temperatura do líquido

Uma das habilidades mais fundamentais que o padeiro desenvolve é aprender a controlar acuradamente a temperatura da massa fermentada. Os benefícios, expostos a seguir, são óbvios e imediatos.

Melhor consistência durante a mistura e a fermentação, e uma maior predicabilidade do tempo de produção

Em torno de 32 °C, os agentes fermentadores conquistam seu melhor crescimento. Mas não pense que essa é a temperatura ideal do líquido utilizado para a elaboração da massa: essa é a temperatura ideal para o desenvolvimento da fermentação; entretanto, uma temperatura tão elevada prejudica o desenvolvimento de ácidos orgânicos fundamentais a um perfil de sabor desejado em uma massa fermentada de qualidade, que requer temperaturas consideravelmente mais baixas. Em geral, as massas fermentadas devem estar entre 23 ºC e 26 ºC ao final da mistura. As exceções a essa margem de temperatura são as massas naturalmente fermentadas que serão retardadas e as massas preparadas com a adição de pré-fermentos, que se beneficiam com uma temperatura de massa em torno de 29,5 ºC.

Se hoje a massa saiu da batedeira a 21 ºC e ontem saiu a 27 ºC, não podemos esperar uma uniformidade de resultado!

O fator de fricção

Enquanto a massa é manipulada ou sovada, a fricção causada pela ação mecânica entre o gancho e a tigela gera calor. Alguns fatores que afetam a quantidade de fricção gerada durante a mistura dependem do equipamento utilizado (espiral, planetário, oblíquo), do tempo de mistura, da velocidade e da quantidade de massa contida na tigela. Por isso, determinar um fator de fricção produzido pela sua máquina é uma tarefa complexa, e talvez essa seja uma das variáveis mais difíceis de fixar para obter a temperatura desejada. Muitos autores sugerem um cálculo matemático para determinar a correta temperatura do líquido, considerando o tipo de máquina a ser utilizada e o tipo de fórmula e esquema de produção operado. Mas, para não desestimular meus aprendizes, sugiro que reconheçam as variáveis para poder controlá-las.

Parta de sua experiência. Use um termômetro confiável para medir a temperatura do líquido que está sendo adicionado à massa e tome a temperatura da massa após a conclusão da mistura. Utilize os resultados para determinar qual seria a temperatura mais adequada à sua produção. Lembre-se de observar o tempo de mistura e a velocidade, que produzirão diferentes quantidades de fricção.

VAPOR

A outra maneira de a água interferir na elaboração de pães é por meio de vapor. Aqueles que já utilizaram forno com injeção de vapor sabem do efeito surpreendente desse recurso no pão assado, em termos de aparência e de textura. No forno convencional, sem injetor de vapor, a superfície do pão esquenta muito rapidamente para as enzimas efetivarem sua performance, e o resultado é um pão mais pálido e sem brilho na crosta.

Já a aplicação apropriada de vapor afeta primeiramente a coloração da crosta. Isso porque, nos estágios iniciais da cocção, ocorre um aumento rápido de atividade enzimática na superfície do pão. Essas enzimas quebram o amido em componentes similares ao açúcar, chamados dextrinas e outros açúcares simples, chamados açúcares redutores. Ao vaporizar o forno, esfria-se ligeiramente a parte superficial da massa, o que não permite às enzimas permanecer ativas por mais tempo. Isso contribui para o douramento inicial da casca pelo que conhecemos como reação de Maillard, e que posteriormente resultará na caramelização da crosta, oferecendo-lhe uma superfície externa brilhosa e de maior volume.

O brilho da casca ocorre porque nos estágios iniciais da cocção do pão o vapor dá umidade, que gelatiniza o amido da superfície do pão. O amido se dilata e se torna brilhoso, criando uma crosta também brilhosa. Sem vapor, a crosta sofre um processo chamado pirólise, que, em vez de gelatinizar o amido e a casca, deixa-os opaco.

A injeção de vapor também aumenta o volume dos pães. Sem vapor, como dissemos, a superfície do pão se aquece muito rapidamente. Ao se formar a crosta superficial, a capacidade de expansão do pão se reduz, impedindo o aumento de volume. Já no forno com vapor, a superfície externa do pão prolonga sua umidificação, ajudando a expansão do pão no forno, e ocasionando ganho de volume antes da formação da crosta.

Tais benefícios do uso do vapor durante a cocção de massas fermentadas, no entanto, só podem ser auferidos durante os primeiros trinta segundos do ciclo de cozimento da massa. Uma vez esquecida, a vaporização não deve ser acionada após a massa estar no forno por mais de um minuto. A presença da umidade no início da operação não será compensada, podendo até mesmo prejudicar o processo. Para assegurar que a crosta permaneça fina e crocante, é importante terminar o processo em forno seco; por isso, a injeção de vapor em momentos errados ocasionará perda de qualidade.

Líquidos em panificação

Todos os líquidos pertencem a uma destas três categorias, todas relativas ao pH: eles poder ser neutros, como a água; ácidos, como um suco de fruta cítrica; e alcalinos ou básicos, como em uma mistura que contenha bicarbonato de sódio ou amônia, por exemplo. A água é o líquido mais comumente adicionado a massas fermentadas cotidianas.

VINHO

Quando usado como líquido ou parte do líquido em uma fórmula biologicamente levedada, o vinho traz alguns outros convidados: coloração, acidez, álcool, água e sabor. Talvez o mais relevante seja seu conteúdo alcoólico, que já é uma sobra de um processo fermentativo, o que faz com que uma cultura de bactéria nova se iniba em um ambiente com tal fartura alcoólica. A acidez no ambiente fermentativo diminui a taxa proliferação da cultura em todas as etapas de produção da massa, incluindo a fermentação final. O sabor será afetado, mais distintamente de acordo com a variedade do vinho escolhido. A quantidade de fermento biológico deve ser redimensionada, assim como a quantidade de líquido na fórmula. Por último, certifique-se de que a coloração do miolo seja agradável aos olhos.

CERVEJA

A inclusão de cervejas, além de uma mudança em coloração, sabor e até mesmo volume final, também pode exercer efeitos mais pronunciados dentro da massa, pois certamente muito mais divertimento químico e biológico está presente na cerveja do que na água pura.

SUCOS DE VEGETAIS E FRUTAS

Sucos ou purês podem substituir uma parte da água. Caso essa substituição exceda a 10%, lembre-se que o suco pode conter sal, açúcar e acidez, que interferem provocando reações paralelas.

OVOS

Os ovos apresentam um grande conteúdo de água, e por isso podem substituir parcial ou totalmente os líquidos, fornecendo umidade e ajudando na hidratação da farinha e, por conseguinte, no desenvolvimento do glúten. Por outro lado, as gemas, assim como o óleo ou a manteiga, contêm uma alta porcentagem de gordura, que lubrifica as proteínas e enfraquece o desenvolvimento de glúten. Entretanto, ovos contêm uma grande quantidade de proteína, as quais se coagulam e se tornam firmes ou rígidas durante a cocção do pão, contribuindo para a estrutura do miolo. As proteínas do ovo são mais suaves e menos borrachudas que as do glúten, resultando em pães de textura mais macia. Esses atributos, por si sós, já validariam a inclusão de ovos em fórmulas de pães de miolo, mas outros efeitos atraentes ainda são oferecidos pelos ovos: enriquecem a massa, agregam sabor e valor nutricional e contêm valiosos emulsificantes, que unem ingredientes à base de gordura a ingredientes à base de água em uma massa sedosa, flexível e estável. Isso é especialmente importante em massas enriquecidas. A coloração intensa, dentro e fora do pão, também é intensificada com a utilização de ovos na massa.

LEITE E DERIVADOS

Após a água, o leite é o segundo líquido de importância na elaboração de massas. A presença de leite tende a enriquecer e melhorar a qualidade do farelo da massa, particularmente em pães integrais, devido ao seu conteúdo de gordura. A massa elaborada com leite suporta tempo maior de mistura, e tende a sair da masseira um pouco mais pegajosa, o que se autocorrigirá durante o descanso e a fermentação.

Leite é emulsão de água e gordura, com os glóbulos de gordura dispersos. O leite cru deixado descansar faz subir a gordura, formando uma película de creme (nata). O leite é largamente utilizado em preparações comerciais, na forma sólida (leite em pó). Exceto em massas doces, qualquer umidade adicionada em forma de manteiga e ovos não é muito significativa.

O leite tem efeito estabilizante na fermentação, evitando descontroles. Auxilia na coloração porque contém lactose. A lactose é um açúcar não sujeito à fermentação pelo fermento biológico. Melhora a textura e a coloração da crosta, enriquece o sabor e o aroma e mantém a qualidade do produto depois de assado.

Usualmente, os pães elaborados com água são mais crocantes. O leite, por exemplo, produz miolo mais macio e de farelo suave e crosta mais dourada, além de prolongar a capacidade de armazenagem do produto. Os pães feitos com leite demoram mais para assar por causa das proteínas e dos sólidos desse líquido.

O leite é agente umidificante, contendo cerca de 87% de água, 3,5% a 4,0% de proteínas (lactoglobulina e caseína) e 5% de lactose (açúcar). Contém gordura, vitaminas A, D e E. Nutricionalmente, as proteínas e os minerais do leite também são de grande importância quando adicionados à massa. É agente enriquecedor, dependendo da quantidade utilizada ou de sua forma comercial – se é leite integral, desnatado, leite evaporado, leite condensado, creme de leite, requeijão, ricota.

As bactérias circulam e se reproduzem em temperaturas entre 20 ºC e 35 ºC. Por isso o leite utilizado na produção de massas deve ser pasteurizado e homogeneizado, para que não se corra risco de contaminação, tendo-se garantida a destruição de quaisquer bactérias patogênicas. Métodos mais utilizados para a pasteurização do leite:

- Elevado a 62 ºC e mantido nesta temperatura por trinta minutos.
- Elevado a 72 ºC e mantido nesta temperatura por quinze segundos.
- Elevado a 100 ºC e mantido nesta temperatura por dois segundos e depois resfriado bruscamente, o que se conhece como processo UHT (Ultra High Temperature).

Já a homogeneização é um tratamento físico, não químico, que dispersa os glóbulos de gordura do leite.

Tipos de leite

Muitos são os tipos de leite e derivados utilizados em produções de massas:

- Leite integral – contém 3,5% de gordura animal.
- Leite semidesnatado – teve alguma gordura removida e contém 1% ou 2% de gordura animal.

- **Leite desnatado** – teve praticamente toda a gordura removida, e não contém mais do que 0,5% de gordura animal.
- **Leite evaporado** – leite integral que tem mais da metade da água removida antes da homogeneização. Pouco mais espesso que o leite integral.
- **Leite condensado** – teve cerca de 50% de umidade removida. De maneira geral, a mistura remanescente é 40% açúcar ou adoçante.
- **Iogurte** – basicamente leite coalhado, porém com menos gordura. Bactérias no leite fermentam e coagulam, espessando o leite e criando textura cremosa, o que adiciona sabor levemente ácido e azedo.
- **Creme de leite** – trata-se da gordura da manteiga separada do leite fresco. Nos mercados europeu e norte-americano, são encontrados, por exemplo, três tipos de creme de leite:
  - *Single cream* – 18% gordura de manteiga (simples).
  - *Double cream* – 48% a 50% de gordura de manteiga (duplo).
  - *Whipping cream* – 35% a 40% de gordura animal (tipo chantili).

Qualquer que seja a concentração de gordura, o creme de leite fresco deve ser estocado em torno de 4 °C e também batido em temperatura baixa (frio) para se obter melhor resultado. Em temperatura ambiente, fica sujeito à ação da bactéria do ácido láctico, que tornará o produto azedo, sem capacidade de adquirir e manter volume, tornando-se inapropriado para a maior parte das receitas de *pâtisserie*. Nessas circunstâncias o leite irá coalhar assim que a proteína coagular pelo ácido formado.

O caso especial do leite em pó

Seja na versão integral, desnatada, semidesnatada ou de alta temperatura, o leite em pó é produzido por processos de remoção de água (evaporação, seguida de secagem por pulverização) para obter pós secos, de fluxo livre e vida de prateleira estável. Seja qual for o tipo de leite em pó, eles possuem composições semelhantes e são utilizados em uma ampla gama de aplicações alimentícias. No entanto, apresentam diferenças relativas à qualidade original do leite, às suas etapas de fabricação, aos equipamentos utilizados e às condições de armazenamento do produto acabado, que podem resultar em diferenças intencionais e não intencionais entre cada um desses produtos.

O leite em pó de padeiro – pré-tratamento térmico

Além das potenciais diferenças composicionais e qualitativas do leite, pré-tratamentos a altas temperaturas antes da concentração e da secagem do leite em pó são utilizados intencionalmente para alterar suas propriedades funcionais visando a aplicações alimentares específicas. Esses tratamentos térmicos adicionais, além da pasteurização, aumentam a quantidade do teor de proteína de soro desnaturado (*whey*) e estão associados a diferenças na funcionalidade do leite em pó preferido para algumas aplicações. Por exemplo, nas aplicações de padaria, o leite é tratado a altas temperaturas – aproximadamente a 90 °C por 15 segundos – antes da concentração e da secagem, para que resulte em um leite em pó com desnaturação de proteína de soro relativamente alta; esse tipo de leite em pó é classificado como de alto calor.

Conservação

Produtos lácteos devem ser conservados em embalagens originais, refrigerados entre 1 °C e 0° C e consumidos dentro do prazo de validade. Leite fresco deve ter odor delicado e adocicado. Atente para odor azedo e presença de coloração amarelada.

Os produtos lácteos não devem ser congelados, por sua extrema sensibilidade a mudanças radicais de temperatura. O congelamento modifica a textura e pode causar separação das moléculas de gordura presentes no leite.

Leite na panificação

Produtos derivados do leite apresentam alta potencialidade aglutinadora das proteínas da farinha, o que aumenta a rigidez da massa. Os sólidos do leite contêm lactose, que caramelizam a baixas temperaturas (132 °C a

134 ºC). A lactose controla a coloração da crosta (reação de Maillard). Juntamente com as proteínas, adiciona valor nutricional ao alimento e sabor à mistura, e auxilia na retenção da umidade dentro da massa.

Na fase da elaboração da massa, o leite aumenta a capacidade de absorção de água. Consequentemente, uma massa elaborada com leite costuma ser mais macia do que uma elaborada com água. Outros aspectos do leite em massas fermentadas incluem:

- Mistura – A massa pode ser misturada mais intensamente.
- Fermentação – O leite perfaz uma massa com um pH mais alto se comparado ao das massas com água, e a fermentação será mais lenta. A tolerância à fermentação (ou seja, a habilidade da massa em se desenvolver apropriadamente a uma variação de temperaturas) será levemente melhorada. A fermentação em bloco será carregada enquanto a massa fermenta mais vagarosamente nesse estágio. Usualmente, a fermentação final será a mesma, pois a essa altura o fermento já está ajustado às condições presentes na massa.
- Caramelização – Uma massa elaborada com leite carameliza mais rapidamente, e o padeiro deve se lembrar disso, pois caso contrário poderá retirar o pão do forno apenas pelo exame visual da casca, sem que a temperatura interna já esteja adequada. Se a temperatura interna estiver abaixo dos 90 ºC, o pão fatalmente colapsa, se tornando difícil de fatiar e apresentando uma aparência enrugada.
- Produto final – Quando o pão é elaborado com leite, ele apresenta maior volume, pela melhor capacidade de reter gás; crosta mais caramelizada, devido à presença do açúcar/lactose no leite; melhor durabilidade, em parte devido à gordura presente no leite; granulometria mais fina e pouco espaçada; e melhor fatiamento. Essas características são um tanto voláteis, em decorrência da especificidade dos diferentes tipos de leite.

No caso de leite desnatado (seco ou líquido), alguns desses benefícios podem não ser tão evidentes, sendo o mais óbvio deles o auxílio da gordura na conservação do pão. O tipo de açúcar encontrado no leite, a lactose, tem muito pouco poder edulcorante e não fermenta; assim, uma massa elaborada com leite desnatado pode se beneficiar de uma quantidade de açúcar para auxiliar na fermentação. Mas enquanto a lactose não é fermentável, ela se carameliza rapidamente no forno e produz crostas douradas e saudáveis.

Já os produtos do leite fermentados – como o iogurte, que apresenta um pH mais baixo – requerem uma fermentação mais curta para a otimização dos resultados.

Em suma, as principais funções do leite em uma massa são:

- proporciona umidade;
- confere efeito estabilizante na fermentação, prevenindo descontroles;
- enriquece nutricionalmente;
- auxilia na coloração porque contém lactose;
- melhora a textura e a coloração da crosta;
- enriquece o sabor e o aroma;
- mantém a qualidade do produto assado, retardando o envelhecimento.

Outro dado importante é que o leite mantido aberto por mais tempo, sob refrigeração, desenvolve cultura láctica maior, aumentando sua acidez, o que interfere diretamente na qualidade do glúten obtido. Evite leite que não seja fresco, ou substitua o leite *in natura* por leite em pó.

Sal

O sal desempenha diversas funções na massa do pão, não apenas a de dar sabor à massa; de maneira geral, atua durante a fermentação, no período de crescimento e na própria finalização do pão, trabalhando particularmente na crosta.

Do ponto de vista científico, o sal representa certa classe de substâncias ou compostos químicos produzidos pela ação de um álcali sobre um ácido. Em outras palavras, ao misturar ácido e álcali ocorre uma reação, e seu produto será a substância chamada *sal*.

Embora dezenas de tipos de sal sejam conhecidos, em linguagem ordinária a palavra sal diz respeito ao cloreto de sódio. Como já mencionamos, sem sal as massas fermentadas teriam gosto insípido e pouco atraente. Por outro lado, o excesso de sal é ainda mais desagradável ao paladar. Geralmente, a quantidade correta de sal na fabricação de pães está na margem de 1% a 2% do peso da farinha. A fermentação dá ao pão sabor único, e em alguns casos os padeiros adicionam um pouquinho mais de sal para dar ao pão o sabor que não obteve, provavelmente por causa do processo de fermentação inadequado.

Durante a mistura da massa o sal auxilia no aumento de sua propriedade plástica e melhora tanto a coesão quanto a elasticidade.

Assim, o sal torna a estrutura de glúten mais firme. Essa firmeza oferece ao glúten mais força, capacitando-o a segurar com mais eficiência o carbodióxido que será produzido durante a fermentação. Sem sal, a massa fica pegajosa e quebradiça, difícil de ser manipulada, e resulta em um pão pobre em volume e textura. O sal apresenta também propriedades clareadoras, produzindo pão de miolo mais branco.

Higroscópico (que atrai umidade) por natureza, o sal tem efeito retardador no fermento, o que indiretamente amplia as qualidades de conservação do produto finalizado. A parede das células do fermento é semipermeável, absorvendo nutrientes e expulsando enzimas e outras substâncias, no processo conhecido por osmose – assim, a água é essencial para essa atividade do fermento. Na presença do sal, o fermento libera parte de sua umidade, por osmose, para o sal, e isso desacelera a reprodução do fermento. Sal em excesso retarda a ação do fermento, podendo ocorrer redução do volume da massa. Sem o sal, ou em quantidade menor que a necessária, o fermento se multiplica muito rapidamente e, sem poder assimilar todo o alimento, tende a inativar-se precocemente.

Outro atributo do sal em massas fermentadas é a coloração da crosta. Esse atributo é resultado da característica do sal em retardar a fermentação. O amido contido na farinha é convertido em açúcares simples pela ação enzimática da amilase; esses açúcares são consumidos pelo fermento, gerando levedação ou expansão. Uma vez que o sal está diminuindo a proporção de consumo de açúcar, o açúcar excedente estará disponível no momento de cocção da crosta, caramelizando-a suavemente. Na ausência do sal, o fermento consome rapidamente todo o açúcar disponível, e a crosta ficará pálida e sem brilho.

O sal auxilia também a preservar a cor e o sabor da farinha. Os pigmentos de caroteno, naturalmente presentes na farinha de trigo, são responsáveis por oferecer à farinha cor amarelada e aroma característico. Por essa razão a escolha de farinha de qualidade, sem tratamento com bromato de potássio, é tão importante para o sucesso da massa. Além de destruir o caroteno existente, o processo de branqueamento químico ainda causa superoxidação durante a mistura, que também ocorre quando a massa é misturada intensivamente e por muito tempo. O sal tem efeito positivo na preservação dos carotenoides, porque sua presença atrasa a oxidação. Por essa razão usualmente adiciona-se sal no início da preparação do pão, para angariar os benefícios da liberação dos aromas naturais, já que ajuda a preservar os carotenos.

Muitos pré-fermentos incluem o sal, principalmente se expostos a temperaturas ambientais quentes. Tal adição retarda a ação das células do fermento, prevenindo que sejam maturadas antes do tempo, reduzindo a produção de acidez e exercendo efeito fortificador na estrutura do glúten.

Funções correlatas do sal

- facilita o desenvolvimento da coloração da casca, o que, em si, tende a melhorar o próprio sabor do pão;
- por causa de suas propriedades higroscópicas (capacidade de atrair umidade), auxilia na durabilidade/conservação do pão;
- melhora o sabor e o odor do pão;
- em clima seco, auxilia a manter a qualidade, e diminui a perda de umidade e a desidratação do pão;
- em clima úmido, causa o declínio da durabilidade, pois aumenta a rapidez com que a casca se suaviza ou perde a crocância.

Fermento e fermentadores

Fermentar é fazer crescer uma massa pelo uso de material químico e/ ou biológico que produza gás carbodióxido. As leveduras proporcionam aos pães, bolos, panquecas, biscoitos, tortas, *cookies*, a habilidade de se expandir. São vários os agentes expansores que podem ser combinados para fazer a massa crescer. O tipo de levedura ou de expansor utilizado depende do produto em questão. Por exemplo, na elaboração do bolo *genoise*, não existe a adição de agente químico, apenas a incorporação de ar – levada a cabo pelo processo de formação da esponja, que monta uma parede de células de ar das proteínas dos ovos, que formará sua estrutura e o sustentará até o final da cocção.

Já para a produção de pães, a levedação *é produto da fermentação alcoólica anaeróbica efetivada pela ação de agentes fermentadores nos açúcares presentes em uma massa.* Sob critérios morfológicos e fisiológicos, o fermento é um fungo da categoria não tóxica. O fermento típico é um ser *saprótrofo unicelular*, que tem a habilidade de metabolizar carboidratos por fermentação, desencadeando reprodução assexuada que ocorre por sequência. É uma cultura de microrganismos, de seres microscópicos capazes de alimentar- -se, reproduzir e eliminar suas próprias sobras ($CO2$). Na massa de pão, alimenta-se do amido (açúcar), o metaboliza em álcool e desenvolve o gás necessário para a expulsão do produto, o carbodióxido.

O agente fermentador pode ser introduzido na massa de pão por duas maneiras: cultura natural ou cultura comercial (inoculada).

Fermento natural

Resultado da cultura primária de agentes (bactérias e fungos) encontrados no meio ambiente e na própria farinha. Nessa instância, o padeiro constrói e cultiva seu próprio agente fermentador.

É a preparação de parte do pão, feita horas, dias, meses ou até anos antes da elaboração do pão. Praticamente qualquer ingrediente com qualificação para sofrer fermentação pode começar uma massa de pão. Pode-se fazer a massa fermentadora com água e maçãs raladas, farinha e água, água e cebola em rodelas, farinha e chá, farinha e cerveja, água e uvas ou mesmo milho fresco, entre outros. Até com sapatos velhos! Deixe a massa alguns dias para coletar e desenvolver cultura de bactérias, e então estará pronto o pré-fermento que fará sua massa de pão crescer.

A fermentação obtida por esse método é mais longa e com tendência a acidez, com qualidades acéticas (vinagre) específicas (dependendo das bactérias e características do meio ambiente).

Fermento comercial

É o fermento biológico para pães resultante do cultivo industrial de culturas apropriadas de estoques selecionados. A fermentação é mais ativa e menos ácida.

O fermento biológico comercialmente produzido apresenta qualidade uniforme. O pão elaborado com esse fermento é relativamente baixo em acidez e dominado pelo sabor e aroma derivado da farinha de trigo. A esses elementos se combinam características de sabor e aroma produzidos pela fermentação alcoólica que ocorre na massa e também pelos efeitos da cocção.

A utilização deve ser proporcional à farinha e não deve ser discernível. Por exemplo, em massas magras, corresponde a 1,55% a 2% da farinha. Acima desses níveis, sua presença se tornaria mais notada, e – ainda que não seja completamente desagradável – impregnaria a massa com sabor atípico indesejável. Além disso, a massa tem de ser adequada à sustentação em sua forma expandida, antes, durante e depois da cocção. Ao sair da misturadeira, deve estar elástica o suficiente para conter a formação de gases e não romper durante o processo de fermentação e cocção. Se não for criada uma rede de glúten coesa e consistente, as bolhas de gás romperão a massa e destruirão sua estrutura.

Agentes expansores

VAPOR

Ao aquecer, a água produz vapor. As moléculas de água tornam-se gases e ocupam espaço maior do que quando no estado líquido. Considerando-se que existe água em praticamente toda a produção culinária, especialmente nas misturas líquidas, quando o alimento ou mistura for aquecido será produzido vapor.

O vapor é o agente levedante em produções como *pâte au choux* (massa de bomba), por exemplo, que por firmar-se rapidamente aproveita-se das vantagens de expansão de volume oferecida pela produção de vapor. Outra produção clássica, a massa folhada, tem suas camadas de gordura/massa expandidas pelo vapor. Em produções mais sólidas, com pouca presença de líquido, como os *cookies*, o vapor não pode ser apontado como agente expansor da massa necessitando de fermentador mecânico e/ou químico para tanto.

AR

Ao bater as claras em neve, ou utilizar o método de mistura cremosa (gordura + açúcar), por exemplo, incorpora-se ar à mistura, que vai auxiliar o produto a crescer quando exposto a temperaturas elevadas.

CARBODIÓXIDO (CO_2)

O gás carbodióxido é agente expansor presente na quase totalidade das produções de confeitaria e panificação. Como o ar, o carbodióxido expande quando aquecido. Todavia, o gás é diferente do ar gerado do processo mecânico. A criação de bolhas de ar pelo uso de agente fermentador representa, em si, grande parcela da habilidade expansora da massa. No caso da massa de pão, por exemplo, quando o fermento adicionado à massa se metaboliza, o carbodióxido resultante fará a massa crescer. Mais expansão ocorrerá no forno quando o pão e as bolhas de carbodióxido forem aquecidos.

O gás carbodióxido também pode ser produzido por substâncias químicas, como o bicarbonato de sódio, que ao combinar-se com um ácido produz carbodióxido, no momento em que os ingredientes secos e líquidos da massa são misturados.

Classificação

A expansão da massa pela formação de gás carbodióxido pode ocorrer pela ação de dois tipos de levedantes diferentes: a levedura química, ou *fermento químico* (que oferece aroma e borbulhas) em suas várias formas; e a levedura biológica, ou *fermento biológico*, que dá força para produtos pela formação de gás carbodióxido.

FERMENTO QUÍMICO

Fermento químico em pó – É agente fermentador químico adicionado à mistura ou à massa para causar expansão. A ação fermentadora é causada pela interação de substância alcalina – bicarbonato de sódio – e um ou mais ingredientes ácidos (cremor de tártaro ou sulfato sódico de alumínio), os quais causam a eliminação de gás carbodióxido dentro da massa. A maior parte dos fermentos químicos no mercado é chamada fermento de dupla ação, pois reage em duas etapas. A primeira acontece quando o fermento entra em contato com o líquido, quando um dos ácidos reage com o bicarbonato, provocando a formação instantânea de gás carbodióxido. A segunda reação ocorre quando a massa ou mistura é levada ao forno. Na presença de calor, as células de gás farão a massa crescer.

O excesso de fermento em pó produz massa de gosto azedo ou amargo, e faz com que a mistura cresça muito rapidamente e assim colapse. No caso do bolo, por exemplo, a textura será arenosa, de casca frágil e centro caído. A falta de fermento em pó resulta em produto pesado, de pouco volume e textura compacta.

Cremor de tártaro – Ingrediente puro e natural, que resulta do processamento do suco de uva fermentado em vinho. Utilizado como estabilizante (claras em neve), é um dos ingredientes do fermento em pó. É conhecido e utilizado há milênios.

Bicarbonato de sódio ($NaHCO_3$) – Substância natural presente em todos os seres viventes, que auxilia a regular o pH necessário para viver. É produzido das cinzas de sódio. Comumente usado como expansor em misturas rápidas, por si mesmo não oferece ação fermentadora; precisa ser ativado pela presença de um ácido e um líquido. Na combinação desses elementos o bicarbonato de sódio expele gás carbodióxido na forma de bolhas de ar. Suspensas dentro da estrutura de pães rápidos, essas bolhas causam expansão ao produto, oferecendo as características de aeração e maciez.

Proporciona reação similar à do fermento químico em pó, mas, por ser alcalino, normalmente é utilizado nas misturas em que há suficiente acidez proveniente de outros ingredientes, como por exemplo cremor de tártaro, mel, melado, cacau em pó, suco de limão ou laranja, iogurte, creme de leite azedo, e então auxilia na liberação de gás. O bicarbonato de sódio é utilizado tanto com ingredientes ácidos, para produzir ação fermentadora, como para neutralizar o ácido da receita, deixando para o fermento em pó a tarefa de atuar como agente fermentador.

O volume obtido em pães rápidos, *scones*, *biscuits*, *cookies*, bolos e alguns confeitos dependem muito da quantidade de bicarbonato de sódio. Reduzir o bicarbonato de sódio sem compensar com algum outro agente fermentador ou levedura reduzirá o volume e a leveza do produto final.

O bicarbonato de sódio não necessita de calor para reagir (embora o gás será liberado mais rapidamente sob altas temperaturas). Por essa razão, produtos levedados com bicarbonato necessitam ser assados o mais rapidamente possível ou os gases escaparão e o poder de expansão sofrerá perda significativa. Quando aquecido, o bicarbonato se decompõe, quebrando-se em carbonato de sódio, dióxido de carbono e água.

O bicarbonato de sódio pode trazer manchas, destruir vitaminas e apresentar outros defeitos à massa, que devem ser corrigidos com a adição de um ingrediente ácido.

Sua durabilidade é praticamente ilimitada, desde que mantido em local seco e fresco. Retém suas propriedades por anos, e a data de vencimento refere-se apenas à norma de ministério ou órgão regulador. Para testar sua eficácia, despeje uma colher de chá de bicarbonato em uma colher de sopa de suco de limão ou vinagre (ácido); verifique o volume e a rapidez com que as bolhas vão levantar.

Diferença entre bicarbonato e fermento em pó

Ambos são utilizados como fermentadores, mas o bicarbonato de sódio é 100% puro, e o fermento em pó químico é a mistura de bicarbonato de sódio e vários ingredientes ácidos. O bicarbonato reagirá com os ingredientes ácidos da receita e eliminará gás carbônico.

FERMENTO BIOLÓGICO COMERCIAL

Apenas no século XIX o progresso científico revelou os segredos do poder do fermento. Louis Pasteur, na metade do século XVIII, explicou a conexão entre o fermento e a fermentação, que foi a base de conhecimento para a produção industrial de produtos fermentados. Esses contaminantes de grãos e frutas foram identificados como fungo microscópico, da espécie denominada *Saccharomyces cerevisiae*, membro da família dos fungos.

A primeira empresa a produzi-lo comercialmente foi a Fleischmann's, em 1870, e, em meados de 1950, foi desenvolvido o fermento biológico seco, pela secagem do fermento biológico em bloco, o que trouxe mais conveniência ao processo de produção de massas fermentadas. Atualmente, o fermento para a produção de pães é produzido em milhões de toneladas pelo mundo inteiro. Trata-se do maior volume de produção de qualquer microrganismo, graças ao significativo avanço técnico e científico dessa indústria.

As células de fermento utilizadas originalmente para a reprodução comercial foram escolhidas por já estarem há muito tempo presentes na elaboração de pães, cervejas e vinhos. As formas mais comumente utilizadas em massas são o fermento fresco comprimido em bloco (também chamado fermento para pão), o fermento ativo seco e o fermento instantâneo seco. Biológico, aqui, significa que possui os atributos básicos de todos os seres viventes: respiração e reprodução.

Fermento biológico fresco (bloco) – É uma massa composta de fermentos e amido em forma úmida, e é o mais utilizado pelos panificadores.

Apresenta alto conteúdo de água (70%). A massa tem cor acinzentada, de odor característico, e não deve apresentar manchas ou perda de umidade, exalar cheiro forte ou ter aparência amolecida. Nesse caso, deve ser desprezado, pois sua capacidade de fermentação é reduzida. Tem de ser mantido sob refrigeração para retardar sua deterioração. Em geral apresenta durabilidade entre dez e quinze dias se mantido a 15 °C ou até trinta dias se mantido a 0 °C. O fermento que apresentar a camada externa ressecada ou quase líquida, com coloração escurecida, pode estar inativo e produzir uma massa inapropriada para consumo.

O fermento biológico, por apresentar qualidade uniforme, oferece patamares relativamente baixos de acidez e conserva plenamente o sabor e aroma derivados do trigo. Esses elementos, ao se misturarem com componentes flavorizantes produzidos pela fermentação alcoólica e pela ação do calor, fazem a massa produzir pão de excelente qualidade degustativa e de apelo visual.

Fermento biológico ativo seco – Dois tipos de fermentos secos são extraídos do fermento biológico fresco pelo processo de secagem ou desidratação.

A principal diferença entre fermento fresco e fermento ativo seco é que o seco não tem umidade (entre 4% e 7%); por conseguinte, é mais potente e está menos apto a deteriorar durante a estocagem. A manufatura de ambos é similar. Bastante estável e muito popular desde a década de 1950, o fermento seco não está ativado até que seja dissolvido em um líquido e reidratado. Esse fermento apresenta grânulos grandes e precisa ser diluído em água antes de ser adicionado à massa. É protegido por uma película composta de células inativas de fermento, que protegem as células ativas.

Na maioria das receitas ele é diluído em água morna, entre 41 °C e 46 °C, e seu uso não é adequado em máquinas domésticas para pão (*breadmakers*). Para testar sua atividade, ao dissolver o fermento em água morna, em poucos minutos se terá uma mistura borbulhante, de odor característico. Pode-se adicionar uma pitada de açúcar, de farinha ou gengibre em pó à mistura para acelerar a reação de fermentação. Caso não fermente, há algumas hipóteses: água muito quente, data de validade expirada ou fermento acondicionado inapropriadamente (esse fermento pode ser guardado no refrigerador, coberto).

Fermento biológico instantâneo seco – O fermento instantâneo seco é similar ao ativo seco, mas foi ativado e posteriormente seco. A diferença entre o fermento instantâneo e o ativo seco é que o ativo seco é elaborado por grânulos maiores, o que o torna passível de ser dissolvido em água antes de ser adicionado à mistura. Por outro lado, o uso do fermento instantâneo permite que esse tipo de fermento seja adicionado à massa em qualquer momento do processo de mistura, mesmo depois de a massa já ter sido desenvolvida. O fermento instantâneo ou de crescimento rápido é elaborado com grânulos menores, que não precisam ser diluídos antes de ser acrescentados à massa, uma vez que apenas o contato com a umidade já fará disparar sua capacidade de fermentação.

O fermento instantâneo seco foi criado no final da década de 1960. O fermento é cuidadosamente seco em pequenas porções a uma percentagem muito baixa de umidade. Suas propriedades são similares às do fermento fresco. Contém cerca de três vezes mais células de fermento que o fermento biológico ativo seco. Após a abertura da embalagem pode ser guardado no *freezer* e congelado por até um ano.

Apresenta-se na mesma coloração e granulação e pode ser adicionado à massa sem reidratação, de maneira direta. Deve ser adicionado à massa depois da incorporação de todos os ingredientes, porque não reage na presença de água fria. A massa produzida com esse fermento não necessita ser submetida à fermentação de piso. Depois de breve descanso pode ser modelada, fermentada e assada.

Fermento biológico para máquinas de pão (*breadmakers*) – Foi criado para atender à demanda das máquinas domésticas eletrônicas. Possui grânulos finos, cobertos com ácido ascórbico, e uma proteção de farinha para torná-lo estável o suficiente para ser misturado diretamente à farinha e aos outros ingredientes antes de o líquido ser adicionado. Também não é tão sensível a mudanças de temperatura, como o fermento biológico ativo seco.

Temperatura

Como organismo vivo, o fermento é extremamente sensível à temperatura:

7 ºC	Inativo
15 ºC a 20 ºC	Ação lenta
20 ºC a 32 ºC	Melhor crescimento
Acima de 38 ºC	Reação diminui
60 ºC	Fermento inativo (morto)

Proporção para conversão

Suponhamos que sua fórmula de pão francês pede fermento fresco em bloco e seu fornecedor acabou de ligar, dizendo que não tem nenhum grama para lhe fornecer. Oferece fermento seco. Como você poderia fazer essa conversão?

O fabricante muitas vezes especifica na embalagem qual a proporção de conversão para o uso do fermento úmido comprimido para os fermentos secos, e vice-versa. No entanto, as linhas de conversão que se seguem podem ser tomadas como parâmetros, sem a possibilidade de erros fatais.

Fermento fresco	Fermento ativo seco
40% × fermento fresco	= fermento ativo seco

(Necessita de hidratação. As receitas usualmente pedem água morna.)

Fermento fresco	Fermento seco instantâneo
33% × fermento fresco	+ fermento seco instantâneo

(Multiplica-se a quantidade de fresco por 33. Não necessita ser reidratado, mas é sensível à água gelada. Assim, recomendamos que se inicie a mistura da massa por dois a três minutos antes de se adicionar o fermento.)

Fermento ativo seco	Fermento seco instantâneo
75% × fermento ativo seco	= fermento seco instantâneo

Exemplos:

1) Uma fórmula pede 12 gramas de fermento fresco. Quanto fermento ativo seco deve ser usado?

40% × 12 gramas + ativo seco = 4,8 gramas de ativo seco

2) Uma fórmula pede 4 gramas de fermento instantâneo. Quanto fermento fresco deve ser usado?

33% × y = 4 gramas

y = 4 gramas divididos por 0,33

y = 12,12 gramas de fermento fresco

3) Uma fórmula pede 150 gramas de fermento seco ativo. Quanto fermento instantâneo deve ser usado?

75% × ativo seco = instantâneo

0,75 × 150 gramas = 112,5 gramas de instantâneo

Fermentação biológica

Fermentação biológica é a conversão de açúcares em álcool e em gás carbodióxido, pela ação de fungos, mofos e bactérias presentes no meio ambiente. Na presença de alimento, umidade, oxigênio e temperatura ideais, o ciclo de vida, nesse estado denominado "fermento biológico", se torna ativo. De maneira geral, a massa de pão é, então, o ambiente perfeito para a atuação do fermento, preenchendo todas as condições para a o crescimento das bactérias do fermento, incluindo suplementador de comida, ambiente úmido e temperatura entre 29 ºC e 35 ºC, além da grande concentração de oxigênio dissolvido no ar. Essas bactérias necessitam ser alimentadas para manter constante a concentração de carboidratos, amido e açúcar. Além disso, deve ser capaz de preservar os níveis de concentração de íons de hidrogênio, e manter taxa significativa de outros nutrientes, o que inclui potássio, fósforo e nitrogênio.

O PROCESSO BIOLÓGICO DE FERMENTAÇÃO

A fermentação começa imediatamente após o fermento ou agente fermentador ser adicionado à mistura. Todavia, para efeitos técnicos, o período de fermentação é iniciado apenas quando a massa é retirada da misturadeira ou batedeira e deixada descansando/fermentando. Para assegurar o sucesso do processo de fermentação, a massa deve sair da misturadeira entre 23 ºC e 26 ºC, e conservada a essa temperatura.

Em produções comerciais, a massa é colocada em câmaras climáticas, e mantidas em temperaturas de 20 ºC, com umidade relativa de 75%. As mudanças químicas que se iniciam continuam a ocorrer até que o fermento morra na cocção. A temperatura da massa é fundamental para a atividade do fermento. Para o fermento comercial, por exemplo, a temperatura ideal para a fermentação é a partir de 32 ºC, ou mais elevada. Todavia essa temperatura é inapropriada, porque, embora ocorra aceleração do processo de liberação de gás carbônico, e consequentemente da própria fermentação, isso ocorreria em detrimento de perda no sabor, o qual requer temperaturas mais baixas. Por outro lado, se a massa for refrigerada, o fermento se mantém dormente, e morrerá ao atingir 46 ºC negativos.

Por causa das mudanças químicas que ocorrem durante a fermentação, a temperatura da massa se eleva até 45 ºC, quando a fermentação alcoólica ainda predomina. Nesse processo é produzida pequena quantidade de ácido acético e láctico, o que é muito benéfico. Entretanto, a temperaturas mais altas uma quantidade maior desses ácidos é produzida, junto com o ácido butírico, que resulta em um produto de pouca qualidade e com gosto e odor pronunciados e indesejáveis. A crosta se mostra pálida, o pão perde sua simetria e apresenta granulosidade muito aberta. O miolo fica com coloração amarelada em vez de branca.

O gás é aprisionado nas cadeias de glúten e fica enclausurado na massa, proporcionando volume ao produto final, e o álcool é praticamente evaporado por completo durante a cocção. Finalmente, o oxigênio, obtido em sua maior parte durante a mistura da massa, habilita o fermento a metabolizar nutrientes e se multiplicar. Embora o fermento necessite de oxigênio para sua reprodução, na verdade quase não há reprodução na massa, e o crescimento, como dissemos, ocorre quase que totalmente pela produção de gás durante a fermentação. O oxigênio disponível é usado em questão de minutos após a mistura da massa estar concluída, e a fermentação ocorre em ambiente anaeróbico.

A fermentação, ao elevar a produção de ácidos orgânicos complexos, dispara mudança das propriedades físicas da massa, garantindo sua maturação e produzindo simultaneamente uma diversidade de aromas que contribuirão para o desenvolvimento do sabor final do pão.

Esse nível de maturação física da massa é fundamental, pois dá equilíbrio entre qualidades opostas de extensibilidade e coesividade. Usualmente o grau de extensibilidade da massa regride enquanto a fermentação avança, com correspondente crescimento da coesividade da massa.

Fermento natural ou pré-fermento

O tema "fermento natural ou pré-fermento" é cercado de informações e detalhes que necessitam ser desvendados e organizados. A variedade de terminologia pode ser assustadora até para os mais experientes. Palavras de origem estrangeira contribuem para a complexidade do assunto, como *poolish, sourdough, biga, levain, madre, chef*. Adiante há informações que contribuirão para a desmistificação dessa temática, trazendo um pouco de luz ao que usualmente parece obscuro.

Definimos pré-fermento como *cultura fermentada baseada em bactérias e fermentadores que são encontrados na atmosfera*, e que poderiam por isso ser denominados "fermentadores ambientais". Alguns autores consideram que tais fermentadores pertencem a família dos *Saccharomyces minor*, outros afirmam que esses fermentos ou esponjas são formados por uma variedade de agentes fermentadores de várias espécies.

Microrganismos na produção de pré-fermentos

Como se proliferam esses organismos? Na verdade, trata-se de um processo de fermentação pela atuação de microrganismos, aos quais está exposta qualquer classe de alimento.

Esses microrganismos são membros do reino vegetal, espécie *Thallophyta*. Uma subespécie, denominada *Eumicetos*, desempenha papel fundamental no processo, e divide-se em cinco classes que são descritas a seguir.

BACTÉRIA (ESQUIZOMICETOS)

O ponto central do processo de fermentação de alimentos está na presença das bactérias. Elas se dividem em 13 ordens, 47 famílias e 193 gêneros, segundo o *Bergey's Manual of Bacteriology*, de 1957. Duas dessas famílias, a *Lactobacillaceae* e a *Propionibacteriaceae*, são importantes na fermentação de alimentos.

FICOMICETOS

Reproduzem-se em um meio orgânico. Esses fungos, importantes na fermentação, são os responsáveis pelo bolor (preto ou branco).

ASCOMICETOS (FERMENTO DE FATO)

Segundo critérios morfológicos e fisiológicos, fermento é fungo da categoria não tóxica. O fermento de fato, ou típico, é ser saprótrofo unicelular hábil em metabolizar carboidratos por fermentação, na qual ocorre reprodução assexuada por aglutinação de iguais. Os mais conhecidos são os fermentos para pão e para cerveja, *Saccharomyces cerevisiae* ou *Saccharomyces carlsbergensis*. Ambos fermentam sacarose e maltose. De maneira geral, produzem álcool e carbodióxido.

BASIDIOMICETOS (MOFOS)

Pães e produtos similares são bastante suscetíveis a contaminação por crescimentos de mofo. Um número de mofos é utilizado na preparação de queijos e temperos orientais, como, por exemplo, molho de soja.

FUNGOS IMPERFEITOS (FERMENTOS POROSOS)

As bactérias, esporos e fungos envolvidos nesse processo são responsáveis pelo desenvolvimento de um agente com significativo poder levedante e aroma ácido único, além de odor ligeiramente azedo muito característico. Em comparação com massas elaboradas pelo método direto (fermento biológico comercial), pães produzidos pelo método indireto, com adição de pré-fermento, são diferenciados por seu sabor e odor. Em massas integrais e de centeio, por exemplo, produzem pães mais úmidos, de textura mais densa e mais encorpada.

Entre as várias espécies de *Lactobacillus* que crescem em pré-fermento, as espécies homofermentativas não produzem o carbodióxido, e suas funções estão relacionadas diretamente ao desenvolvimento de sabor e acidificação. Na ausência do fermento comercial, as espécies de *Lactobacillus heterofermentativos* são essencialmente responsáveis pela fermentação da massa, tanto quanto pelo desenvolvimento de sabor e odor específicos.

Bactérias heterofermentativas produzem relativamente pouca quantidade de carbodióxido e, por conseguinte, o produto final será mais compacto do que o pão levedado pela ação de fermento biológico, e o aroma será mais pronunciado. Por outro lado o produto final apresentará crosta menos elástica. A conclusão mais próxima é de que, para obter aroma, sabor e características de crosta e textura satisfatórias, ambas as espécies de bactéria devem estar presentes.

Terminologia

Os termos *chef, mãe (mother), biga, pâte fermentée, levain, poolish, sourdough, madre bianca, starter, massa azeda* pertencem ao que estamos chamando generalizadamente de pré-fermentos. Alguns são bem específicos, outros, gerais. É importante lembrar que assim como rosas, tulipas e cravos se encontram sob a categoria "flores", porém são diferentes de alguma maneira, os pré-fermentos também o são.

FERMENTO NATURAL, A MÃE DO PADEIRO

Enfrentando o confuso jargão profissional, o padeiro mais experiente e letrado fala constantemente de sua mãe (*madre* ou *mother*). Para esclarecer, nossos padeiros não estão se referindo a suas progenitoras, e sim aos fermentadores naturais de cultura.

Esses fermentadores são destinados à elaboração dos melhores pães artesanais de fermentação longa ou modificada do mundo. Tipicamente, como já dito, originam-se da combinação de cereais (trigo, centeio, etc.), maçãs raladas, uvas, cebola, batata ou mel, que são deixados no ambiente para que captem e desenvolvam uma cultura de bactérias, sendo mantidos com cuidado a fim de crescerem e se transformarem em fermento selvagem e *Lactobacillus*.

Embora existam inúmeros métodos para fazer uma matriz de levedura selvagem, talvez o mais explorado seja simplesmente misturar farinha e água, o que a princípio se assemelha a uma pasta viscosa. Em seguida, fornecemos as condições ambientais necessárias para que os microrganismos prosperem e se reproduzam. Mantendo essas condições ambientais por um período especificado, a quantidade de leveduras selvagens e de bactérias em nossa entrada crescerá em número suficiente para que a mistura faça o pão crescer adequadamente, bem como lhe transmita um sabor agradável.

Sim, essas são as mães do padeiro, as quais certamente já os fizeram pensar, estudar e experimentar muito. A mãe é capaz de lograr a mesma tarefa do fermento comercial, o qual requer pouco mais que carboidrato e água para produzir ácidos orgânicos, álcoois e gás carbodióxido, necessários para que uma massa alcance aquela característica impressionante: crescer!

Em suma, o autêntico pão artesanal não contém levedura comercial. Seu fermento provém inteiramente das leveduras selvagens encontradas na partida natural.

OS PRÉ-FERMENTOS

O termo pré-fermento indica simplesmente que o fermento ou fermentador utilizado em uma massa de pão foi previamente manipulado.

O termo francês *pâte fermentée* significa massa fermentada, ou massa antiga. Se o padeiro misturasse a massa de pão francês e deixasse uma sobra para ser utilizada na próxima massa, seria chamado *pâte fermentée*. Em questão de horas, essa sobra de massa fermenta e amadurece, e pode trazer qualidades desejáveis para a próxima massa. Sendo o *pâte fermentée* sobra ou reserva de uma massa já pronta, notamos que contém, obviamente, todos os ingredientes da massa final, ou seja, farinha, água, fermento comercial, sal, açúcar e gordura, por exemplo.

Biga é um termo italiano que genericamente significa pré-fermento. Pode ser de textura consistente ou líquida (100% de hidratação). É feita de farinha, água e uma pequena quantidade de fermento comercial. Uma vez misturada, é deixada amadurecendo entre doze e quinze horas. Observe que a *biga* não leva sal. Diferente do *pâte fermentée*, a *biga* é feita separadamente, em processo independente da produção.

Poolish é pré-fermento de origem polonesa – daí seu nome –, cujo uso se disseminou durante a década de 1840. Era largamente utilizado na Áustria, como fermentador dos pães de Viena. Foi levado para a França e, até meados de 1920, era o fermento utilizado pela grande maioria das padarias francesas. Em Paris, ainda encontram-se antigos anúncios de "pão francês e pão vienense".

O pão vienense elaborado com *poolish* apresentava sabor menos ácido do que o pão produzido com o *levain* ou *pâte fermentée*, e era praticamente livre do odor de ácido acético e vinagre. Por isso, a fermentação dessa esponja podia estender-se de três a sete horas antes da mistura, o que resultava na formação de ácidos orgânicos complexos que enriqueciam o conteúdo aromático tanto da massa quanto do pão finalizado. Foi esse enriquecimento, a fermentação alcoólica não acética, que fez os pães produzidos por tal método tão consumidos por toda a Europa.

Com essa difusão, seu uso se tornou comum na panificação. Atualmente, é utilizado no mundo todo, desde a América do Sul até o Japão. Por definição, é feito com partes iguais de farinha e água (o que implica em 100% de hidratação), e uma pequena porção de fermento comercial, em torno de 1%. Pensemos que a quantidade de fermento comercial empregado depende do caráter de seu negócio. Por exemplo, se sua panificadora tem três turnos de trabalho, e está realmente produzindo em quantidade, uma percentagem pouco maior de fermento comercial pode ser utilizada para encurtar o período de amadurecimento e fermentação do produto. Ou no caso de uma pequena produção, pode-se até diminuir um pouco a quantidade de fermento do *poolish*.

Outro fator primordial é o da temperatura ambiente. Um pré-fermento que está amadurecendo em ambiente com temperatura na faixa de 25 ºC, por exemplo, poderia requerer mais fermento comercial do que aquele a ser amadurecido em ambiente mais quente, em torno de 32 ºC.

Pâte fermentée, biga e *poolish* são os pré-fermentos mais conhecidos comercialmente. Assim, podemos encaixá-los na mesma categoria, diferentemente dos dois pré-fermentos que abordaremos a seguir: o *sourdough* e o *levain*.

Sourdough e *levain* para o mercado norte-americano têm o mesmo significado, e são usados alternadamente. Isso, todavia, não é o caso da Europa: na Alemanha, *sourdough* (*Sauerteig*) é a cultura de farinha de centeio e água. Na França, *levain* é a cultura feita exclusiva ou quase exclusivamente de farinha de trigo comum e água. Tanto o estilo germânico como o francês se iniciam com a elaboração de uma pasta líquida ou mais consistente (dependendo do grau de hidratação), utilizando farinha e água, a qual é alimentada com mais massa em um bom período de tempo, desenvolvendo assim colônias de microrganismos que fermentam e se multiplicam. Para manter a pureza e condições de uso do *levain* ou *sourdough*, uma pequena porção da massa inicial amadurecida é retirada antes da mistura final da massa. Essa porção é guardada, não contaminada por fermento, sal ou outras adições, e usada para iniciar a próxima massa.

Muito embora esses dois métodos sejam diferentes, existem entre eles algumas similaridades. O mais importante é que, nessa produção, a base em ambos os casos é cultura de fermento e bactérias que ocorre naturalmente e tem a capacidade de não apenas levedar ou expandir a massa, mas também de fornecer sabor, textura e aroma característicos a ela.

O *sourdough*, o *levain* e a massa azeda são diferentes do *pâte fermentée*, da *biga* e do *poolish* porque podem perpetuar-se por meses, anos, décadas ou até séculos. Mas quando fazemos pré-fermento utilizando fermento comercial, ele deve ser assado depois de algumas horas ou no dia seguinte.

Benefícios

Durante os estágios iniciais da cultura de *sourdough*, *levain* ou massa azeda, é comum a adição de frutas como maçã, banana e uva ou cebola ralada, por exemplo. Esses ingredientes podem reforçar, mas não são requeridos para o sucesso da massa azeda. Ao examinarmos o pré-fermento, se este se mostrar denso e não movimentado, provavelmente ainda não amadureceu o suficiente. O pré-fermento amadurecido e pronto para uso deve parecer plenamente crescido, com leve declínio no centro, e com aroma agradável, levemente azedo. Lembre-se: deve ser observado o controle da temperatura ambiente e do tempo. Caso esses parâmetros não sejam percebidos, tome cuidado, pois poderá haver deficiências de volume, sabor, aroma e textura no seu pão.

Muitos padeiros experientes preferem confiar nos benefícios do uso correto dos pré-fermentos, uma fermentação lenta, gradual, que ocorre durante a maturação da massa.

Alguns desses benefícios estão descritos a seguir.

ESTRUTURA

A estrutura da massa será mais consistente. A característica de todos os pré-fermentos é o desenvolvimento de acidez, resultado da atividade da fermentação, e tal acidez tem efeito fortalecedor na estrutura do glúten.

AROMA

Aroma sutil, delicado, levemente azedo, duradouro na boca, é o que se obtém da ação dos ácidos orgânicos e esteróis produzidos naturalmente pelos pré-fermentos.

TEXTURA

O controle do pH em patamares relativamente baixos inibe a ação enzimática e resulta na melhora significativa da textura do produto, bem como na habilidade em se preservar contra o envelhecimento.

DURABILIDADE

Existe relação entre acidez e extensão de qualidade nos pães. Sabemos que quanto menor o pH do pão, maior a acidez e melhores as condições de armazenagem e durabilidade, com qualidade, do produto.

TEMPO DE PREPARAÇÃO

Para obter o melhor pão, precisamos tempo suficiente para seu pleno desenvolvimento. O pão elaborado, fermentado e assado em três horas, por exemplo, obviamente não tem as mesmas características daquele que contém fermento bem desenvolvido (pré-fermento). O pré-fermento imediatamente incorpora acidez e ácidos orgânicos à massa, e por isso menos tempo será consumido na etapa de fermentação. E, como resultado, o padeiro pode pesar, dividir, modelar e assar o pão em tempo substancialmente menor do que se estivesse sendo usado apenas o fermento comercial. Usar dez minutos para medir e misturar, seja *poolish* ou massa azeda, reduzirá significativamente o tempo de fermentação do dia seguinte!

Produção doméstica

PÃO ARTESANAL: TERRA, ÁGUA, AR E FOGO

A elaboração do pão artesanal é inspirada pela interação de quatro elementos: terra, água, ar e fogo.

- Terra: primeiramente, é essencial ao processo farinha de boa qualidade, preferencialmente orgânica.
- Água: em segundo lugar, a fermentação natural se otimiza com água de puríssima qualidade.
- Ar: em terceiro, o pão requer fermentação lenta para encorajar a farinha (terra), a água e as bactérias presentes no ar a funcionar ótima e simultaneamente.
- Fogo: finalmente, o quarto requisito essencial é assar o pão em forno de boa distribuição de calor, como o forno a lenha, por exemplo.

A vantagem do pão artesanal é que voltamos a entrar em contato com uma parte do mundo que nos rodeia de maneira mais íntima. A arte de preparar o próprio pão, com base em padrões fundamentais e naturais, é apaixonante.

Na elaboração do chamado "pão caseiro", podemos reduzir as variáveis e controlar uma produção doméstica, iniciada por algum provocador de cultura fermentada baseada em bactérias que são encontradas em nossa própria cozinha. Os artesãos costumam dizer que não querem introduzir em suas massas nenhum fermento oriundo de uma fábrica desconhecida ou de meio (ambiente) desconhecido. Elaboram por isso seu próprio fermento.

Começando seu próprio fermento

O catalisador no processo de fermentação pode ser a água pura, leite, polpa de suco, maçã em pedaços, entre outros. Obviamente cada um deles implicará a variação aromática do fermento natural.

Exemplo 1

Farinha	100%
Leite	100%
Iogurte	100%

- Misture o iogurte e o leite em uma tigela (cerâmica ou plástico, nunca metal) e deixe à temperatura ambiente por 24 horas, apenas protegidos por uma tampa ou filme plástico entreaberto (ou explodirá!).
- Adicione a farinha e mantenha à temperatura ambiente por quatro dias, mexendo diariamente, algumas vezes por dia. Da mistura azeda fluirá um odor característico e a consistência será de massa de panqueca. Pode então ser mantida refrigerada, e alimentada uma vez por semana, caso não seja utilizada.
- Para alimentá-la, sempre adicione partes iguais de leite/iogurte e farinha.

Exemplo 2

Fermento biológico seco	3%
Água morna	25%
Leite	
Açúcar	10%
Farinha	100%

- 1º dia: Dissolva o fermento na água morna, acrescente uma colher de sopa de açúcar e deixe descansar alguns minutos até o fermento estar ativo e borbulhando. Junte o restante do açúcar e os demais ingredientes, em recipiente plástico ou de cerâmica, com espaço suficiente para conter a expansão da mistura. Cubra levemente com pano de prato ou com filme plástico e faça pequenos orifícios para o escape de gases. Mexa com colher de pau e mantenha a temperatura ambiente (não superior a 27 ºC).
- 2º, 3º e 4º dias: Mexa diariamente, com colher de pau limpa, mantendo coberto e controlando a temperatura ambiente.

- 5º dia: Adicione 20% de açúcar + 30% de leite + 50% de farinha. Mexa bem.
- 6º, 7º, 8º e 9º dias: Mexa diariamente.
- 10º dia: Refresque a mistura azeda tal como no quinto dia. O açúcar determina a rapidez com que a massa azeda se recupera e reinicia seu processo depois de alimentada. A massa azeda pode então ser mantida sob refrigeração, mexida diariamente (opcional); deixe-a retornar à temperatura ambiente antes de ser utilizada.

Exemplo 3

Suco de fruta	50%
Água com gás	50%
Farinha	100%

- Misture todos ingredientes e deixe fermentar à temperatura ambiente, entre 26 ºC e 28 ºC, por cerca de 48 horas, em vasilhame plástico ou de vidro, coberto com pano úmido ou filme plástico. Aguarde até que a massa tenha triplicado de volume.
- Adicione então a essa mistura madura a mesma quantidade de farinha e 40% a 50% de água, calculando sempre a percentagem em relação à farinha. Deixe descansar por 24 horas e alimente apenas nas proporções que pretenda utilizar.

Mantendo o pré-fermento

Uma vez preparado, o pré-fermento pode ser utilizado imediatamente ou conservado para utilização futura. Neste caso, alimente o pré-fermento com água e farinha, misture e mantenha em local fresco a 18 ºC. Pode também ser conservado em geladeira, o que diminui sensivelmente sua fermentação.

Como utilizar o pré-fermento

Quando for utilizar o pré-fermento, estando ele em temperatura ambiente ou retirando-o do refrigerador, é recomendável alimentá-lo antes de adicioná-lo à esponja ou à massa.

Adicione à massa medidas de farinha (100%) e de água (50%) proporcionalmente, misturando até que a massa fique homogênea, com instrumentos limpos para não contaminar ou alterar a fermentação em processo.

Os cálculos de utilização de um pré-fermento estão abordados detalhadamente no capítulo "Fórmulas".

Lembre-se

Certifique-se de que o pré-fermento esteja novamente ativado, observando sua expansão, coloração e odor.

Utilize apenas o pré-fermento ativo e de características moderadas na elaboração de massas para obter sucesso.

Características do pré-fermento

- **Maduro** – sabor levemente ácido; coloração clara, massa macia com esporos longos; odor etílico não pronunciado; pH 4,10.
- **Forte** – sabor ácido; massa acinzentada e de esporos arredondados. Odor ácido pronunciado; pH entre 3 e 4.
- **Muito fraco** – sabor azedo e adocicado; massa bem clara com formação de esporos insignificante; odor de farinha mais forte (não ácido, não etílico) e pH de 5 a 5,5.
- **Não ácido** – sabor de ácido acético; massa acinzentada e viscosa; odor de queijo suíço (ácido butírico); pH baixo.

Os ingredientes enriquecedores

Certo é que o sabor e as qualidades de um pão não podem ser dissociados de sua composição ou de sua "maquiagem". A composição do pão francês, por exemplo, é simples: 100% farinha, 55% a 60% de água, 0,2% de sal e 0,2% a 0,4% de fermento. Dependendo de cada caso particular, um número relativamente significante de ingredientes denominados "enriquecedores" pode ser adicionado.

Deve-se ter em mente, entretanto, que a adição de novos ingredientes influencia a composição da massa e produz efeitos no sabor e demais características. Como no exemplo do pão francês, se examinarmos como é produzido mundo afora, nada parece ser proibido. Pode ser encontrado com adição de algum tipo de gordura, ou açúcar, ou mescla de farinhas, fermentos, leite em pó ou qualquer outro tipo de ingrediente que retire suas características originais e caráter distinto. Tais tratamentos e adições desnaturam o pão francês de nosso exemplo, produzindo algo "similar", embora danifique substancialmente o produto.

Açúcar

É de fundamental importância conhecer como o açúcar age em massas e como se relaciona com outros ingredientes da receita. Embora outros adoçantes possam ser utilizados na elaboração de produtos de panificação, o açúcar comum ou sacarose é o mais versátil e capaz de desempenhar funções específicas de maneira controlada. Quando utilizado na panificação, além de dar sabor e auxiliar na coloração da casca, o açúcar melhora também a textura das migalhas, ao atuar como retentor na saída da umidade da massa. O uso em excesso, porém, retarda a ação do fermento, devendo ser balanceado com os demais ingredientes.

História

O primeiro adoçante conhecido pela humanidade foi o mel. Hieróglifos representando abelhas foram gravados nas tumbas egípcias por volta de 500 a.C. Outros adoçantes do mundo antigo incluem tâmaras, figos, grãos e suco de uva.

A história do açúcar remete-nos ao tempo das Cruzadas, pois foi nesse momento que os europeus provaram o açúcar pela primeira vez. A cana--de-açúcar, ou *Saccharum officinarum*, na verdade, já existia em diversas partes do mundo há milhares de anos. Acredita-se que teve origem na Nova Guiné entre 15000 e 8000 a.C., e depois proliferou para o norte, na Índia, a oeste na Pérsia (atual Irã), e a oeste nas ilhas do Pacífico sul. Todo esse desenvolvimento, entretanto, ocorreu de maneira natural. Somente veio a ser cultivada em escala por ordem de dirigentes da Terra Santa, naquela época conhecida como Palestina.

O mundo ocidental conheceu o açúcar no século IX, com as conquistas ibéricas. Em sua segunda viagem ao Novo Mundo, Colombo haveria trazido mudas de cana-de-açúcar das ilhas Canárias para Hispaniola, atual República Dominicana, e República do Haiti.

Naquela época, o açúcar era raro e caro. Não se apresentava na forma como o conhecemos hoje. Vinha em grandes blocos escuros e duros. Pedaços desse bloco eram então triturados em pilões até a consistência desejada.

Em 1520, o comércio era intenso no México, se espalhando rapidamente por toda a América do Sul; e no início de 1600, a cana-de-açúcar já se constituía uma indústria lucrativa e em crescimento.

O açúcar do mundo contemporâneo é encontrado facilmente, apresenta-se em várias formas e com multiplicidade de recursos. O açúcar de mesa, de uso comum, é conhecido como sacarose, e provém da cana-de-açúcar ou da beterraba. Outras formas de açúcar são a dextrose (uva e milho), a frutose ou levulose (frutas), a lactose (leite) e a maltose (malte).

O açúcar não é considerado ingrediente essencial na elaboração da massa de pão. Isso porque a farinha contém uma pequena quantidade de açúcar natural e algum amido, que também é convertido em açúcar durante o processo de fermentação. No entanto, quando acrescentado para enriquecer uma massa, exerce funções importantes.

Uma parcela do açúcar adicionado à massa é convertido em gás carbodióxido e álcool pelas enzimas do fermento. O açúcar adoça, ajuda na coloração da crosta, melhora a textura do miolo, ajuda a reter umidade e ainda complementa o valor nutricional do pão.

O que é açúcar?

Por definição, é um carboidrato que ocorre naturalmente em toda fruta e vegetal. É o produto principal da fotossíntese, processo pelo qual as plantas transformam a energia solar em alimento. O açúcar é encontrado também nos tecidos de muitos animais (ribose).

O termo "açúcar" é aplicado vagamente para qualquer composto químico do grupo de carboidratos, rapidamente solúvel em água, que cristaliza e adiciona mais ou menos doçura e sabor. Em geral, todos os monossacarídeos, dissacarídeos e polissacarídeos são nomeados "açúcar".

Os açúcares são conhecidos ainda pelo seu número de moléculas de carbono: *pentoses* (cinco carbonos); *trioses* (três carbonos), *tetroses* (quatro carbonos), *heptoses* (sete carbonos), *octoses* (oito carbonos) e *nonoses* (nove carbonos). Todos são encontrados na natureza, porém o mais presente são as *hexoses*, caracterizadas pela presença de seis átomos de carbono na molécula e pela forma empírica $C_6H_{12}O_6$. O mais importante dos açúcares hexose são glicose-galactoses, os quais são aldeído-frutoses, que são ketones, similares mas menos reativos que o aldeído. Os açúcares dissacarídeos maltose, lactose e sacarose têm a mesma fórmula empírica, $C_{12}H_{22}O_{11}$.

Principais fontes

O açúcar ocorre em maior quantidade na cana-de-açúcar e na beterraba, das quais é separado para uso comercial. Não existe diferença entre o açúcar produzido pela cana-de-açúcar e o extraído da beterraba. A cana-de-açúcar, planta gigantesca, cresce com facilidade em climas quentes e úmidos, e estoca o açúcar no seu caule. A beterraba cresce melhor em clima temperado e estoca o açúcar em sua raiz esbranquiçada. Em ambos os casos, o açúcar é produzido naturalmente da mesma maneira que em todas as plantas verdes, ou seja, da energia solar acumulada.

A CANA-DE-AÇÚCAR

O açúcar estocado no caule da cana-de-açúcar contém entre 12% e 14% de sacarose e é separado do restante da planta em um processo conhecido como refino. O processo de separação do açúcar é obtido em dois estágios: na usina e na refinaria. Na usina, em geral localizada nas cercanias das plantações, o açúcar cru é separado da planta. O suco extraído é fervido até que engrosse e comece a se cristalizar. O açúcar cru contém impurezas e não se apresenta em condições de estocagem prolongada ou de consumo; precisa ser purificado para se tornar seguro para o uso humano: açúcar puro e doce, apropriado para o consumo doméstico e comercial. Já na refinaria, esse líquido concentrado será purificado e filtrado para a retirada das impurezas. Nesse estágio, o açúcar se apresenta limpo, em estado líquido, de cor dourada. Então, por meio de filtros de carbono, o restante da cor será removida, produzindo líquido aquoso branco, que será evaporado, centrifugado e secado. Os grânulos são então peneirados e separados segundo o tamanho dos cristais.

As sobras desse processo de refino são em grande parte recicladas e reutilizadas. O bagaço pode ser aproveitado como combustível para a própria usina. A usina pode lançar mão desses resíduos para a produção própria de vapor e eletricidade. Além disso, a água removida no decorrer do processo (água doce) é bombeada de volta às estações de filtragem e reutilizada. Pouco é desperdiçado no processo total.

A BETERRABA

O processo da retirada do açúcar da beterraba é parecido com o da cana-de-açúcar. A beterraba é lavada, cortada e deixada de molho em água quente para separar o suco adocicado das fibras da planta. O suco é então purificado, filtrado, obtendo-se um concentrado marrom-claro e delgado. Depois o suco é fervido até a evaporação da água, formando um caldo mais grosso. Submete-se a outra filtragem para a completa remoção de partículas impuras; é novamente fervido e inicia-se então sua cristalização. Assim como o açúcar extraído da cana-de-açúcar, o açúcar removido da beterraba tem seus cristais separados por tamanho, e só então são empacotados e comercializados. A polpa da beterraba pode ser servir para a alimentação de animais ou como fibra, entre outros usos.

Categorias

Todos os açúcares são compostos de simples carboidratos, que são classificados em três categorias:

Monossacarídeos	Açúcar simples	Glicose, frutose, galactose
Dissacarídeos	Açúcar duplo	Sacarose, lactose e maltose
Polissacarídeos		Amido, glicogênio e celulose (fibra)

MONOSSACARÍDEOS (AÇÚCAR SIMPLES)

Glucose ou dextrose é açúcar monossacarídeo, ou $C_6H_{12}O_6$. Está em praticamente todas as plantas comestíveis e é produzido pela hidrólise de glicosídios naturais. Conhecido como açúcar do sangue porque é o principal açúcar que circula nele e o responsável pela conversão de outros açúcares e dos carboidratos. É rapidamente absorvido pela corrente sanguínea.

Comercialmente, conhecemos a glicose de milho, manufaturada do amido de milho.

Frutose ou levulose é o gosto adocicado presente em todas as frutas e no mel. Comercialmente é apresentada como melado e outros xaropes ricos em frutose. Quando apresentada em grânulos, tem duas vezes mais força edulcorante que a sacarose. Atrai mais água do que a sacarose e, portanto, os produtos elaborados com a frutose tendem a ser mais úmidos. Além disso, a frutose produz crostas mais escuras do que a sacarose. Na culinária não podemos substituir diretamente o açúcar comum por frutose; primeiro porque seu poder de adoçar contém proporções diferentes, dependendo da fruta de onde foi extraída. Segundo, porque a frutose, quando aquecida, sofre variações em seu poder de doçura.

DISSACARÍDEOS (AÇÚCAR DUPLO)

Sacarose é o açúcar mais abundante nas plantas. É um dissacarídeo composto por dois açúcares simples, e quando digerida separa-se em dois açúcares simples quimicamente ligados – glicose e frutose –, que serão absorvidos pelo organismo e gerarão energia.

Lactose é o açúcar encontrado no leite. A lactose é primariamente usada para produzir volume. Seu uso como adoçante é raro porque é bem menos doce que os outros açúcares. É formada por duas partes de monossacarídeo, que são normalmente quebradas pela enzima lactase. Alguns indivíduos podem perder a habilidade em digerir lactose e tornam-se lactose-intolerantes. O queijo, embora seja um dos produtos do leite, contém lactose, adquirida durante seu processamento (fermentação).

Maltose é um xarope dissacarídeo extraído da cevada germinada cujo conteúdo de amido foi convertido em açúcar maltose. É rica em enzimas, incluindo a amilase. Não deve nunca ser misturada diretamente com o sal, porque este destrói algumas dessas enzimas. Utilizada amplamente na produção de *bagels*, por exemplo, é produzida naturalmente durante o processo de fermentação da cerveja e do pão. Ao ingeri-la nessas formas, de alimento ou bebida, a maltose é quebrada em duas unidades de glicose.

POLISSACARÍDEOS (AÇÚCAR COMPLEXO)

Quanto aos polissacarídeos, podemos dividi-los em:

- **Glicogênio** – formado da glicose e estocado no fígado e na massa muscular.
- **Celulose** – encontrada nas paredes de células de plantas, também conhecida como fibra crua.

O açúcar processado

Todos os tipos de açúcar encontrados no mercado foram processados de alguma maneira.

AÇÚCAR BRANCO (SACAROSE)

O açúcar branco contém açúcar purificado, apenas sacarose pura. Não contém conservantes ou aditivos de qualquer espécie. É utilizado largamente na culinária em geral. O que varia são os tamanhos dos grânulos ou cristais aos quais a sacarose é reduzida. Quanto menores os cristais, mais rápida a dissolução do açúcar na mistura.

Açúcar granulado

É o açúcar de mesa, utilizado na maioria das receitas.

Açúcar de confeiteiro

É o açúcar comum, processado em um pó fino e de textura macia. Contém em torno de 3% de amido para prevenir o aglutinamento. É utilizado em coberturas, confeitos e creme chantili, por exemplo.

Açúcar cristal

O tamanho dos cristais do açúcar cristal é maior do que os do açúcar regular. É usualmente processado do licor de açúcar mais puro. O método de processamento do açúcar cristal torna-o mais resistente a alterações de coloração ou inversão (quebra natural de frutose em glicose) sob altas temperaturas. Essas características são importantes quando da elaboração de *fondants*, licores e confeitos.

AÇÚCAR MARROM (MASCAVO)

O açúcar marrom ou mascavo difere do açúcar branco comum por ser preparado com a adição de melado, que acaba controlando seu odor/sabor naturais e sua coloração. Ou seja, trata-se do açúcar branco combinado com melado. Quanto menos melado, mais suave o sabor e mais clara a coloração, sendo encontrado no mercado como açúcar mascavo claro. Se a coloração é mais escura, houve mais adição de melado, e mais acentuado é o sabor. Ao ser utilizado em receitas com medida, como ½ xícara, 1 xícara, e assim por diante, deve ser comprimido firmemente no medidor, pois a adição de um elemento relativamente úmido proporciona mais volume.

Deve-se ressaltar que apesar de mais escuro e de sabor/odor acentuados, o açúcar mascavo não pode ser confundido com o açúcar cru, que nada mais é do que o resíduo deixado após o processamento da cana para remover o melado e refinar os cristais do açúcar. O açúcar cru está mais sujeito a contaminações, devendo-se consumi-lo com cuidado.

Açúcar turbinado

É o açúcar cru que foi parcialmente processado. Tem cor amarelada, sabor suave de melado e grânulos grandes. Dos açúcares menos processados, da família dos açúcares crus, este é o mais indicado por ser submetido ao processo de limpeza a vapor.

Açúcar mascavo

Açúcar mascavo tem cristais de açúcar envoltos em melado, com sabor e coloração naturais. Muitos refinadores de açúcar produzem o açúcar mascavo fervendo o melado até a formação de cristais. Então, o açúcar é centrifugado, mas não completamente seco, o que lhe imprime sabor, odor e coloração característicos. O açúcar mascavo escuro tem essa cor exatamente pela presença acentuada do melado. Ambos, escuro e claro, são utilizados na elaboração de condimentos e na panificação e confeitaria geral.

Açúcar demerara

Popular na Europa, o demerara é o açúcar mascavo claro e com cristais grandes, levemente grudentos. É assim chamado por ser oriundo da Guiana, da região Demerara. É um tipo de açúcar cru, de textura grossa.

ADOÇANTES ARTIFICIAIS

Os adoçantes artificiais são essencialmente isentos de caloria energética, amplamente utilizados em dietas hipocalóricas, mas com uso restrito na culinária. Se comparados à sacarose, adoçam, mas na panificação produziriam deficiências na caramelização de crostas, no amaciamento da massa e nas propriedades de retenção de umidade. Aspartame e sacarina talvez sejam os mais conhecidos no mercado. A sacarina suporta calor de maneira estável (permite cocção) e seu poder de adoçar é duzentas a trezentas vezes maior do que o da sacarose ou o açúcar comum. Foi descoberta acidentalmente no final do século XIX. É utilizada em alimentos e bebidas *diet* e *light*, mas é discriminada pelo seu gosto residual.

Acesulfame K

Também se mantém estável à cocção e adoça cerca de duzentas vezes mais do que o açúcar. Conserva algumas das propriedades do açúcar na massa e não apresenta gosto residual.

Aspartame

Adoçante artificial; adoça cerca de duzentas vezes mais do que a sacarose ou o açúcar comum. É sintetizado de aminoácidos, ácido aspártico e fenilalanina, que contém em torno de 4 calorias/grama. Não suporta calor (não pode ser assado ou adicionado a caldas/caramelos), e por isso não é utilizado em produtos de panificação.

Acesulfame k

4 calorias por embalagem	12 pacotinhos = 1 copo de açúcar	1 pacotinho = 2 colheres de chá de açúcar

Pode ser utilizado em cozinha e pães sem perder a capacidade adoçante.

Aspartame

Em geral, perde poder adoçante quando assado em altas temperaturas por tempo prolongado. Pode ser utilizado, bastando apenas adicioná-lo nos últimos minutos de aquecimento ou cocção.

2 calorias por colher de chá	1 copo = 1 copo de açúcar	1 colher de chá = 1 colher de chá de açúcar

Perde doçura quando assado. Entretanto, pode substituir o açúcar colher por colher quando utilizado em alimentos como sucos.

Sacarina

4 calorias por envelope	12 envelopes = 1 xícara de açúcar	1 envelope = 2 colheres de chá de açúcar

Pode ser usado em panificação e confeitaria sem perda de poder de doçura.

Estévia

Estévia é uma pequena planta nativa do Brasil e do Paraguai, cujo nome científico é *Stevia Rebaudiana Bertoni*, da família das *Asteraceaes*. Suas folhas apresentam acentuado sabor adocicado, sendo cerca de trinta vezes mais doce que o açúcar doméstico, e seu extrato, até trezentas vezes.

Há séculos os indígenas do Paraguai e do Brasil utilizam a estévia como adoçante para chás, principalmente o chá-mate, e para fins medicinais e cosméticos. Foi o Japão, entretanto, o pioneiro na pesquisa e manipulação da estévia, usando o extrato da planta como adoçante natural e não calórico. A indústria alimentícia japonesa também vem aproveitando a estévia para adoçar enorme variedade de produtos, como o molho de soja, o picles e um popular refrigerante *diet*, por exemplo.

Conhecida por suas propriedades medicinais, a estévia já era utilizada pelos nativos no Brasil e no Paraguai como auxiliar nos casos de diabetes, hipoglicemia, bem como em dietas hipocalóricas, por causa de sua habilidade em regular a presença do açúcar no sangue, abaixando consideravelmente os níveis de glucose do sangue em um curto período de uso.

A estévia não é adoçante artificial, como os expostos anteriormente. É sim adoçante não calórico, e, embora seja muito mais doce que o açúcar, tampouco é considerada um açúcar, já que não contém as propriedades físico-químicas do açúcar.

A estévia é encontrada em diversas formas. Em pó, verde, é elaborada da folha. Em pó, de coloração branca, é produzida apenas da parte adoçante da folha, e cristalizada; nesse caso é denominada extrato de estévia ou concentrado de estévia, e pode ser até quatrocentas vezes mais doce que o açúcar. É encontrada ainda em tabletes e em líquido (gotas).

Na verdade, a folha da estévia tem quatro agentes adoçantes principais, ou seja, quatro glicosídeo, sendo esteviosídeo, rebaudiosídeo A, rebaudiosídeo B e dulcosídeo A.

A estévia pode substituir o açúcar em praticamente todas as receitas. O ponto da discussão, entretanto, está sempre na *proporção*. Dizemos com isso que não se substitui estévia por açúcar na mesma proporção, quilo por quilo, ou colher por colher. Na verdade, diferentes marcas usarão diferentes partes e qualidades da planta, diferentes métodos, em diferentes produtos, com mais ou menos poder de adoçar. Obviamente existe uma média, e o consenso seria:

Açúcar	Estévia integral (não concentrada)	Estévia líquida (concentrada)
1 colher chá	1/8 de colher chá	3 gotas
1 colher sopa	3/8 de colher chá	7 gotas
1 xícara	2 colheres sopa	48 gotas

A eficiência da estévia é tão grande que o creme chantili, por exemplo, pode ser elaborado utilizando-se ½ colher de chá de estévia não concentrada para 1 litro de creme de leite fresco.

A estévia pode ser (comedidamente) empregada em todas as preparações culinárias que peçam a utilização da sacarose, mas lembre-se: 1 grama percorre um longo caminho! Seja extremamente cuidadoso.

Especificamente em massas fermentadas, a estévia não é recomendada. Embora mais doce que o açúcar, a estévia não contém as mesmas propriedades. Primeiramente, não é fermentável. Além disso, por não ser açúcar, não apresenta a mesma capacidade de fermentação do açúcar, pois não pode alimentar as bactérias do processo. Por isso, produtos fermentados produzidos com estévia não sofrem a reação de Maillard, ou seja, não caramelizam, apresentando-se opacos e com mudanças essenciais de textura, sabor e aparência no produto final. Assim, a estévia pode ser utilizada na fabricação de massas fermentadas apenas como adoçante, uma vez que, a altas temperaturas, não perde seu poder adocicante, como a maioria dos adoçantes artificiais.

Se quiser experimentar, faça-o mas em proporções diminutas. No tópico "Fórmulas", há uma receita de *cookies* com gotas de chocolate adoçados com estévia (*"Estévia chocolate chip cookies"*).

AÇÚCARES COM CONSERVANTES À BASE DE ÁLCOOL, SORBITOL, MANITOL, MALTITOL E XILITOL

São adoçantes comercialmente produzidos da glicose ou derivados de frutas e vegetais (ocorre naturalmente nas ameixas pretas). Utilizados em produtos dietéticos, são rotulados como "sem açúcar", ou *sugar free*, mas ainda assim são carboidratos, e contêm calorias. Não causam cárie dentária e, por serem absorvidos mais lentamente do que outros açúcares, podem apresentar efeito laxativo leve.

> Tanto o açúcar branco quanto o mascavo e o mel podem ser utilizados na fabricação de massas fermentadas intercaladamente. Porém, adoçantes artificiais não desempenham as mesmas funções que o açúcar e não oferecem carboidratos suficientes para alimentar a fermentação a taxas regulares. Além disso, o fato de muitos edulcorantes artificiais serem reativos à aplicação de calor inabilita seu poder de flavorizar e caramelizar.

AÇÚCAR INVERTIDO (LÍQUIDO OU EMULSÃO)

A inversão ou quebra química da sacarose resulta em açúcar invertido, mistura de partes iguais de glicose e frutose. Comercialmente, o açúcar invertido está disponível apenas em estado líquido.

Açúcares líquidos eram desenvolvidos antes de a sociedade moderna viabilizar o transporte e manuseio do açúcar granulado, tornando-o mais acessível.

A indústria de refrigerantes ou bebidas carbonadas utiliza-se de um tipo de açúcar invertido específico, que pode ser utilizado apenas em produtos líquidos, sendo composto de uma parte de açúcar invertido combinada com açúcar granulado dissolvido. Outro tipo, denominado açúcar invertido total, é produzido para a indústria de alimentos processados e é praticamente todo invertido. É utilizado maciçamente para retardar a cristalização do açúcar e para auxiliar na retenção de umidade.

Glicose

A forma mais comum desse açúcar é a dextroglicose, também chamada glicose de milho e/ou açúcar de uva. Essa forma de glicose contém muitos recursos, incluindo o suco de uva, alguns vegetais e o próprio mel. Tem cerca de 50% da capacidade de adoçar em relação ao açúcar comum.

Esse açúcar é obtido pelo processamento de amido com ácidos e enzimas. É encontrado em coloração clara e escura; o processo de clarificação remove toda a cor e opacidade. A glicose de milho escura usualmente adiciona sabor e coloração artificial. Por ser rara a cristalização, é utilizado na elaboração de confeitos, refrigerantes e outros alimentos processados.

Xarope de amido (glicose de milho)

Foi desenvolvido por volta de 1920, pelo tratamento do milho com um ácido, calor e/ou enzimas. Não é tão doce quanto a sacarose, mas é geralmente utilizado com o açúcar comum ou em lugar dele, com efeitos benéficos principalmente na elaboração de balas e confeitos, por causa de suas habilidades anticristalizadoras. Solúvel em água e derrete à temperatura de 145 °C, ou ainda 27 ºC abaixo do ponto de derretimento da sacarose. Não cristaliza e auxilia a inibição da cristalização da sacarose.

Mel

Mel é a mistura de açúcares formados do néctar por uma enzima, a invertase, presente no corpo das abelhas. Os açúcares contidos no mel são também encontrados na sacarose (açúcar de mesa), frutose e glicose. O mel varia de composição e sabor, dependendo da fonte do néctar (cravo, laranja, flores). A análise básica do mel mostra um quadro com cerca de 38% de frutose, 31% de glicose, 1% de sacarose, 9% de outros açúcares, 17% de água e 0,17% de cinzas.

Muito pouca diferença nutricional existe entre o mel e o açúcar comum. Porque pesa mais, uma colher de chá de mel contém pouco mais de carboidrato e calorias do que a mesma medida de açúcar comum.

Por ser mais concentrado do que o açúcar, contém mais calorias e é também mais doce do que a sacarose. Possui aroma e sabor distintos. Os produtos elaborados com mel são mais úmidos porque a frutose absorve umidade do meio ambiente. O excesso de mel acarreta intensa coloração de casca/crosta.

Melado

Não é tão doce quanto a sacarose. Possui odor e aroma característicos e apresenta bastante variação de um produtor para outro. Por ser mais ácido do que o açúcar, as receitas elaboradas com melado usualmente contêm bicarbonato de sódio (assim como o mel).

Açúcar e saúde

Todos os adoçantes contêm primariamente açúcares e não deveriam ser considerados fonte de outros nutrientes. Por serem basicamente carboidrato, apenas são importantes na suplementação de energia para o corpo.

Com a crescente utilização em dietas e na indústria da alimentação, o consumo do açúcar tem sido vastamente examinado em seus aspectos nutricionais e de saúde. No documento "Evaluation of the Health Aspects of Sugars Contained in Carbohydrate Sweeteners" (Avaliação dos aspectos nutricionais contidos em adoçantes de carboidrato), elaborado pela The Food and Drug Administration (FDA) americana, a tendência é afirmar que o consumo do açúcar não pode ser apontado como causa de diabetes, doenças cardíacas, obesidade, hipoglicemia, hiperatividade infantil ou deficiências nutricionais.

Segundo esse documento, não existem evidências conclusivas que demonstrem perigo ou ameaça ao público do uso do açúcar em níveis regulares ou não abusivos, ressalvando a colaboração para a cárie dental.

O organismo pode obter energia de diferentes recursos, e o carboidrato é sem dúvida a maneira mais eficiente. A energia pode ser obtida ainda da gordura, da proteína e do álcool. O carboidrato do açúcar provê energia, e não contém gordura. Assim como a proteína, contribui na dieta com 4 calorias/grama, contra as 9 calorias/grama da gordura.

O organismo trata toda a sacarose da mesma maneira, independentemente de sua origem. Na verdade, o organismo utiliza todo o açúcar da mesma maneira, ou seja, converte-o em glicose, utilizada pelas células para energia. Os músculos e o cérebro necessitam da glicose para continuar agindo. Na falta de glicose, os músculos queimam gordura como combustível e podem armazenar a glicose excedente em glicogênio. O cérebro, no entanto, depende exclusivamente da ampla suplementação de glicose do sangue.

Por isso alterações de humor são diagnosticadas pelo nível de açúcar no sangue! Os açúcares simples são facilmente convertidos em glicose e entram na circulação sanguínea pouco tempo após seu consumo. Essa entrada pode causar elevação rápida do nível de açúcar no sangue e maximizar a energia física e a melhora no humor. Porém, quando muito açúcar simples é ingerido, o organismo reage produzindo insulina em excesso, o que causa queda imediata do nível de açúcar no sangue, deixando o indivíduo ainda pior do que antes do consumo do açúcar.

O açúcar na fermentação

Os açúcares envolvidos no processo de fermentação se originam de açúcares preexistentes, como sacarose, glicose e levulose, que estão presentes nas farinhas normalmente entre 1% e 2%; e açúcares gerados pela quebra da amilase e pela degradação de frações do amido por amilases contidas na massa. Isso produz maltose no curso da fermentação.

Desses açúcares, entretanto, apenas glicose e levulose podem ser diretamente usados pelo fermento. O próprio fermento também provê algumas enzimas para a massa e provoca a ocorrência de certos componentes. Exemplo disso é que a invertase atua na sacarose, enquanto a maltase quebra a maltose. Outras enzimas hidrolisam açúcares, tornando-os fermentáveis e transformando-os, como se segue:

sacarose → inversão → transforma-se em glicose e meio levulose

maltose → inversão → transforma-se em glicose

Funções gerais mais importantes do açúcar

1. Interage com as moléculas de proteína ou amido durante o processo de cocção.
2. Atua como amaciador pela absorção de água e pela inibição do desenvolvimento do glúten da farinha.
3. Retarda a gelatinização do amido (*starch*).
4. Incorpora ar à gordura durante o processo do método cremoso (açúcar + gordura).
5. Carameliza quando exposto a altas temperaturas, oferecendo coloração e aroma agradáveis na cocção.
6. Acelera a fermentação ao prover alimento ao fermento.
7. Retarda a coagulação da proteína dos ovos em pudins e cremes.
8. Retarda o escurecimento da superfície de frutas.
9. Acentua a maciez e o sabor de sorvetes, *sherbets* e *sorbets*.
10. Controla a recristalização por meio do desenvolvimento do açúcar invertido (quebra da frutose + glicose).

Funções específicas em massas fermentadas

DESENVOLVIMENTO DO GLÚTEN

Durante a mistura da massa o açúcar age como amaciador ao absorver a água e desintensificar o desenvolvimento do glúten. As proteínas da farinha são hidratadas, formando a cadeia de glúten, composta por milhares de pequenas bolsinhas que aprisionam os gases produzidos durante a fermentação. Essas cadeias de glúten são elásticas e permitem à massa crescer sob a expansão de gases. Todavia, se muito glúten for desenvolvido, a massa se torna rígida e dura.

O açúcar compete com essas proteínas formadoras de glúten por água, prevenindo assim a super-hidratação das proteínas durante a fase da mistura. Em consequência, é desenvolvido menos glúten, e a massa fica menos rígida. Utilizado na proporção correta, o açúcar otimiza a elasticidade da massa, deixando-a mais suave, com produto final de textura macia e bom volume.

FERMENTAÇÃO

O açúcar aumenta a eficácia do fermento – alimenta sua proliferação. O açúcar é quebrado pelas células do fermento, que o transforma em alimento, e o gás carbônico é expelido mais rapidamente. O processo de fermentação é agilizado e mais consistente.

MÉTODO CREMOSO

Quando agitados, os cristais de açúcar e as moléculas de gordura se unificam. Na produção de bolos e *cookies*, o açúcar proporciona textura mais leve e aerada, incorporando ar à mistura. Durante a cocção essas células de ar são preenchidas por carbodióxido e outros gases contidos no fermento.

ESPUMAS

O açúcar atua como auxiliar para estabilizar claras em neve. Nos bolos em que se utiliza o método espumoso, o açúcar interage com as proteínas do ovo e lhes fornece consistência na estrutura, tornando a mistura mais elástica, de tal maneira que as células de ar se expandem e absorvem os gases formados pelo fermento.

COAGULAÇÃO DA PROTEÍNA DO OVO

As moléculas de açúcar se dispersam entre as proteínas do ovo e adiam sua coagulação durante a cocção.

Com a elevação da temperatura da mistura durante a cocção, as proteínas do ovo coagulam ou formam elos entre si. As moléculas de açúcar elevam a temperatura desses elos. Quando essas proteínas coagulam, o bolo está assado por igual.

GELATINIZAÇÃO

Durante a cocção, com a absorção de líquidos, o açúcar amacia, prolongando a gelatinização.

Em bolos, o calor do forno faz com que o amido da farinha absorva líquido e endureça. Quanto mais líquido for absorvido pelo amido, mais firme a mistura se fará, até atingir estado sólido. O açúcar atua para prolongar a gelatinização, competindo com o amido pelo líquido presente na massa. Absorvendo parte do líquido presente, o açúcar mantém a viscosidade da mistura. Como resultado, a temperatura em que o bolo se firma é esticada ao máximo para desfrutar da ação expansora oferecida pelos gases expelidos pela ação do fermento químico.

CARAMELIZAÇÃO

O açúcar carameliza quando aquecido acima de seu ponto de derretimento. Aos 175 °C o açúcar adquire coloração âmbar e desenvolve sabor e aroma específicos. Essa substância, resultante da quebra do açúcar, é conhecida como caramelo. Durante a exposição a altas temperaturas ocorre a caramelização, auxiliando não apenas no sabor e no aroma, mas também atuando como retentor de umidade no produto assado.

O açúcar exposto a elevadas temperaturas sofre uma química que contribui para a formação de uma superfície levemente dourada. Essa reação é chamada reação de Maillard, e ocorre entre os açúcares, os aminoácidos e as proteínas de outros ingredientes presentes no produto, causando douramento. Tais reações ainda resultam no aroma característico exalado durante a cocção. Quanto maior a quantidade de açúcar, mais escura a superfície ou topo. E, como já dissemos, além do apelo visual que imprime ao produto, a própria conservação do produto fica mais prolongada, uma vez que amplia sua habilidade em manter a umidade.

Temperatura e ponto de ebulição

Temperatura	Definição
85 ºC	Ferver em fogo lento
100 ºC	Ponto de ebulição
108 ºC	Ponto de gelatinização
	Fio – estágio para caldas de açúcar
	Bola macia – estágio para caldas de açúcar
	Bola firme – estágio para caldas de açúcar
	Bola dura – estágio para caldas de açúcar
	Fenda macia – estágio para caldas de açúcar
143–155 ºC	Fenda dura – estágio para caldas de açúcar
160 ºC	Caramelo – estágio para caldas

Reação de Maillard

A reação de Maillard é a segunda maneira pela qual pães, bolos, biscoitos podem obter coloração de superfície. Durante a cocção, reações de Maillard ocorrem entre o açúcar e os aminoácidos, peptídios ou proteínas de outros ingredientes na massa, causando coloração. Tais reações resultam no aroma associado a produtos assados. Quanto maior o conteúdo de açúcar na massa, mais escura ficará a superfície. A superfície dourada não apenas melhora a aparência como empresta ao produto sabor e aroma agradáveis e auxilia a manter a umidade do produto, prolongando sua durabilidade.

Ação em produtos específicos

Em produtos específicos podem ser observadas as características do uso do açúcar, como os exemplos a seguir.

PÃES E MASSAS FERMENTADAS

Pães fermentados biologicamente utilizam o açúcar para acelerar a expansão da massa, na produção indireta de gás carbodióxido. Durante a fase de mistura, o açúcar absorve grande quantidade de água, atrasando a formação do glúten, o que torna a massa bastante elástica, ideal para aprisionar os gases e formar uma boa estrutura. Pela reação de Maillard, o açúcar contribui para a coloração da crosta e o aroma característico dos pães. Utilizado para acelerar a fermentação, produz gás carbodióxido para a expansão da massa.

BOLOS CREMOSOS

Em formulações de bolos com a presença substancial de gordura como ingrediente, em que se utiliza o método cremoso de mistura, o açúcar auxilia na incorporação de ar, especificamente, resultando num bolo de textura fina e de bom volume durante a mistura e a cocção. Durante a mistura, o açúcar amacia o bolo pela absorção do líquido, prevenindo a super-hidratação das cadeias de glúten. Na cocção, o açúcar amacia o bolo com alta concentração de gordura, por absorver água e também por prolongar o processo de gelatinização. Reações de Maillard (aroma) também ocorrem nesse caso.

BISCOITOS E COOKIES

Usualmente, biscoitos e *cookies* são quimicamente fermentados pela utilização de fermento em pó ou bicarbonato de sódio. No entanto, têm pouca água (líquido) em relação às quantidades de açúcar e gordura. Então, o açúcar auxilia no sucesso do emprego do método cremoso. No forno, a temperatura alta derrete a gordura e a massa se torna mais fluida. O açúcar não dissolvido na massa (cerca de 50%) durante a mistura começa então a se dissolver com o aumento da temperatura, aumentando a concentração de açúcar. Isso torna a massa mais líquida, oferecendo aos biscoitos e *cookies* a chance de se espalhar durante a cocção. Também a superfície do biscoito e do *cookie* sofrerá a influência do açúcar, além de flavorizar e caramelizar enquanto assam.

BOLOS AMANTEIGADOS

Também conhecidos como bolo do tipo inglês. São preparados com gordura e usualmente sem outro agente expansor senão o próprio uso do método cremoso de mistura, que incorpora pequenas células de ar à massa. Isso ocorre com a adição de ovos relativamente grande. O açúcar também age como amaciador durante o processo de mistura, inibindo a formação do glúten e diminuindo a velocidade da gelatinização, produzindo bolos de textura fina e de bom volume.

BOLOS SEM GORDURAS

Exemplos típico são o *genoise*, tipo de pão-de-ló, e o bolo de claras. Boa parte da estrutura de suas células é derivada das proteínas dos ovos, utilizados em grande proporção; se não inteiros, apenas as claras. O agente expansor é o ar que foi incorporado à massa durante a mistura – método espumoso. O açúcar atua como auxiliar no processo de formação da espuma, estabilizando-a. Parte do açúcar também é combinada com farinha antes de ser incorporada à esponja. Esse açúcar se dispersa na farinha, separando as partículas de amido presentes nela, mantendo a massa livre de caroços.

Elevando-se a temperatura na qual as proteínas do ovo se firmam, o açúcar atrasa a coagulação o suficiente para permitir que o ar fique preso dentro da mistura, resultando num bolo de textura suave e com volume.

PÃES RÁPIDOS

Os pães rápidos são elaborados com o uso de agentes expansores químicos, mais rápidos do que o biológico. Por terem conteúdo pequeno de gordura e açúcar, o processo de mistura nos pães rápidos é de extrema importância para sua leveza e textura. O glúten não pode ser muito desenvolvido, pois a ausência de açúcar retira sua habilidade de amaciamento.

Gorduras

Os triglicerídios, conhecidos como banha, manteiga, margarina, gordura, óleo, vêm sendo usados por séculos na culinária para auxiliar na expansão, dar sensação de umidade significativa na boca e aumentar a vida útil do produto a ser estocado. Por isso são amplamente utilizados em produtos que reconfortam, que dão água na boca; em inglês a nomenclatura é muito apropriada: *comfort food* (alimento que dá conforto, prazer). Exemplos de tais alimentos são o chocolate, o sorvete, biscoitos.

A gordura também é utilizada para fritura, que possibilita cozinhar o alimento em temperatura superior a 100 ºC, quando reações químicas ocorrem para desenvolver um sabor único, como os encontrados na batata frita, por exemplo.

Quimicamente todas as gorduras e óleos têm a mesma composição – carbono, hidrogênio e oxigênio. A diferença entre elas é que em cada estrutura química haverá uma combinação diferente de número de ácidos graxos com glicerina, o que altera o estado físico em que se encontram. A gordura que está em forma líquida quando em temperatura ambiente é denominada "óleo", e a que se encontra em estado sólido, "gordura".

Gorduras e óleos são misturas de triglicerídios. Eles são formados pela combinação entre três cadeias de moléculas de átomos de carbono e duas de átomos de hidrogênio, atreladas principalmente por carbonos. Quanto mais longas as cadeias, mais alta a temperatura de derretimento da gordura. Isso significa que as cadeias curtas nos oferecem óleos (líquido) e as cadeias mais longas nos oferecem gorduras (sólidas).

São dois os tipos de ácidos graxos: saturados e insaturados. Nas gorduras saturadas, os átomos de carbono são ligados por moléculas simples e formam cadeias diretas. Nas monoinsaturadas, dois dos carbonos são unidos entre si por uma cadeia dupla. Isso introduz uma torção nas cadeias e torna muito difícil a aglutinação de moléculas; portanto, seu ponto de derretimento é mais baixo do que o das gorduras saturadas. Gorduras poli--insaturadas apresentam várias coalizões que diminuem ainda mais seu ponto de derretimento.

A temperatura na qual a gordura muda de estado é chamada *ponto de derretimento*, e varia de gordura para gordura – até de fabricante para fabricante. As funções são similares, como explicamos mais adiante. No caso da dieta humana, o alto ponto de derretimento das gorduras saturadas as tornam particularmente perigosas à saúde. O depósito de gorduras sólidas que se forma nas veias sanguíneas pode prejudicar ou até mesmo impedir a circulação, causando doenças coronarianas, entre tantas outras.

Em panificação, a gordura na forma sólida, margarina, manteiga ou gordura hidrogenada, ou em forma líquida, como em óleos, basicamente previne o superdesenvolvimento ou o endurecimento do glúten, assegurando suavidade, retenção de umidade e, quanto ao paladar, características de dissolver-se na boca, tão adequadas em tantos produtos da panificação e da confeitaria.

Gorduras e saturação

GORDURAS SATURADAS

Comumente de origem animal, são encontradas em carnes vermelhas, óleo de coco, óleo de palmeira, chocolate, banha de porco, leite (exceto leite desnatado) e produtos à base de leite, como manteiga, creme de leite, sorvetes, entre outros.

Apresentam-se sólidas à temperatura ambiente, como a banha de porco e a manteiga, duas gorduras animais saturadas. Os óleos de coco e de palmeira são exemplos de óleos vegetais saturados. São instáveis à temperatura ambiente e sensíveis à interação com oxigênio, luminosidade e calor. Geralmente, apresentam-se líquidos à temperatura ambiente. É comum pensar que os óleos vegetais são um bom recurso de gorduras poli-insaturadas e monossaturadas, porém os óleos de coco e de palmeira contêm cerca de 80% de ácidos graxos saturados.

A gordura saturada é boa para uso em panificação e confeitaria por sua plasticidade e pela capacidade em auxiliar no crescimento das massas, mas é prejudicial à saúde. Geralmente, é associada à elevação do colesterol.

A gordura saturada não tem espaço para qualquer hidrogênio adicional. Fica sólida em temperatura ambiente, é bastante estável (não oxidará, tornando-se rançosa facilmente) e implica altos e comprometedores níveis de colesterol no sangue, com potencial fatal para o desenvolvimento de doenças coronarianas, por exemplo.

GORDURAS MONOSSATURADAS

Encontradas em óleo de oliva, óleo de canola, nozes de variados tipos, manteiga de amendoim, óleo de amendoim, abacate, entre outros. Abacate e castanha de caju também contêm algum ácido graxo monossaturado.

São melhores para a saúde, mas não são utilizadas com êxito na indústria da panificação e confeitaria. Para o hidrogênio, essas gorduras apresentam algumas aberturas. Dois átomos de carbono são interligados por uma cadeia dupla, em que existe espaço para um par de átomos de hidrogênio a mais.

Líquidas em temperatura ambiente, podem solidificar-se quando refrigeradas. São gorduras capazes de elevar os níveis de lipoproteínas de alta densidade, que agem como varredores do colesterol, em oposição às lipoproteínas de baixa densidade, que favorecem a estadia e até o aumento do colesterol no sangue.

GORDURAS POLI-INSATURADAS

Encontradas em óleos vegetais como milho, soja, gergelim, algodão e girassol, são ingredientes importantes na panificação, responsáveis por melhorar textura, gosto, sensação na boca, sem contar a contribuição nutricional na dieta humana. Quando mais de uma área da cadeia de carbono pode aceitar átomos de hidrogênio adicionais, a gordura é chamada poli-insaturada.

Têm duas ou mais vagas de hidrogênio disponíveis. Líquidas, estejam refrigeradas ou não, apresentam cadeias de moléculas gordas diferenciadas: algumas moléculas são saturadas, outras não. A porcentagem de cada tipo de gordura varia amplamente, e isso explica por que alguns óleos são mais saturados do que outros. Por exemplo, o óleo de oliva é 10% saturado, 75% monossaturado e 15% poli-insaturada, o que o torna um óleo monossaturado.

Gordura saturada	Gordura monossaturada	Gordura poli-insaturada
Carnes bovina, suína, de carneiro e aves	Óleo de oliva, de canola e de amêndoas	Óleos de soja, girassol, carneiro e aves
Óleo de coco		
Leite e derivados		

Gorduras de origem animal

Manteiga: a produção de manteiga já era registrada em torno de 2000 a.C. Na Roma antiga a manteiga era utilizada como creme condicionador para cabelo ou para pele; empregada como unguento e em produtos medicinais. A manteiga é elaborada do leite de vaca (mais comum), de búfala, camela, cabra, ovelha e éguas.

Gordura primária, a manteiga atualmente é utilizada como enriquecedora de sabor e como ingrediente culinário de uso geral. Apresenta mais de 120 diferentes componentes – o que contribui para seu sabor distinto –, ingredientes e fatores primários que lhe imprimem características singulares de sabor. A seguir é descrito o processo de produção.

Pasteurização: a pasteurização mata bactérias não apropriadas para ingestão humana, além de atuar na prevenção de sua deterioração.

Agitação: em processo contínuo máquinas rapidamente batem o creme até separar a gordura da água (essa agitação da gordura do leite torna a manteiga muito perecível, exposta à rancidez).

Empacotamento: sob condições regulamentadas.

Em países desenvolvidos, a manteiga comercializada deve apresentar obrigatoriamente um *standard* de conteúdo da gordura encontrada no leite e no creme (gordura do leite), que deve ser no mínimo 80% e apenas 20% de adição de água. Nos Estados Unidos, a manteiga precisa conter pelo menos 80% de gordura de leite, máximo de 16% de água e 2% de sólidos de leite. Por vezes um agente corante é utilizado, mais comumente o Annatto, para padronizar o tom amarelado, já que, dependendo das características da matéria-prima (a dieta da vaca e as condições do pasto/alimentação do gado) e da manipulação a manteiga, pode oferecer coloração levemente amarelada, em diferentes nuanças.

À simples observação, a manteiga em temperatura ambiente deve parecer densa, sem bolhas de ar, livre de granulosidades ou quebras e pegajosa.

A manteiga comercializada sem sal tem durabilidade média de até três meses sob refrigeração, pois não contém preservantes. Já a manteiga com sal tem vida mais longa, podendo chegar até cinco meses sob refrigeração, exatamente porque o sal a protege de contaminação e rancidez.

Manteiga não é indicada para fritura (os sólidos de leite nela presentes queimam a baixas temperaturas). A maneira de corrigir isso é com o processo de *clarificação da manteiga*, que remove os sólidos, transformando-a em alternativa saborosa e diferenciada para frituras. A manteiga possui apenas cerca de 80% de gordura; o resto é água, produtos não lácticos e outras pequenas mas toleráveis adições. Na verdade, a manteiga contém impurezas. Se for derretida, o fundo da panela apresentará uma camada de sólidos: a parte média – manteiga pura – e a parte superior – pele criada pelo restante dos sólidos ou impurezas. A manteiga clarificada apresenta duas propriedades: um percentual de gordura muito mais elevado, que afeta as receitas (positivamente), e resistência à rancidez por tempo muito mais longo. A manteiga apresenta o ponto de derretimento "perfeito" – quase literalmente derrete na boca. É a sensação de paladar que a transforma em gordura preferencial. A grande quantidade de ácidos graxos nas cadeias curtas presentes na manteiga indica curva de derretimento muito ampla. O ponto no qual a manteiga começa a derreter está entre 21 °C e 40 °C. Na tabela a seguir vê-se que a porcentagem de sólido varia em função da temperatura na qual a manteiga derrete, o que demonstra que ela não tem temperatura única e definitiva para se tornar líquida.

Temperatura de derretimento dos sólidos da manteiga	
Temperatura (ºC)	Conteúdo sólido (%)
5	43-47
10	40-43
20	21-22
30	6-8
35	1-2
40	0

TEMPERATURA DE UTILIZAÇÃO

A manteiga em temperatura ambiente varia entre 18 ºC e 21 ºC. Tal temperatura permite que o máximo de ar possa ser aprisionado à mistura. A elaboração de massa envolvendo a gordura e o açúcar cria bolhas de ar que o levedante químico irá pronunciar e aumentar durante a cocção. Para perfeita aeração, esse processo cremoso deve estender-se entre quatro e cinco minutos.

A manteiga fria é utilizada preferencialmente na elaboração de massas para tortas e biscoitos. Nesse processo a manteiga se desmancha na farinha, formando uma farofa. Com esse método a manteiga não é tão absorvida pelo amido contido na farinha, o que resulta na criação de camadas flocadas durante a cocção.

GORDURA OU BANHA DE PORCO

Indubitavelmente a primeira fonte de obtenção de gorduras foram as carcaças de animais selvagens. Depois vieram os animais domésticos, mais especificamente os porcos.

O chamado "suã" é a gordura localizada entre os órgãos do animal. É basicamente uma gordura saturada, embora a gordura contida na carne propriamente dita seja fonte de ácidos graxos monossaturados. A melhor qualidade da gordura de porco está na parte que circunda os órgãos internos do animal. Uma gordura de boa qualidade é branca, contém pouco ou quase imperceptível odor/gosto, e é lisa e macia em textura. Tem grande plasticidade, com sabor e odor distintos. Enquanto a manteiga é relativamente adocicada, a banha de porco não. A gordura de porco, por ter ponto de derretimento muito superior ao da manteiga, não "derrete" na boca, mas é excelente para frituras. Entretanto, toda a fritura ficará impregnada por seu sabor e odor distintos. A gordura de porco não necessita refrigeração.

É uma gordura macia, cremosa, sólida ou semissólida. Apresenta-se também na forma de óleo transparente, obtido da pressão sobre a gordura de porco pura, após essa haver atingido a cristalização. É usada como lubrificante, na cosmética e em gorduras hidrogenadas, como recurso de ácidos graxos saturados.

Um último detalhe: nunca sirva nenhum alimento que contenha gordura de porco para judeus, muçulmanos, budistas e vegetarianos. Caso seja realmente necessária a adição desse tipo de gordura em seu produto, avise os consumidores.

> A gordura animal em si não contém colesterol, mas adicionar gordura a alimentos aumenta os níveis de colesterol no sangue.

ÓLEO DE PEIXE

O óleo de peixe contém grande porcentagem de ácidos graxos não saturados. É normalmente hidrogenado para se tornar sólido e poder ser utilizados em gorduras apropriadas para o uso em panificação. É rico em ácidos graxos n-3 e vitaminas A e D, e por isso é utilizado como suplemento vitamínico.

Gorduras de origem vegetal ou mista

ÓLEOS VEGETAIS

Obtidos de sementes, tais como milho, algodão, palmeira, amendoim, gergelim, girassol, soja, são 100% gordura e permanecem líquidos mesmo sob temperaturas baixas. São processados para gerar coloração e eliminar o odor. Óleos vegetais podem ser recursos ricos de ácidos graxos não saturados. Normalmente contêm antioxidantes naturais, que apresentam grande resistência à rancidez. A mistura de diferentes óleos tem a vantagem de absorver características de vários tipos de gordura. Alguns óleos são ricos em ácidos graxos do tipo n-6, como, por exemplo, óleos de milho e de semente de girassol. Outros óleos são ricos em ácidos graxos monossaturados, como o óleo de oliva, de uva, de nozes.

MARGARINA

Quando desenvolvida pela primeira vez em 1869 pelo francês Hippolyte Mèges-Mouriés, a margarina era baseada na gordura extraída da carne animal e flavorizada com leite. Foi criada sob encomenda de Napoleão III, para baratear o consumo das tropas em combate pela Europa, bem como oferecer nutrientes e durabilidade de consumo. A margarina atualmente é elaborada de óleos vegetais.

Assim como a manteiga, a margarina também vem da fazenda, mas na forma de soja, milho, girassol, algodão, amendoim. É preparada de um ou mais óleos animal e vegetal, diluídos em porção aquosa contendo produtos do leite (desnatado) apropriadamente cultivados e maturados, sal, agentes flavorizantes, corante, emulsificante, preservantes e vitaminas. Comercialmente a soja é largamente utilizada como parte significativa dos sólidos não gordurosos: o diacetil agrega aroma similar a manteiga; o benzoato de sódio ou ácido benzoico aumenta a durabilidade do produto; mono e diglicerídios emulsificam; corante alimentício amarelo, vitaminas A e D também são acrescentados em maior ou menor escala, dependendo do fabricante. A margarina apresenta ponto de derretimento maior que o da manteiga, 33 °C. O bombeamento de hidrogênio muda a consistência do óleo, tornando-o, por conseguinte, gordura saturada. Assim, caso seja de seu interesse manter reduzido o conteúdo de ácidos graxos saturados em sua dieta, opte pela margarina em cujo rótulo constem óleos vegetais.

Os atributos de uma boa margarina incluem odor agradável, resistência e boa capacidade de ser espalhada, uniformidade na coloração, capacidade de derreter o mais próximo possível da temperatura corporal (tal como a manteiga) e conservação mais prolongada. Em geral as margarinas mais macias são melhores escolhas do que as margarinas mais sólidas, pois contêm menor saturação de hidrogênio. Ao ler um rótulo, fique atento a palavras-chave que possam identificar conteúdos elevados de gorduras saturadas, tais como gordura vegetal hidrogenada, óleo vegetal parcialmente hidrogenado, óleo de coco e palmeira.

Gordura hidrogenada

É 100% gordura e sólida à temperatura ambiente. Usualmente elaborada de óleos vegetais que são hidrogenados (solidificados pelo bombeamento de uma porcentagem de hidrogênio) para torná-los mais utilizáveis na indústria. Esse processo adiciona hidrogênio para saturar as ligações duplas em ácidos graxos não saturados. Tal procedimento transforma o óleo líquido em gordura sólida, que poderá ser utilizada para manufaturar margarina. Por vezes contém gordura animal e tem a adição de ingredientes para retardar a rancidez e aumentar suas habilidades na absorção e retenção de umidade. A presença de emulsificantes na gordura hidrogenada ajuda a emulsificar a gordura com o líquido. Isso significa que óleo e água são misturados simultaneamente, criando distribuição uniforme de sabor, consistência e textura.

Na hidrogenação, o óleo é enviado por canos de cobre superaquecidos a um receptáculo, e o hidrogênio é bombeado, modificando o estado físico do óleo. Quanto mais hidrogênio bombeado, mais sólida é a gordura e mais alto será seu ponto de derretimento.

Portanto, trata-se de manobra mecânica que induz a saturação do hidrogênio das cadeias de carbono, mudando a estrutura dos óleos insaturados para saturados, e isso altera a maneira pela qual o organismo metaboliza esse tipo de gordura. Usualmente também muda a forma física em que tais gorduras são apresentadas, tornando-as sólidas ou firmes sob temperatura ambiente. O resultado é um produto que apresenta baixo conteúdo de ácidos graxos poli-insaturados e alto conteúdo de ácidos graxos saturados, maior do que os óleos vegetais líquidos.

Gorduras hidrogenadas especiais para folhados, *croissants*, cremes

As conhecidas gorduras especiais para folhados, coberturas e recheios são ainda mais firmes e plásticas, com altas temperaturas de derretimento. A margarina comum derrete a 47 °C, enquanto as gorduras especiais para folhados derretem em temperaturas por volta de 54 °C. Esse elevado ponto de derretimento é a razão pela qual essa gordura tem efeito extraordinário no crescimento ou expansão das massas laminadas. Se o crescimento da massa é excepcional, em contrapartida, essa gordura não se dissolve/derrete na boca, acarretando ação residual e efeitos internos no organismo humano.

O aumento na utilização de gorduras plásticas hidrogenadas se deve ao fato de que, ao serem adicionadas à massa, a temperatura da massa aumenta. Assim, um ponto de derretimento elevado mantém a gordura sólida por mais tempo, dando mais plasticidade e manuseio mais prolongado. Já em misturas de método cremoso, a utilização de tais gorduras aumenta a qualidade do processo, pois ela forma maior número de células de ar a serem absorvidas pela mistura, resultando em produtos mais leves.

> A gordura nesses produtos não contém nenhum colesterol, mas, como eles foram saturados, isso pode aumentar os níveis de colesterol no consumo.

TEMPERATURA DE DERRETIMENTO

É a temperatura em que sólidos e líquidos de uma substância pura podem ficar em equilíbrio. Ao se aplicar calor a um sólido, sua temperatura aumenta até o ponto de derretimento ser alcançado. Mais calor então converte sólido em líquido, sem mudança de temperatura. Quando todo o sólido estiver derretido, calor adicional elevará a temperatura do líquido.

A maioria das gorduras sólidas derrete repentinamente em um ponto preciso, mas sempre dentro de uma escala, exatamente porque existem diferentes componentes com diferentes características, e que derretem a diferentes temperaturas. Assim, em vez de mudarem instantaneamente do sólido para o líquido, certos componentes derretem entre 32 °C e 35 °C, modificando sua estrutura geral. Eventualmente todos os componentes se derreterão e, como sobra, teremos uma gordura líquida.

Temperatura de derretimento das gorduras

Temperatura	Manteiga	Gordura de porco	Margarina	Gorduras hidrogenadas
32 ºC–35 ºC	×			
34 ºC–43 ºC			×	
35 ºC–45 ºC		×		
50 ºC–60 ºC				×

Nota: 1) Muitas margarinas ou gorduras hidrogenadas oferecem ponto de derretimento até mais alto do que as variações aqui postuladas, mas são manufaturadas exclusivamente para a indústria alimentícia. 2) A presença de sal diminui o ponto de derretimento da manteiga e da margarina. 3) Os produtos *light* não contêm quantidade de gordura específica (muitos chegam a ter até 50% de água), e assim seu ponto de derretimento não consta da tabela. Por serem inconsistentes, não são confiáveis para uso culinário em geral, mas indicados apenas como acompanhamento para pães, biscoitos etc.

Gordura e nutrição

Consumidores conscientes dos efeitos nutricionais das gorduras em suas dietas têm expressado preocupação quanto aos produtos que contêm gorduras plastificadas. Todas as gorduras são uma mistura de três tipos de ácidos graxos. O tipo de ácido graxo presente em maior proporção determina sua classificação como saturada, monossaturada ou poli-insaturada. Isso também determina algumas características da gordura ou do óleo, e o efeito que têm nos níveis de colesterol no sangue.

A maior parte das gorduras que ingerimos é chamada triglicerídios porque contêm uma molécula de glicerol, à qual está conectada uma longa cadeia de ácidos graxos. Os triglicerídios, feitos de glicerol e ácidos graxos, denominados gorduras e óleos, vêm sendo utilizados por padeiros há séculos e respondem a inúmeras funções.

Os triglicerídios compõem cerca de 95% dos lipídios nos alimentos e no organismo humano. É a maneira de o corpo estocar a gordura ingerida em excesso. Os triglicerídios compartilham de estrutura similar, de três moléculas de ácido graxo conectadas a uma molécula de glicerol. Glicerol é uma cadeia curta de moléculas de carboidrato solúvel em água, e quando os triglicerídios são metabolizados, o glicerol pode ser convertido em glicose.

Ácidos graxos podem diferir no comprimento e no grau de saturação. Usualmente, são compostos por séries de dezesseis a dezoito moléculas de carbono conectadas a moléculas de hidrogênio. O número de moléculas de hidrogênio é que determina a saturação da gordura. Quando cada carbono tem número máximo de hidrogênio conectado, a gordura é considerada saturada (capacidade preenchida com hidrogênio).

Colesterol é uma substância similar à gordura, encontrada nas células do corpo de todos os animais, estando, portanto, em alimentos de origem animal, como carne, leite e seus derivados, ovos, gordura de porco. O colesterol é necessário ao homem na produção de certos hormônios, membranas de células, bílis e vitamina D. Porém, o corpo humano fabrica todo o colesterol de que necessita, não sendo necessárias quaisquer "suplementações". A maioria das células humanas tem capacidade limitada para estocar gorduras; assim, algumas células aumentam para congregar ou estocar o excesso, e são chamadas células adiposas (adipócitos), e expandem-se. Uma pessoa obesa chega a ter aumento nas células de gordura de até cem vezes, em relação às de uma pessoa magra.

A dieta diária é fundamental na produção em excesso do colesterol. As gorduras saturadas tendem a causar aumento dos níveis de colesterol no sangue, enquanto as gorduras mono e poli-insaturadas tendem a não interferir significativamente, e até mesmo, em alguns casos, contribuem para a redução dos níveis de colesterol no organismo.

Os fatores que aumentam o risco de manter o nível de colesterol alto incluem:

- dieta rica em gordura e gordura saturada;
- dieta pobre em fibras;
- falta de exercícios físicos regulares;
- obesidade;
- fumo; e
- histórico de doenças cardíacas na família.

Gorduras na panificação

Gorduras são utilizadas por padeiros há séculos, pois diminuem as cadeias de glúten, dando maciez e umidade à massa, além de prolongar o prazo de validade do pão. Contribuem para dar sabor, cor, textura, além de auxiliar como aerador de produtos elaborados com o método cremoso, permitindo a incorporação de ar à massa.

Auxilia no manuseio da massa, deixando-a menos pegajosa. A gordura encurta as cadeias de glúten e, assim agindo, amacia o produto. Ela encapa o glúten e outros ingredientes e os lubrifica para que eles não fiquem pesadamente coesos e sem espaço para expansão.

Proporciona a maciez do produto. Possibilita melhor retenção do gás carbônico liberado na fermentação, por causa da lubrificação das cadeias de glúten, impedindo seu superdesenvolvimento (e endurecimento). Ao assar, forma uma película protetora da umidade. É o único ingrediente que estará integralmente presente no produto final, sem nenhuma perda.

A gordura acentua o sabor de alguns ingredientes e contribui com seu próprio sabor, como é o caso da manteiga. Em pães rápidos, como *muffins*, por exemplo, reduzir o conteúdo de gordura pode comprometer seriamente a maciez do produto, pois permite que o glúten se desenvolva mais livremente. Muitas receitas preveem outro agente amaciador, como o açúcar, por exemplo, ou ovos, para aumentar a maciez, e assim substituem a gordura. Adicionar um mínimo de gordura – mesmo à massa do pão francês, apenas para garantir o desenvolvimento de um glúten elástico, dando ao pão maior volume – não oferece problema.

A escolha do tipo de gordura a ser incorporado à massa deve sempre considerar as características que cada uma delas oferece, seja de sabor, coloração, textura, formação de crosta, entre outros aspectos. Assim, opte por uma boa marca e tente usá-la sempre, pois a variação de marcas também significa variação de conteúdos de ingredientes da gordura.

CARACTERÍSTICAS

Flavorizante

Todos os óleos e gorduras apresentam odores e flavorizantes únicos. Alguns são mais apropriados para certos usos que outros, alguns servem a propósitos específicos, como óleo de oliva para molhos de saladas, por exemplo.

Plasticidade

As gorduras não derretem imediatamente, mas amolecem durante exposição a temperaturas variadas. Essa propriedade é denominada plasticidade e oferece a cada tipo de gordura caráter único. A plasticidade se deve à mistura de triglicerídios, cada um com temperatura de derretimento diferente. Algumas gorduras são formuladas para que seu ponto de derretimento se apresente extremamente baixo, como no caso de algumas margarinas, que podem ser espalhadas no pão, por exemplo, quase imediatamente após ter saído do refrigerador.

Retenção de umidade

Algumas gorduras auxiliam na retenção de umidade em produtos de panificação e confeitaria, aumentando a durabilidade do produto. Também podem fazer o alimento ou o produto ser indiretamente cozido ou ressecado pela simples presença de ar seco ou mais quente.

Ovos

Apesar de não ser considerado ingrediente básico, o ovo é largamente utilizado em produtos de panificação e confeitaria. Se, como dissemos, o principal ingrediente na panificação é a farinha, o principal ingrediente na confeitaria é o ovo! O ovo representa 50% do custo da confeitaria, pois é utilizado em praticamente todas as preparações, como bolos, sobremesas e cremes, sorvetes, tortas.

Na panificação, o ovo deve ser mantido sob controle desde a sua compra e conservação até o manuseio, e devem ser observadas suas características ao adicioná-lo em uma massa.

Composição e estrutura

Composição dos ovos

	Ovos inteiros	Claras	Gemas
Água	73%–75%	86%–87%	50%–51%
Proteínas	12%–14%	12%–13%	16%–17%
Gorduras	10%–12%	0,25%	31%–31%
Minerais	11%–1,2%	0,5%–0,59%	0,8%–1,5%

ESTRUTURA

Casca

É a capa externa do ovo; corresponde de 10%-12% de seu peso total. É a primeira linha de defesa contra a contaminação bactericida. Cerca de 17 mil poros minúsculos cobrem a superfície da casca. Com o envelhecimento do ovo, esses poros atuam regulando a saída de umidade e carbodióxido e a entrada de ar, que forma células.

Composição da casca

A casca é basicamente composta de cálcio, com insignificante proporção de magnésio, fosfato e outras substâncias orgânicas.

Coloração da casca

As colorações da casca e da gema podem variar, mas a cor não tem ligação com a qualidade, sabor, valores nutricionais ou características de cocção do ovo.

A coloração se origina de pigmentos na camada externa da casca e varia de acordo com a espécie da ave; quanto mais claras as aves, mais claras as cascas tendem a ser.

Cavidade de ar

O espaço vazio entre a clara e a casca na terminação maior do ovo ocorre quando o ovo é expelido e entra em contato com o meio ambiente, em temperatura mais fria. Ao esfriar-se, o conteúdo do ovo se contrai e a membrana interna da casca se separa da membrana externa, formando um bolsão ou uma cavidade de ar. Conforme o ovo se torna mais velho, ocorre a entrada de ar pelos poros para substituir a perda de umidade e dióxido de carbono, e a bolsa ou cavidade de ar se tornará maior.

Gema

Corresponde a cerca de 33% do peso líquido do ovo. É a parte mais sólida (emulsificada) do ovo e a que contém toda a gordura e um pouco menos da metade da proteína. Todas as vitaminas A, D e E estão concentradas na gema. A gema é um dos poucos alimentos que contêm vitamina D naturalmente e lecitina.

Cerca de 50% de seu conteúdo é de sólidos, dos quais mais da metade é gordura emulsificada, e é utilizada na panificação pelo efeito em coloração, sabor e textura. Contém ainda fósforo, ferro, iodo, cobre e cálcio, e concentra todo o zinco do ovo.

Coloração da gema

A intensidade de coloração depende da dieta oferecida à ave. Se a alimentação for plena de plantas com pigmentação amarelo e laranja, denominada *xanthophylis*, tais pigmentos serão depositados na gema.

Manchas de sangue

Essas manchas ocasionalmente encontradas na gema do ovo, ao contrário da opinião popular, não indicam ovo fertilizado. Na verdade, são causadas pela ruptura de uma veia sanguínea da gema durante a formação do ovo ou por acidente similar na parede de expulsão do ovo.

Ao envelhecer, a gema absorve água da albumina e dilui essa mancha. Consequentemente, a presença dessas manchas indica que o ovo é fresco.

Tanto química quanto nutricionalmente ovos com a presença dessas pequenas manchas são apropriados para consumo. As gemas são utilizadas para incrementar cremosidade e volume.

Clara

Basicamente albumina. Contém niacina, riboflavina, cloro, magnésio, sódio e enxofre. A clara tende a tornar-se menos espessa quando envelhece, por causa da mudança de caráter da proteína. Tende a se gelatinizar ou sustentar-se.

Claras são firmes e fluidas. A parte mais próxima à gema é geralmente mais firme, enquanto a porção mais próxima à casca é mais fluida. Contêm cerca de 12% de sólidos, primariamente proteínas, e 0% de gordura. Exercem papel texturizante e elaboram espumas de baixa densidade e boa estabilidade.

Albumina

Também conhecida como clara de ovo, a albumina é responsável por cerca de 65% do peso líquido do ovo. Contém proteína, niacina, riboflavina, cloro, magnésio, potássio, sódio e enxofre. É excelente fixador que apreende as células de ar, criando um produto leve e poroso.

Informações gerais

FRESCOR

A determinação do frescor do ovo leva em conta a data de postura; a manipulação a que foi submetido (recolhimento rápido, lavagem e tratamento comerciais); a temperatura (4 °C) e a umidade (70%-80%) em que foi mantido.

Essas variáveis são tão fundamentais que, por exemplo, o ovo de uma semana, mantido em condições ideais, pode apresentar-se mais fresco do que o ovo de um dia.

Com o envelhecimento, a clara do ovo torna-se mais fina e a gema, mais achatada. Tais mudanças não interferem nas qualidades nutricionais do ovo ou em sua performance de cocção. O que pode ser afetado é a aparência quando frito ou cozido (com clara dura e gema mole) – o ovo mais fresco mantém sua forma, não se espalha na frigideira. Em contrapartida, ovos cozidos são mais fáceis de descascar e se apresentam melhor quando têm no mínimo uma semana.

GRADUAÇÃO

A classificação dos ovos é determinada por aspectos de qualidade externos e internos e os divide por tamanho/peso, usualmente em médio, grande, extragrande e jumbo. A classificação está de acordo ao peso líquido mínimo, expresso em gramas por dúzia.

Tamanho

Vários fatores influenciam o tamanho do ovo. O principal está exatamente na idade da ave. Quanto mais velha a ave, maior o ovo.

Outros fatores incluem, por ordem de importância, a espécie da ave, seu peso e o impacto dos aspectos ambientais, como calor/frio excessivos, estresse, superpopulação e deficiências de nutrição sofridas pela ave.

Em geral, o ovo pesa cerca de 50 gramas: 30 gramas na clara e 20 gramas na gema.

Para 1 xícara

Tamanho	Inteiro	Claras	Gemas
Jumbo	4	5	11
Extragrande	4	6	12
Grande	5	7	14
Médio	5	8	16

Diferentes formas de conservação

Os ovos podem ser encontrados no mercado nas seguintes formas:

- **Frescos** – ainda na casca.
- **Líquidos** – separados da casca, são pasteurizados e colocados em embalagens longa vida.
- **Congelados** – separados da casca, são preservados e congelados.
- **Desidratados (pó)** – obtidos por secagem dos ovos líquidos.

Os ovos líquidos e congelados raramente são vendidos no varejo.

Qualidade dos ovos

A qualidade do ovo está diretamente relacionada ao grau de firmeza das claras, à pureza da gema e da clara e às condições da casca. Um dos métodos utilizados para proceder a verificação é segurar o ovo contra a luz, normalmente com uma chama de vela em quarto escuro, de maneira que o contorno do conteúdo e a posição dos componentes possam ser visualizados. Se a gema está no centro, a bolsa de ar é pequena. Se a gema está envolvida firmemente pela clara quando o ovo é girado, o ovo é fresco e de boa qualidade. Aroma e odor não são percebidos, a menos que a casca se apresente quebrada. Mau cheiro é causado pela presença de bactérias e fungos, que podem ter contaminado o ovo. A casca do ovo é extremamente porosa e, em contato com umidade ou ainda na própria lavagem da casca, pode reter e permitir a entrada de bactérias. Enquanto muitos desses odores são voláteis e podem desaparecer durante o cozimento, quando houver odor pronunciado o ovo deve ser dispensado, uma vez que o odor se tornará mais intenso quando adicionado à mistura ou preparado. Além disso, o uso de ovos mal conservados, velhos ou com concentração de odores pode ocasionar envenenamento alimentar.

CONSERVAÇÃO E SANITARIZAÇÃO

Ovos são um ambiente para o desenvolvimento de bactérias e fungos. Por isso devem ser mantidos *refrigerados*, pois assim conservam sua qualidade por até trinta dias. Deterioram mais em um dia à temperatura ambiente do que em uma semana sob refrigeração. A casca é porosa e, portanto, absorve odores facilmente.

A salmonela é uma bactéria que pode causar uma desagradável doença com sintomas parecidos com os do resfriado. Embora a salmonela raramente seja fatal a pessoas saudáveis, algumas pessoas são mais suscetíveis, como crianças, idosos, gestantes ou pessoas com deficiências imunológicas.

CONSIDERAÇÕES GERAIS

Para assegurar a qualidade do produto final que contém ovos, algumas orientações devem ser seguidas:

- Dispense ovos que contenham rachaduras, mesmo que mínimas.
- O cozimento deve ser completo, até que não se apresentem sinais de ovo líquido, especialmente da gema.
- Submeta-os a 60 ºC por cerca de três minutos e meio, temperatura em que a salmonela, se presente, será destruída.
- Lave equipamentos, utensílios e superfícies que tiveram ou terão contatos com ovos antes de preparar outra categoria de alimento.
- Nunca prepare pratos ou receitas com ovos utilizando tábua de madeira.
- Lave bem as mãos antes e após manipular ovos crus.

Ovos orgânicos

São ovos oriundos de aves alimentadas por rações baseadas em alimentos orgânicos, ou seja, quando o crescimento ocorre na ausência de pesticidas, fungicidas, herbicidas, hormônios ou fertilizantes comerciais. Por causa do custo elevado e do menor volume de produção, ovos orgânicos são mais caros. O conteúdo nutricional do ovo não é afetado pelo fato de a ave ser ou não alimentada organicamente.

Ovos na confeitaria

Ovos são usados largamente na confeitaria e na culinária geral. Podem aglutinar ingredientes e ser utilizados como expansores, como em *pâte au choux* (massa de bomba), suflês e bolos genoise. São espessantes naturais em cremes e molhos. Emulsificam maioneses e molhos para saladas. São utilizados para proporcionar brilho e acabamento a pães, tortas e massa folhada, por exemplo. Clarificam sopas. Em confeitos e coberturas, retardam a cristalização, quando da utilização de claras.

É melhor separar claras e gemas quando os ovos estão gelados. Tenha certeza de não deixar acidentalmente nenhuma partícula de gema na clara, pois isso reduz seu volume quando batida em neve. As claras, se mantidas refrigeradas em recipiente fechado, duram entre sete e dez dias, e, se congeladas, mais de trinta dias. Para descongelá-las deixe na geladeira por algumas horas, e preferencialmente não as use em receitas em que as claras sejam o agente expansor principal, como em bolo esponja, por exemplo.

Entretanto, ao ser adicionado a receitas, a temperatura do ovo afeta diretamente vários processos, como, por exemplo, o de aeração e o de cremeamento. Ovos frios, quando utilizados em misturas cremosas, esfriarão e endurecerão levemente a gordura que está sendo transformada em creme, tornando necessário um período de mistura mais longo do que o necessário ou, ainda, em casos mais extremos, mudando significativamente a textura final da produção.

QUALIDADES PRINCIPAIS

Crescimento ou expansão

A espuma do ovo segura bolhas finas de ar, que se expandem quando é aplicado calor. Na massa, ovos incrementam o processo de cremosidade porque aumentam o número de células de ar com gordura, permitindo que o processo de expansão tenha continuidade e sustentação.

No forno, as células de ar continuam se expandindo e a evaporação parcial da umidade em forma de vapor potencializa o crescimento. Quando o ovo é batido, como em bolo esponja e pão-de-ló, por exemplo, a espuma formada dará sustentação ao produto final.

Cor

As gemas providenciam uma desejável coloração amarela, que oferece aparência mais rica e apetitosa em bolos, cremes e outras preparações.

Valor nutricional

Por causa da presença de proteína e de outros sólidos, os ovos, além de serem fonte de riqueza alimentar, auxiliam na maciez da mistura, tornando-a mais fácil de ser manipulada.

Estrutura

A proteína do ovo coagula e dá estrutura ao produto.

Emulsificação de gorduras

Gemas contêm emulsificantes naturais, que auxiliam na produção de massas suaves.

Amaciador

A gordura contida nas gemas atua como amaciador ou relaxador da estrutura que está sendo formada.

Exemplos de preparações e temperaturas

- Sabayon – cozinhar a 60 ºC, assegurando a eliminação de quaisquer bactérias.
- Merengues – use sempre ovos pasteurizados e em temperatura ambiente.
- Sorvetes – use somente fórmulas que utilizam ovos temperados em líquido fervente (*anglaise*).

Ovos na panificação

Na panificação, os ovos servem a várias funções. Dão sabor, cor, contribuem para a formação estrutural da massa, incorporam ar quando batidos, providenciam líquido, gordura e proteína e emulsificam gordura e ingredientes líquidos.

Reduzir a quantidade de gemas resulta em um produto menos macio, pois a gema contém cerca de 35% da gordura do ovo. Omitir ou reduzir a quantidade de claras pode resultar em significativa perda de volume. Os bolos e pães rápidos elaborados sem o auxílio emulsificante das gemas podem não ter a textura e o sabor distribuídos uniformemente. Quando a receita pede ovos, utilize ovos com cerca de 55 gramas – nem maior, nem menor.

As massas com grande quantidade de ovos (massas gordas) normalmente também requerem grande quantidade de açúcar, como a massa doce. Geralmente são assados a temperaturas mais baixas porque tendem a adquirir coloração mais rapidamente do que massas mais magras.

Principais flavorizantes e especiarias na panificação

No decorrer dos séculos, pães, bolos, cremes, pudins – na verdade, toda a produção da arte culinária –, vêm sendo flavorizados ou condimentados por um sem-fim de temperos e flavorizantes. Vivemos em uma sociedade de aromas, de sabores e odores exóticos.

Descrição

Especiarias se originam da infinita variedade de plantas – frutas, raízes, sementes ou galhos – e têm característicos odores aromáticos e sabores pungentes. Servem para flavorizar produções de panificação e confeitaria e são amplamente utilizadas em toda a culinária.

As especiarias mais populares na panificação e confeitaria incluem a canela, o cardamomo, o cravo-da-índia, o gengibre, a noz-moscada e uma série de sementes e derivados, como as sementes de girassol, papoula, gergelim, etc.

As especiarias são comercializadas integrais, moídas ou em forma de óleo.

Estocagem

Especiarias e sementes devem ser acondicionadas em recipientes fechados, em local fresco, com pouca luminosidade. O calor, a luz e a umidade ocasionam perda de aroma.

Açafrão

O *Crocus sativus*, originário da Ásia menor, vem sendo cultivado por milhares de anos e utilizado em remédios, em perfumes e em alimentos. Apreciado por reis e faraós pelos poderes afrodisíacos, o açafrão foi utilizado ainda por seus efeitos narcóticos. O açafrão é uma das especiarias vendida a preço de ouro, por causa do alto custo de colheita das flores. Estima-se que são necessários cerca de 14 mil estigmas para produzir apenas 30 gramas de ramas de açafrão. Esse produto adiciona sabor pungente e aromático a alimentos, além da coloração exótica. Felizmente, uma pequena quantidade percorre um longo caminho e, apesar de ser a especiaria mais cara do mundo, ainda pode ser utilizado em produções médias. A Espanha é atualmente o maior produtor de açafrão do mundo. O açafrão é utilizado como ingrediente indispensável da famosa *paella*, no *bouillabaisse*, no licor *chartreuse* e, em panificação, no pão *challah*, por exemplo.

Anis

Semente seca da planta de anis, *Pimpinella anisum*, é uma das especiarias mais antigas do mundo, e acredita-se ter origem no Egito.

Baunilha

Vanilla planifólia, pertence à família das orquídeas e origina-se das florestas mexicanas. Por trezentos anos foi monopolizada pelo México (Espanha). No início do século XIX, franceses e alemães tiveram finalmente sucesso nas plantações em suas colônias no oceano Índico.

Canela

Basicamente são dois os tipos mais comercializados: canela-da-índia (*Cinnamomun zeylanicum*), originária do Ceilão, e canela-da-china (*Cassia cinnamomun*), colhida na China e em colônias. Diferenciam-se em sabor e odor, e significativamente em preço. O *Cinnamomum zeylanicum* origina-se da ilha de Sri-Lanka (antigo Ceilão), sul da Índia. Muitos esforços já foram feitos para transplantar árvores de canela para partes do mundo tropical, mas apenas as ilhas Seychelles parecem poder produzir uma planta de qualidade. Espécies correlatas da canela são encontradas ainda na Indonésia, no Vietnã e na China.

Cardamomo

Proveniente das regiões úmidas da Índia, a *Eleltaria cardamomum* é também conhecida na Europa desde a Idade Média.

Cravo

A árvore de cravo (*Syzygium aromaticum*) grassa nas ilhas Molucas (Indonésia). Os alemães estenderam a produção para muitas outras ilhas, mas apenas com o fim do monopólio alemão no século XIX as árvores de cravo foram introduzidas em outros países. Atualmente, os maiores produtores dessa especiaria são Zanzibar, Madagascar e Indonésia.

Uma vez ao ano os galhos avermelhados da planta são colhidos e secos ao sol ou em fogo muito lento.

Funcho (*fennel*)

Foeniculum vulgare, Fructus Foeniculi (erva-doce) é uma planta aromática e adocicada similar ao anis, originária do Mediterrâneo. Tecnicamente a distinção entre anis e funcho seria o tamanho das frutas – as do funcho são levemente maiores.

Gengibre

Planta utilizada largamente na culinária oriental, o *Zingiber officinale* pode ser encontrado fresco ou seco.

Gergelim

Originária da África, esta semente antiquíssima atualmente também cresce em abundância na China e na Coreia. O óleo do gergelim é um dos mais importantes do gênero, e um dos mais antigos. Certa variedade de óleo de gergelim está disponível no mercado, e antes de utilizá-lo recomenda-se conhecer um pouco mais profundamente suas características culinárias.

O uso de sementes secas do gergelim também é bastante popular. Na Ásia são normalmente utilizadas tostadas; na Jordânia a mistura de especiarias denominada *zahtar* é muito difundida. No oeste da Ásia, uma pasta chamada *tahini*, elaborada da moagem de sementes secas, é muito utilizada como espessante e flavorizante de molhos. *Hummus* é uma pasta preparada na culinária libanesa e israelita; na culinária mexicana um molho denominado mole utiliza a semente de gergelim como base.

Noz-moscada

Da família da Myristicaceae (*Myristica fragans Houtt*), se origina das florestas tropicais das ilhas Banda e Molucas. Até a Idade Média era trazida à Europa por comerciantes árabes. A polpa da fruta da qual se extrai a noz-moscada é muito azeda e de paladar "amadeirado".

Semente de abóbora

A abóbora, ou *Cucurbita pepo*, é nativa da América Central, onde é cultivada há milênios. Após os espanhóis descobrirem a América, a abóbora foi levada à Europa e Ásia, onde foi adotada por causa de seu custo baixo e da significativa qualidade nutricional do vegetal. O óleo é extraído da variedade da abóbora sem sementes, produzida apenas na Áustria e adjacências. O sabor do óleo é tão forte que apenas a culinária daquela região pode absorvê-lo. Já a semente de abóbora tostada apresenta aroma intenso, levemente picante e nucicado (nozes).

Semente de papoula

A papoula, *Papaver somniferum*, é conhecida há séculos e provém da Ásia menor. A flor se desenvolve em um casulo que carrega centenas de sementes negras azuladas.

A técnica por trás da elaboração de pães

Existem várias maneiras de trabalhar a massa.

O que caracteriza o método é o tipo de fermento. Em termos gerais, são dois os principais métodos: o método direto e o método indireto. Toda massa, em princípio, pode ser elaborada por qualquer um desses métodos clássicos.

No método indireto, um dos mais aplicados em preparação de massas fermentadas, os ingredientes são misturados em dois estágios distintos: a mistura fermentadora é previamente elaborada (*levain* ou pré-fermento), e em seguida são acrescidos os outros ingredientes da massa. No direto, como o próprio nome diz, os ingredientes são misturados em um único passo, antes da fermentação.

Massas magras	Água, sal, fermento e farinha. No caso da presença de outros ingredientes, suas quantidades não fornecem enriquecimento.
Massas enriquecidas	Água, sal, fermento e farinha. Enriquecidas com gordura, lácticos, ovos e açúcar em proporção de até 20%.
Massas fermentadas enriquecidas e produtos de *viennoiserie*	Água, sal, fermento e farinha. Enriquecidas com gordura, lácticos, ovos e açúcar em proporção maior que 20%. A *viennoiserie* é tecnicamente uma subcategoria das massas enriquecidas, com uma alta porcentagem de gordura. A massa, ao ser laminada em camadas, se infla quando assada, o que transforma sua textura em altamente flocada.

Massas pré-fermentadas e naturalmente levedadas	Água, sal, fermento (natural ou comercial) e farinha. A fermentação ocorre previamente ao desenvolvimento da massa. A fermentação intermediária, subsequentemente, apresenta características únicas.
Pães folha ou estendidos	O primeiro pão da humanidade merece uma categoria especial. Estes foram os primeiros tipos de pães formulados, e não havia a preocupação com seu volume. Eram feitos de uma pasta, levedada ou não, que, quando exposta ao calor (cocção), se tornava mais digerível. Hoje em dia, esta categoria diz respeito ao volume do pão – estendido, achatado, em forma de folha –, que pode ser enriquecido ou não, levedado ou não, por ação química ou biológica.
Massas rápidas ou pão de soda	Massas quimicamente levedadas

Métodos de mistura da massa

Método indireto de mistura

O método indireto pode ser praticado de várias maneiras. Inclui *biga*, massa azeda, esponja, *poolish*, *levain*. Esses métodos se caracterizam pela combinação de ingredientes e pelo preparo da massa em mais de uma fase. A seguir, alguns exemplos dos princípios envolvidos nesses métodos.

BIGA

A *biga* consiste em uma técnica de produção desenvolvida por padeiros italianos apenas alguns anos após a descoberta da levedura de padeiro. No século XIX, alguns padeiros da Europa abandonaram o uso de *sourdough* para adotarem técnicas de produção mais rápidas; ainda assim, eles precisavam recuperar um pouco do sabor e do aroma daquele processo.

A *biga* é elaborada fresca todos os dias e adicionada a receitas em diferentes níveis, dependendo da fórmula, para a produção cotidiana da tradicional padaria italiana. Na verdade, ela é uma esponja feita da mistura de água, farinha e fermento biológico comercial, usada normalmente como iniciador da massa. Trata-se de um cultivador substancial de fermentos e ácidos, de textura firme (45%-50% água), frio (20 ºC-22 ºC) e ativado por uma dose de fermento (1%). O período de descanso ou amadurecimento da *biga* é de dezesseis a dezoito horas. Como resultado, a farinha fermentada obtém três resultados importantes:

- Multiplicação dos fermentos (fungos);
- Hidratação e maturação do glúten;
- Formação de substâncias ácidas e aromáticas características.

Na prática, o que se obtém é um iniciador ou fermentador forte, ativo e maduro. O uso de uma farinha estável e não muito ativa durante a fermentação é fundamental para a formação da *biga*. A fragilidade dessas variáveis pode acabar comprometendo a massa, pois ativa uma decomposição rápida. Além da escolha certa da farinha e da aplicação correta da técnica e das variáveis, outras condições melhoram o desenvolvimento da *biga*, descrito a seguir.

- A *biga* não deve ser misturada intensamente por muito tempo. A manipulação excessiva da massa da *biga* enfraquece o glúten e causa retenção excessiva de gases.
- Quando a mistura da *biga* estiver completa, a temperatura da massa não deve exceder 20 ºC-22 ºC no inverno ou 15 ºC-17 ºC no verão, ou a fermentação estará muito acelerada.
- A *biga* deve ser mantida em local fresco e livre de detritos todo o tempo.
- Após haver completado o processo de fermentação, a *biga* deve ser utilizada rapidamente, ou corre-se o risco de se tornar muito ácida e decompor-se rapidamente, perdendo sua capacidade fermentadora, dando à massa excesso de odor/sabor azedo.

Biga		
Ingredientes	%	Peso
Farinha	100%	10 kg
Fermento biológico fresco	1%	0,10 kg
Água	45%	4,5 kg
Tempo de mistura	Devagar	6 a 8 minutos
Temperatura	Verão 15 ºC–17 ºC	Inverno 20 ºC–22 ºC
Tempo de descanso		16–18 horas

A *biga* amadurecida e pronta para utilização deve apresentar as seguintes características:

- aparência ativa (levemente borbulhante);
- fragrância ácida/aromática pronunciada, mas não exagerada;
- pH entre 5,2 e 5,0.

Vantagens da utilização da *biga*

A presença de quantidade específica de *biga* parece auxiliar nos seguintes aspectos:

- Melhor retenção de umidade e maior tolerância à fermentação durante a prova final da massa.
- Ação flavorizante característica.
- Frescor e durabilidade do pão.

POOLISH, PÂTE FERMENTÉE, PRÉ-FERMENTO LÍQUIDO OU ESPONJA LÍQUIDA

Este método de fabricação de pães foi desenvolvido pela primeira vez na Polônia, durante a década de 1840. Mais tarde, o *poolish* foi levado à Áustria por padeiros vienenses, que, ao emigrarem para a França por volta de 1920, iniciaram em Paris a produção de pães de Viena e outros produtos de padaria de luxo usando a técnica *poolish*. Com esta técnica, os padeiros passaram a usar associações de levedura e fermento natural (*levain*, em francês) para realizar a fermentação.

Como funciona um *poolish*?

Um *poolish* combina partes iguais (em peso) de farinha e água com um pouco de levedura, cuja quantidade varia de acordo com o tempo esperado de fermentação, usando-se uma quantidade menor para fermentações mais longas e lentas.

A fermentação é então realizada à temperatura ambiente por um período de tempo suficiente para borbulhar e aumentar seu volume. No seu auge, o volume começa a cair ligeiramente (recuar), e aparece uma superfície enrugada. Esse processo pode levar de 3 a 15 horas, dependendo do nível de inoculação. As seguintes porcentagens de fermento são recomendadas.

Poolish		
Ingredientes	**%**	**Tempo de fermentação***
Fermento	2,5%	2 horas
Fermento	1,5%	3 horas
Fermento	0,5%	8 horas
Fermento	0,1%	12–16 horas

* Em temperatura ambiente

Os ingredientes podem ser misturados na batedeira ou manualmente. Durante a fermentação, o volume da esponja deve aumentar mais do que o dobro, e a superfície deve se mostrar côncava (levemente afundada). A fermentação excessiva faz a esponja ficar pegajosa. A temperatura final da esponja não deve exceder 25 ºC.

Massa

Na segunda fase, da formação da massa propriamente dita, o restante da farinha, água e sal são adicionados. Lembre-se: adicionar o sal diretamente sobre a esponja resulta em efeito restritivo na fermentação. A massa final será então submetida a um segundo crescimento até que dobre de volume, moldando-se e deixando novamente crescer na fase de fermentação de piso.

ESPONJA

Um *levain* de *levure*, ou esponja, é a mistura líquida de água, parte da farinha da massa e de fermento biológico comercial. Consta de dois períodos de mistura e de duas fermentações. Primeiramente, o fermento se torna plenamente ativo sem a presença dos demais ingredientes, que poderiam retardar ou até mesmo inibir a reprodução do fermento e o próprio processo de fermentação.

Após essa fermentação, a esponja retorna à batedeira e os demais ingredientes são adicionados. A massa se desenvolve para obter consistência ideal e então retornar ao processo de fermentação ou descansar brevemente, para depois ser modelada e submeter-se à fermentação final anterior à fermentação.

Muitos padeiros preferem esse método para a elaboração de praticamente todos os tipos de pães, por resultar num produto final de textura porosa e leve, pleno em sabor, além da ativação precoce do fermento. Por outro lado, a aplicação desse método tem a desvantagem de aumentar o custo com mão de obra – estende a necessidade do uso de equipamento e de energia elétrica. Podemos dizer que as vantagens do método esponjoso consistem em:

- Diminuição da quantidade de fermento a ser utilizado na massa.
- Melhora na qualidade, com mais volume, melhor textura e granulosidade.
- Flexibilidade na manipulação, porque a esponja pode esperar para ser processada mais tarde sem a deterioração do produto final.

Porcentagens de esponja

A esponja pode ser classificada pela porcentagem de farinha que contém. Por exemplo, se a receita ou fórmula pede 1 quilograma de farinha (100%), a esponja a 75% usará 750 gramas do total da farinha, e assim por diante.

Método direto de mistura

É o método de fermentação mais simples que existe. Nele, nenhum pré-fermento está envolvido.

Trata-se do método do século XX, o mais recente, e o mais utilizado por sua rapidez e produtividade. Nesse caso, nenhuma preparação anterior é necessária.

É a simples incorporação de todos os ingredientes para fazer a massa de pão, obviamente seguindo uma ordem determinada. É mais rápido do que o método esponjoso, mas geralmente requer mais sova para ativar completamente o fermento.

Esse método foi concebido logo após a Primeira Guerra Mundial, na década de 1920. Até aquele momento, um pão de excelente qualidade era experimentado por toda a Europa, e foram os artesãos de Paris os responsáveis pelo desenvolvimento e aprimoramento da elaboração de massas pelo método direto. A mistura era feita por máquinas mais lentas. A oxidação natural e a maturação eram obtidas pela fermentação de piso (*pointage*) mais prolongada, entre quatro e cinco horas, e o processo de elaboração durava em média de sete a oito horas. Apresentava excelentes características de aroma, sabor e forma; seu segredo estava exatamente no fato de a massa não se oxidar durante a mistura, e ainda por causa da extensão de fermentação alcoólica lenta e complexa, que produzia os ácidos orgânicos fundamentais na produção das características essenciais.

Com a tecnologia a que hoje temos acesso, as massas produzidas pelo método direto levam cerca de duas horas para fermentar, e devem ser socadas para a expulsão de gás quando atingir cerca de 80% da fermentação. Produz pão com miolo menos macio do que aqueles produzidos pelo método esponjoso, com aroma menos desenvolvido e com textura diferenciada.

Método de mistura contínua rápida

O método de mistura contínua é muito utilizado em produções em escala comercial. O pão produzido por esse método apresenta textura bastante fina, semelhante à de bolo. Esse método se orienta pelas fases básicas a seguir.

A esponja é preparada e fica fermentando em tanques de aço inoxidável, sob temperatura controlada, por várias horas. A seguir a mistura fermentada é resfriada e armazenada para consumo. Esse processo elimina a preparação de esponjas e massas individuais, bem como a necessidade de fermentações prolongadas.

Em seguida, todos os demais ingredientes da massa são adicionados e misturados apropriadamente, quando, finalmente, está apta a ser modelada, assada e finalizada.

Método de cilindro

Os estudos são muitos sobre o desenvolvimento da massa sob o aspecto da mistura, mas pouco se conhece acerca da forma ancestral do uso do cilindro. Muito se estuda sobre os mecanismos de como as cadeias de glúten são formadas durante a mistura, e ainda assim as explicações não são convincentes. Ambas as mudanças, a química (oxidação) e a física (transferência de umidade), ocorrem durante o desenvolvimento da massa.

Quando a massa é misturada com misturadeira em velocidade alta, as proteínas de glúten contidas na farinha são rapidamente desenvolvidas, proporcionando estrutura bastante apropriada para imprimir qualidade à massa. Muito da energia gerada é convertida em calor, o que torna a massa consideravelmente quente após a conclusão da mistura.

Cilindrar a massa entre dois descansos de mesa é uma alternativa de desenvolver a massa para a elaboração de pães. É um método muito mais delicado e utiliza muito menos energia. Assim, uma boa massa pode ser adquirida por cilindragem, método preferido em muitos países para o desenvolvimento da massa.

Já que a ação mecânica do cilindro é tão diferente da de uma misturadeira, parece estranho que possa ocorrer um bom desenvolvimento da massa.

A questão que fica parece ser qual ação mecânica é mais efetiva no desenvolvimento das cadeias de glúten da massa. Na verdade, a conclusão que a prática nos traz é de que o pão de boa qualidade também pode ser obtido apenas pela ação do cilindro. Não podemos desprezar as evidências e mesmo as conveniências da mistura por ação contínua, tais como menor tempo de mixagem da massa, menor quantidade de trabalho manual e melhor possibilidade de controlar a temperatura de desenvolvimento da massa. Por outro lado, as mudanças de viscosidade ou consistência da massa durante a cilindragem apresentam-se muito similares àquelas apresentadas pelo processo mecânico, de ruptura mais intensa.

Metodologia: o método de percentagem

No decorrer do tempo uma série de fatores e instrumentais nos possibilitaram avançar e aprimorar o processo da produção de pães. Um deles foi a utilização de fórmulas em substituição às velhas receitas, marcadas pela ausência de *standards* ou padrões, aquelas que pediam o uso de um pires de queijo ralado, uma pitada de sal, um prato fundo de fécula de mandioca, uma colher bem cheia de fermento. Terá o prato fundo da receita a mesma capacidade do prato fundo que possuo em casa e usarei como medida? Será a colher bem cheia da receita igual à minha?

Fórmulas são calculadas e expressadas em percentagens, que é o chamado *método de percentagens*. Agilidade matemática não é requisito básico, mas alguns cálculos têm de ser feitos. Até mesmo os líquidos são medidos por peso. Isso nos capacita a comparar cada ingrediente presente na fórmula.

A farinha é o ingrediente principal na elaboração de massas. Não poderia ser diferente nesse método, e como tal é considerada 100%. O peso de cada ingrediente adicional é expresso como uma percentagem do total do peso da farinha. Em outras palavras, cada ingrediente da fórmula é independentemente calculado e mostrado como uma percentagem da farinha. No caso de utilização de tipos de farinha diferentes (trigo, centeio, integral), o somatório total das farinhas é igual a 100%. Por exemplo, em massa com 1 quilo de farinha de trigo e 500 gramas de farinha de centeio, temos o total de 1.500 gramas, que é o 100% de farinha, e assim por diante.

A maioria das escolas para profissionais vem utilizando esse método por décadas. Por séculos, as medidas usavam os parâmetros de litros, canecas, xícaras, colheres. Ainda vemos na indústria da panificação as balanças de peso manuais, que, como já dissemos no início, crescentemente vêm sendo substituídas pelas balanças eletrônicas.

Familiarizar-se com o método de percentagens ou fórmulas é fundamental para o profissional da área. Já que cada ingrediente é cuidadosamente pesado, esse método nos capacita a trabalhar usando apenas uma unidade de medida. Segundo, a utilização de uma fórmula percentual torna possível a elaboração do produto na proporção desejada. Se preciso de 10 quilos de massa para pão francês, por exemplo, por que fazer 12 quilos? E por último, essa linguagem comum facilita a comunicação entre os profissionais, como também torna possível examinar a fórmula simplesmente observando as percentagens usadas.

Abordaremos a conversão de uma simples fórmula de pão em percentagens; percentagens em quilogramas; e como computar o fator de conversão de fórmulas para utilizar a medida, aumentando ou diminuindo o tamanho de uma receita, para mais ou para menos.

Computando percentagens de uma fórmula

Começaremos com a receita básica para pão francês.

PÃO FRANCÊS

Ingredientes	Peso
Farinha	3.000 g
Sal	60 g
Açúcar	30 g
Gordura	60 g
Fermento fresco	90 g
Água*	1.700 g–1.800 g

* Variável

No método de percentagem do padeiro, a farinha é representada como 100%, e os demais ingredientes são expressos como uma percentagem do peso da farinha. Podemos começar a montar a fórmula como se segue.

Ingredientes	%	Peso
Farinha	100%	3.000 g
Sal	?	60 g
Açúcar	?	30 g
Gordura	?	60 g
Fermento fresco	?	90 g
Água*	?	1.700 g–1.800 g
Melhorador	?	30 g

* Variável

Para determinar a percentagem dos demais ingredientes, dividimos cada um pelo peso da farinha e multiplicamos o resultado (em forma decimal) por 100 para convertê-lo em percentagem. Por exemplo, para calcular a percentagem da água, a dividimos pela farinha e multiplicamos por 100:

$$1.800 \text{ g} \div 3.000 \text{ g} = 0{,}60$$

Prosseguindo no mesmo método, chegamos aos valores para os demais ingredientes, como se segue.

Ingredientes	%	Peso
Farinha	100%	3.000 g
Sal	2%	60 g
Açúcar	1%	30 g
Gordura	2%	60 g
Fermento fresco	3%	90 g
Água*	55%–60%	1.700 g–1.800 g
Melhorador	1%	30 g

* Variável

É importante compreender a variável líquida na elaboração de qualquer tipo de massa. Já sabemos que a massa pode variar sua capacidade de hidratação entre 55% e 60% (capacidade de hidratação significa aqui a percentagem de líquido que pode ser absorvido pela massa). Esse fator variável se deve ao fato de a farinha conter mais ou menos proteínas solúveis, que ampliam sua capacidade de absorver líquido. Quanto mais forte, mais proteinada a farinha, mais próximo desses 60% tende a se chegar.

Computando quilogramas em percentagens

Segundo exemplo: digamos que você ganhou uma famosa receita para pão de hambúrguer.

PÃO DE HAMBÚRGUER

Ingredientes	%
Farinha	100%
Sal	2%
Açúcar	7%
Gordura	6%
Fermento fresco	4%
Água*	50%–55%
Leite em pó	1%–2%

* Variável

Você decide experimentar a receita com apenas 5 quilos de farinha.

Para obter os pesos dos demais ingredientes, primeiro dividimos a percentagem por 100 para obter o decimal, daí multiplicamos o decimal resultante pelo peso da farinha. Por exemplo, a água é calculada a 55% dividido por 100 = 0,55. Multiplicamos então esse índice pelo peso da farinha para obter o peso da água:

$$0,55 \times 5.000 = 2.750 \text{ gramas}$$

A fórmula então se apresentaria da seguinte maneira:

Ingredientes	%	Peso
Farinha	100%	5.000 g
Sal	2%	100 g
Açúcar	7%	350 g
Gordura	6%	300 g
Fermento fresco	4%	200 g
Água*	50%–55%	2.750 g
Leite em pó	1%	50 g

* Variável

Fator de conversão de fórmulas

Existem momentos em que você necessita recalcular o tamanho da fórmula, para não tirar nem menos, nem mais do que necessita daquela produção. Pelo emprego desse método, a tarefa se torna fácil, acurada e rápida. Vamos supor que você tem uma receita campeã de vendas, o pão sovado:

PÃO SOVADO

Ingredientes	%	Peso
Farinha	100%	5.000 g
Sal	1,5%	75 g
Açúcar	3%	150 g
Gordura	3%	150 g
Fermento seco instantâneo	1%	50 g
Água*	35%–40%	1.750 g–2.000 g
Leite em pó	1%	50 g
Ovos	5%	250 g
Massa fermentada	30%	1.500 g
Total	184,5%	9.225 g

* Variável

Com freguesia maior, você necessita de uma receita com 15 quilos de massa. O primeiro passo é determinar o fator de conversão de fórmulas.

Estabelecemos esse fator pela soma das percentagens da fórmula, que nesse caso é 1,845.

$$15.000 \div 1,854 = 8.130,08 \text{ ou } 8.131 \text{ g}$$

É preferível arredondar esse índice para mais, pois é melhor sobrar (um pouco) do que faltar. Chegamos, então, ao valor de 8.131, que é o valor arredondado para mais do peso da farinha. O próximo passo é aplicar o peso da farinha (8.131 g) à porcentagem da cada ingrediente.

Ingredientes	Fator x %	Total (g)
Farinha	8.131 × 100%	8.131 g
Sal	8.131 × 1,50%	122 g
Açúcar	8.131 × 3%	244 g
Gordura	8.131 × 3%	244 g
Fermento fresco	8.131 × 1%	81 g
Água* (consideramos o maior patamar, nesse caso 40%)	8.131 × 40%	3.252 g
Leite em pó	8.131 × 1%	81 g
Ovos	8.131 × 5%	407 g
Massa fermentada	8.131 × 30%	2.439 g
Total		**15.001 g**

* Variável

Percentagem e pré-fermentos

Existem duas considerações relativas à percentagem de padeiro quando se elaboram pães com pré-fermentos – referindo-nos aqui a massa azeda ou *poolish*. A primeira é relativamente simples: o pré-fermento é apenas mais um ingrediente. A segunda se refere à configuração das percentagens.

A fórmula a seguir utiliza pré-fermento (massa azeda ou *poolish*).

PÃO FRANCÊS

Ingredientes	%	Peso
Farinha	100%	3.000 g
Sal	3%	90 g
Açúcar	1%	30 g
Gordura	2%	60 g
Fermento fresco	2%	60 g
Água*	48%	1.440 g
Massa azeda	96%	2.880 g

* Variável

Embora as percentagens sejam acuradas, como demonstrado, existe certa confusão: 3% de sal parece excessivo, 48% de água parece de longe muito pouco e 2% de fermento parece quase nada!

Mas em se tratando de "massa azeda", o cálculo está correto.

Qual a proporção de ingredientes utilizados pelo padeiro para fazer a massa azeda? Esse ponto tem de contar no montante da receita. Por isso, quando usamos pré-fermentos é recomendável também expressar a fórmula dessa massa, ou seja, o somatório de toda a água, farinha, e assim por diante, e basear nossas percentagens nesse total.

Vamos supor que nossa massa azeda foi elaborada com partes iguais de farinha e água e um pouco de fermento. Vamos quebrar os ingredientes e fazer a relação. Por exemplo:

MASSA AZEDA

Farinha	100%	1,5 kg
Água	100%	1,5 kg
Fermento biológico	1%	15 g

Coloquemos esses ingredientes no restante da massa:

PERCENTAGEM TOTAL

Ingredientes	Peso	%	Total
Farinha	3.000 g + 1.500 g	100	4.500 g
Fermento fresco	60 g + 15 g	1,7	75 g
Água	1.440 g + 1.500 g	65	2.940 g

Fórmulas

Como classificar os vários tipos de massas

Classificar a categoria do alimento pão é um trabalho muito complexo. Neste capítulo, elaboramos um guia geral, não uma verdade absoluta.

O pão pode ser dividido em várias categorias, e minha intenção é capacitar o leitor a identificar facilmente o tipo de massa que produz.

TIPOS DE MASSAS: APLICAÇÃO PARA USO PRÁTICO		
Tipo/Classificação	**Grupo de classificação**	**Descrição**
Método	Direto	Massas elaboradas com fermento biológico comercial. Todos os ingredientes são misturados ao mesmo tempo.
	Indireto	Massas elaboradas com pré-fermentos e/ou fermento natural (*pâte fermentée, poolish, biga, levain*, massa mãe, massa azeda).

Tipo de agente fermentador	Fermento biológico comercial	Massas elaboradas com fermento biológico comercial (*Saccharomyces cerevisae*, que se desenvolvem em ambientes mais neutros), como o fermento biológico fresco, instantâneo ou ativo.
	Fermento natural	Massas elaboradas por preparações nas quais naturalmente ocorre o desenvolvimento de uma cultura orgânica (*Saccharomyces exiguus* ou similares, que se desenvolvem em ambientes ácidos).
	Fermento químico	Utiliza levedadores químicos, como bicarbonato de sódio, fermento químico em pó, amônia, cremor de tártaro, etc.
Tipo de farinha ou grão	Pão branco	Elaborado com farinha de trigo comum, que contém apenas a parte do endosperma do trigo.
	Pão integral	Elaborado com farinha de trigo integral, que preserva todo o conteúdo do grão de trigo.
	Pão de centeio e outros grãos	Elaborado parcial ou unicamente com grãos alternativos, como centeio, milho, arroz, sorgo, soja e trigo-mourisco. A ausência de glúten e suas qualidades viscoelásticas produz pães achatados, de pouco volume, que atualmente vêm sendo melhorados pela indústria com o uso de hidrocoloides, enzimas, pré-fermentação.
Hidratação	Massas firmes	Baixa hidratação: 50-57%
	Massas médias	Hidratação média: 58-65%
	Massas úmidas ou rústicas	Hidratação superior a 65%
Características físicas	Pães planos ou achatados (*flatbreads*)	Esta é a única categoria em que a massa não é categorizada por seus ingredientes, mas por sua apresentação física (achatada ou plana). Pães planos ou achatados podem ser formulados a partir de massa magra ou enriquecida, levedadas ou não levedadas (*lavash*, pizza, biscoitos de água).

Conteúdo de ingredientes enriquecedores	Massas magras	Pouca ou nenhuma presença de ingredientes enriquecedores, como ovos e lácticos (pão francês, *bagels*, *ciabatta*, *focaccia*).
	Massas enriquecidas	Até 20% de ingredientes enriquecedores (pães estilo Pullman, pães à base de ovos, como challah, etc.).
	Viennoiserie ou massas laminadas	Acima de 20% de ingredientes enriquecedores, além de incorporação de uma grande quantidade de manteiga, seja por laminação (*croissant*, massa dinamarquesa e massa folhada) ou por mistura modificada (método brioche).
Pré-fermentação	Pães artesanais	Massas elaboradas através de uma cuidadosa manipulação do tempo, das enzimas e dos próprios ingredientes encontrados nos grãos (proteínas e carboidratos).

Pão branco

Elaborado com farinha de trigo comum, que contém apenas a parte do endosperma do trigo.

Pão vienense

Modelagem simples: nozinhos

Pães integrais

Elaborados com farinha de trigo integral, que preserva todo o conteúdo do grão de trigo, bem como de outros grãos e cereais. Caracteristicamente densos e firmes, com forte sabor, sua coloração varia de marrom-claro a escuro. No mercado, a variedade fica por conta da quantidade de farinha integral, centeio, cevada, aveia e outros ingredientes. Corantes, como o café escuro e o açúcar mascavo, são usados para acentuar não só a coloração como o sabor.

Pão belga

Pão de fôrma com frutas

Outra definição diz respeito à riqueza da massa, denominando de *massas magras* os pães elaborados apenas com ingredientes básicos – farinha, fermento, água e sal –, de textura mais crocante e características similares entre si.

Pães rústicos

> **Pães artesanais ou rústicos**
>
> Os pães artesanais/rústicos em geral incluem os ingredientes básicos: água, sal, farinha e fermento natural, na forma de *biga*, massa azeda ou simples esponja. Por definição, o levedante comercial poderia estar presente, mas a fermentação principal é realizada pelo pré-fermento. O pré-fermento contribui não só com a fermentação, mas também com o sabor e odor do pão. Exatamente por estender o período de fermentação de maneira acentuada, a utilização de um pré-fermento melhora a textura e o sabor do produto final.

Uma das grandes dificuldades está exatamente em produzir pães com as cavidades pronunciadas, miolo denso e aparência externa crocante e atraente, como os pães italianos – *pugliese* e *ciabatta*, por exemplo. Algumas dicas podem auxiliar na reprodução do miolo desejável, da crosta crocante e de dourado intenso:

- Adição de uma massa ácida (usando pré-fermento ativo e azedo).
- Alta porcentagem de água (umidade) na massa.
- Subdesenvolvimento do glúten (mistura pouco extensa).
- Fermentação intermediária controladamente lenta.
- Modelagem cuidadosa.
- Fermentação final a baixas temperaturas (em geladeira é excelente).

A cocção dos pães rústicos pode se dar diretamente sobre a pedra do forno, o que o tornará crocante. O vapor também auxiliará a massa a manter simetria durante a cocção.

PÃO COMUM × PÃO ARTESANAL

Diferenças	Pão comum	Pão artesanal
Aparência ou modelagem	Específica e uniforme Cortes simétricos	Modelagem variada Cortes assimétricos
Crosta	Fina a média Dourado suave	Grossa Dourado profundo
Textura	Macia	Densa e opulenta
Odor	Suave	Leve/acentuadamente nucicado
Granulometria	Fechada	Aberta, porosidade acentuada
Durabilidade	Média a longa	Curta a média

Massas gordas são todas aquelas que têm quantidade significativa de elementos enriquecedores, principalmente no que concerne à gordura, que podem se traduzir em ovos, gordura propriamente dita (margarina ou manteiga) e leite. Apresentam textura mais macia.

Pães estirados

Esses pães pertencem a uma classe única de produtos assados, caracterizada por seu baixo volume específico e sua alta proporção de crosta ou migalha. Eles podem ser consumidos como acompanhamento em várias refeições, e são o alimento básico de muitas culturas do Oriente Médio, da Ásia e da África. Alguns exemplos são os pães *pitta, chapati* e *naan*.

PITTA

Pão de formato achatado, em geral em forma de bolsa dividindo naturalmente o pão em duas partes. Muito difundido na elaboração de sanduíches. Oriundo da Grécia e do Oriente Médio.

Pães italianos

Forma livre (redondo)   Forma livre (xadrez)

CIABATTA

Pão de massa magra, branco, de textura de poros largos, que se assemelha ao *ciabatta* ("chinelo" em italiano).

FOCACCIA

Pão macio e leve, típico da Itália, elaborado com massa magra, flavorizado com alecrim e outras ervas, tomate seco, alho, azeitonas.

Baguete

Palavra francesa que significa "bastão". As primeiras baguetes, originárias da Áustria e disseminadas na França em meados do século XIX, eram mais arredondadas. Hoje é um pão longo, de massa magra, branca, crocante em seu exterior – por causa da alta temperatura de cocção e ao vapor aplicado logo na introdução da massa no formo –, com cortes diagonais feitos imediatamente antes de ser colocado no forno. Envelhece precocemente, perdendo umidade, aparência e sabor.

Baguete vienense (forma alongada)

Pães pretos

Originários da Alemanha e Escandinávia, produzidos com farinha de centeio e outras farinhas escuras e integrais, e por isso mais densos, dependendo da quantidade de farinha comum utilizada em sua elaboração.

Challah

Pão consumido no Shabat e outras festividades da cultura judaica. É uma massa rica, com a adição de ovos e manteiga, de cor amarelada e textura bastante fina.

Pretzels

Placas em forma de *pretzel* eram o emblema dos padeiros e de seus sindicatos, e eram penduradas acima das portas para simbolizar que naquela padaria havia pães frescos. Hoje, é possível encontrar os *pretzels* no balcão de qualquer padaria ou cervejaria alemã, e mesmo em muitas partes do mundo. Nenhum outro item de comida alemã viajou tão longe quanto o *pretzel*. Para alcançar sua cor brilhante e profunda e sua textura única, o *pretzel* é mergulhado cru em uma solução alcalina forte e cáustica (soda cáustica alimentar). O produto químico evapora da superfície do *pretzel* no forno, mas não antes de acelerar a reação de Maillard, que dá a tantos alimentos sua crosta, seu aroma e seu sabor distintos durante o cozimento.

Bagels

São pães redondos, com um furo no centro, de coloração caramelo, levemente firmes no exterior e macios no centro. Primariamente associados à cultura judaica, eram utilizados nas cerimônias de *bar mitzva* e muito consumidos atualmente.

Diz a lenda que o *bagel* – palavra que deriva do ídiche *beygl*, que provém do alemão *Beugel* – foi produzido pela primeira vez em 1683, como tributo ao rei da Polônia, Jan Sobieski, excelente cavaleiro que salvou o povo austríaco de uma invasão.

Símbolos nacionais

O pão tradicional da Irlanda é o de soda irlandês (*soda bread*), que se refere ao levedante utilizado (*baking soda* ou bicarbonato de sódio), pão rápido elaborado com iogurte ou creme de leite azedo e que pode ser assado em forno ou em frigideira de ferro, diretamente no fogão.

A Suécia é conhecida pelo *limpa*, pão de centeio em formato arredondado, condimentado com cominho, erva-doce (*fennel*) e laranja.

Pupusas são os pães tradicionais de El Salvador. Elaborados com harina de milho bem triturado, parecidos com panquecas. São flavorizados com queijo e cobertos com *chili*, picles de repolho e cenoura.

Tortillas são pães tradicionais encontrados por toda a América Latina, principalmente no México. Elaboradas também da *harina de maiz* (mistura de farinhas, especialmente de fubá extremamente fino), são servidas com *chili*.

Kaiser e *Brotchen* são conhecidos por toda a Alemanha. O *Kaiser* é um pouco maior, cortado com molde estilo catavento de cinco pernas, bastante característico. Ambos são utilizados em sanduíches. O *Brotchen* é ovalado e salpicado com sal grosso e com sementes de alcaravia.

Molde do Kaiser.

Na Inglaterra há uma variedade de pães consumida no dia a dia: *bloomer, Coburg, Rumpy, cottage* (estilo pão de fôrma), *baps* (boleados), *Devonshire* (estilo hambúrguer servido com manteiga batida e geleia), *scones, english muffins* e *crumpets*.

Na Áustria, todos os pães trançados são chamados *Striesel*.

Na República Tcheca e na Eslováquia, são os *Houska*, e na Iugoslávia, o *Potica*.

O *Pulla* acompanha o café finlandês, referido como *Kahvi leipa*. Também chamado *Nisu*, o *Pulla* é um pão estilo brioche, trança de gomos rechonchudos, brilhosa e de textura coesa e amanteigada, e pronunciada presença de cardamomo, a especiaria número um da *pâtisserie* finlandesa. A guloseima é obrigatória também nas mesas de celebração de Natal e Páscoa.

No Brasil há uma paixão pelo pão francês. Selecionamos os mais populares a seguir.

Pães diversos brasileiros

PÃO FRANCÊS

Mundo afora, a tradicional baguete crocante – de pouco miolo, dourada e sem gordura, elaborada há séculos na França –, apresenta-se em várias versões, de acordo com as características de paladar de cada país. No Brasil, uma versão levemente mais macia, com menos casca e mais miolo, por vezes coberta por queijo parmesão ralado, gergelim e ervas, está entre as favoritas dos consumidores.

Ingredientes	%	Peso
Farinha especial para pães	100%	2 kg
Água a 24 ºC*	60%	1.200 g
Sal	2%	40 g
Açúcar	1%	20 g
Fermento fresco	3%	60 g
Azeite de oliva	2%	40 g

* Variável

1. **Método direto:** misturar os ingredientes por 3 minutos em velocidade baixa com 90% da água. Ajustar a hidratação e misturar por mais 5 minutos em velocidade média, ou até obter uma massa lisa e coesa.
2. **Fermentação de piso:** 45 minutos.
3. **Divisão:** retire o ar da massa suavemente e corte-a em pedaços de 70 g. Deixe descansar por 15 minutos antes de iniciar a modelagem final.

4. Modelagem: comece abrindo um retângulo com o auxílio de um rolo fino. Usando uma mão, enrole a massa em direção ao seu corpo e sele a costura cuidadosamente. Em seguida, com as duas mãos, role a massa para frente e para trás o mais uniformemente possível, até que o comprimento desejado seja alcançado. Em uma assadeira, disponha a massa modelada com a costura bem fechada, virada para baixo.

5. Fermentação final: 45 minutos ou até a massa modelada dobrar de volume.

6. Finalização: use uma lâmina, um bisturi ou um estilete para cortar as peças imediatamente antes da cocção. Mantenha o bisturi inclinado em diagonal e faça um corte reto no centro, no sentido do comprimento. A inclinação do bisturi deve ser de 45 graus; quanto maior o ângulo de inclinação, mais a aba se abre.

7. Cocção: entre 218 °C e 232 °C, com vapor, por 20 a 22 minutos ou até que o pão esteja bem dourado.

PÃO DE CEBOLA

Ingredientes	%	Peso
Fermento biológico instantâneo	2,7%	27 g
Água a 42 ºC	30%	300 g
Farinha integral	20%	200 g
Azeite de oliva	7%	70 g
Sal marinho	2%	20 g
Açúcar mascavo	3%	30 g
Farinha especial para pães	80%	800 g
Água a 20 ºC	25-28%	250-280 g
Cominho	0,5 %	5 g
Cebola salteada no azeite de oliva	20%	200 g
Semente de papoula	2,5%	25 g

* Variável. Atenção para a água, pois a cebola também contém líquido.

1. **Método indireto:** prepare uma esponja com a farinha integral, a água morna e o fermento biológico. Deixe-a em temperatura ambiente até obter uma esponja madura, com uma formação intensa de poros, mas não a deixe murchar.
2. Enquanto a esponja amadurece, pique a cebola e salteie-a em azeite de oliva com o cominho. Finalize a massa, agregando os demais ingredientes e 20% da cebola salteada fria no último minuto de mistura. Reservar os outros 80% para distribui-los sobre os pães após a fermentação final. Acrescente a semente de papoula a esse restante que será distribuído sobre o pão.

3. Mistura: 3 minutos em velocidade baixa com 95% da água. Ajustar a hidratação e misturar por mais 5 minutos em velocidade media, ou até obter uma massa lisa e coesa.

4. Fermentação de piso: 45 minutos

5. Divisão: retirar o ar da massa suavemente e cortá-la em pedaços de 250 g.

6. Fermentação intermediária: 45 minutos.

7. Retire o gás da massa suavemente e dê-lhe sua forma final, boleando-a ou modelando-a no estilo baguete. Disponha a massa modelada sobre assadeiras enfarinhadas.

8. Fermentação final: 45 minutos ou até que as peças dobrem de volume.

9. Finalização: faça cortes com bisturi ou estilete. Pincele as peças com *egg wash* e distribua o restante da cebola salteada sobre elas.

10. Cocção: entre 200 ºC com vapor por 30 a 40 minutos, ou até que os pães estejam bem dourados.

PÃO DE FORMA (PAIN DE MIE)

Ingredientes	%	Peso
Farinha especial para pães	93%	930 g
Fécula de batata	7%	70 g
Fermento biológico fresco	5%	50 g
Água a 22 °C*	60-62%	600-620 g
Sal	2%	20 g
Açúcar	3,75%	37,5 g
Leite em pó	5%	50 g
Manteiga	3,75%	37,5 g

* Variável

1. **Método direto de mistura:** misturar todos os ingredientes por 3 minutos em velocidade baixa, ajustar a hidratação e misturar por mais 5 minutos em velocidade média, até obter uma massa lisa e coesa.
2. **Fermentação de piso:** 40 minutos.
3. **Divisão:** retirar o ar da massa e cortá-la em peças de 500 g a 1 kg, a depender do tamanho da forma. A massa deve ocupar não mais que 60% da forma (com tampa).
4. **Fermentação intermediária:** 45 minutos.
5. **Modelagem e manipulação:** após a fermentação intermediária, virar as peças com o fecho para cima sobre uma superfície levemente untada; achatá-las e estirá-las em forma de triângulo com a ponta menor voltada em sua direção. Enrolar a massa em estilo rocambole, da ponta menor para a maior. Pressionar firmemente a costura em toda a sua extensão. Depositar cada peça em forma untada, com a costura voltada para baixo.

6. Fermentação final: 1 hora ou até dobrar de volume. Unte a tampa antes de ajustá-la à forma.

7. Acabamento: opcional. Pincelar com líquido e salpicar fécula ou ervas aromáticas.

8. Cocção: 200 ºC por 25 a 30 minutos, reduzindo a temperatura para 180 ºC ao retirar a tampa. Terminar a cocção por mais 15 minutos, aproximadamente, a depender do tamanho da massa. Averigue a tempertura interna (90 ºC) para assegurar que o pão está bem assado.

PÃO DE ABACATE

Ingredientes	%	Peso
Farinha especial para pães	100%	1 kg
Água a 22 ºC*	40%	400 g
Fermento fresco	4%	40 g
Açúcar	10%	100 g
Manteiga	3%	30 g
Sal	2%	20 g
Abacate (polpa)	12%	120 g
Ovos	10%	100 g
Espinafre (em pó) ou corante verde	1%	10 g

* Variável

1. **Método direto:** misturar todos os ingredientes por 3 minutos em velocidade baixa, ajustar a hidratação e misturar por mais 5 minutos em velocidade média, até obter uma massa lisa e coesa.
2. **Fermentação de piso:** 1 hora ou até a massa dobrar de volume.
3. **Divisão:** retirar suavemente o ar da massa e cortá-la em partes de 70 g. Bolear.
4. **Fermentação intermediária:** 1 hora.
5. **Modelagem:** estilo bisnaga.
6. **Fermentação final:** 1 hora ou até dobrar de volume.
7. **Finalização:** Pincelamento com *egg wash*. Fazer cortes ornamentais com bisturi.
8. **Cocção:** 200 ºC no forno de lastro, ou 180 ºC no convencional; 17 a 20 minutos.

PÃO DE CACHORRO-QUENTE (HOT-DOG)

Ingredientes	%	Peso
Farinha especial para pães	10%	100 g
Água a 42 °C	20%	200 g
Fermento fresco	4,5%	45 g
Açúcar	3%	30 g
Farinha especial para pães	90%	900 g
Leite em pó desnatado	3 %	30 g
Mel	6%	60 g
Leite integral, escaldado, frio*	35- 38%	350-380 g
Óleo	5%	50 g
Sal	2%	20 g

* Variável

1. **Método indireto:** fazer uma esponja com 100 g de farinha, todo o fermento e 200 g de água morna (42 °C). Deixar fermentar 45 minutos para obter uma esponja jovem (porosa, mas sem murchar).
2. Misturar a esponja e todos os ingredientes da massa, exceto os últimos 100 g de leite gelado, que serão acrescentados apenas se necessário. A massa deve ter consistência firme e não pegajosa, mas deve estar bem hidratada.
3. **Fermentação de piso:** 30 minutos.
4. Retirar suavemente o ar da massa e cortá-la em partes de 70 g. Bolear.
5. **Fermentação intermediária:** 30 minutos.
6. **Modelagem:** retirar o ar suavemente da massa e modelar cada peça em estilo bisnaga. Disponha-as sobre uma assadeira untada de modo que

fiquem próximas umas das outras, pois ao final da cocção elas devem se sobrepor ligeiramente. Isso garante uma estrutura e uma coloração uniformes. Pincelar.

7. **Fermentação final:** 45 minutos ou até dobrar de volume.

8. **Finalização:** pincelamento com *egg wash*.

9. **Cocção:** forno de lastro a 200 ºC, ou forno conveccional a 180 ºC; 20 a 24 minutos.

PÃO DE HAMBÚRGUER

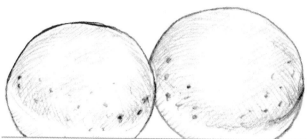

Ingredientes	%	Peso
Farinha especial para pães	100%	2 kg
Água gelada*	55-58%	1.100-1.180 g
Sal	2%	30 g
Fermento fresco	5%	100 g
Açúcar	10%	200 g
Óleo de milho	8%	160 g

* Variável

1. **Método direto:** misturar todos os ingredientes por 3 minutos em velocidade baixa, ajustar a hidratação e misturar por mais 5 minutos em velocidade media, até obter uma massa lisa e coesa.
2. **Fermentação:** 1 hora ou até dobrar de volume.
3. **Divisão:** expulsar o ar da massa, cortá-la em pedaços de 120 a 150 g, bolear.
4. **Fermentação intermediária:** 30 minutos.
5. **Modelagem:** retirar o ar cuidadosamente e fazer um boleamento preciso, pois esse será o diferencial de uma boa modelagem. Pincelar.
6. **Fermentação final:** 45 minutos. Coloque uma folha de papel manteiga bem untada em cima dos pãezinhos e disponha uma assadeira vazia em cima deles. Este passo auxilia a formação de uma circunferência achatada; caso contrário, os pãezinhos assarão como bolas.
7. **Finalização:** retire a assadeira que foi usada para achatar os pãezinhos. Pincele-os e salpique gergelim ou semente de papoula.
8. **Cocção:** forno de lastro a 200 °C ou convencional a 180 °C; 20 a 22 minutos.

PÃO DE CERVEJA

Ingredientes	%	Peso
Farinha especial para pães	100%	2 kg
Água a 24 ºC*	20%	400 g
Cerveja gelada	20%	400 g
Sal	2%	40 g
Fermento fresco	4%	80 g
Açúcar	4%	80 g
Azeite de oliva	6%	120 g
Leite em pó	5%	100 g
Ovos	10%	200 g

* Variável

1. **Método direto**: misturar todos os ingredientes por 3 minutos em velocidade baixa, ajustar a hidratação e misturar por mais 5 minutos em velocidade média, até obter uma massa lisa e coesa.
2. **Fermentação de piso**: 45 minutos.
3. **Divisão**: retirar o ar suavemente da massa e cortá-la em pedaços de 500 g. Bolear.
4. **Fermentação intermediária**: 30 minutos.
5. **Modelagem**: bolear. Após a modelagem, dispor o pão de cerveja em cestinhas enfarinhadas, de cabeça para baixo, de forma que a costura fique à vista.
6. **Fermentação final**: 45 minutos ou até dobrar de volume. Passados ¾ do tempo de fermentação, retirar os pães da cestinha, invertendo-a sobre uma assadeira enfarinhada com uma mistura de semolina e farinha comum, meio a meio. Fazer cortes decorativos.
7. Antes da cocção, pincelar e salpicar sal marinho grosso.
8. **Cocção**: lastro a 190 ºC ou convencional a 180 ºC por 35 a 40 minutos.

PÃO DE ALHO E ERVAS AROMÁTICAS

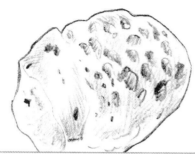

Ingredientes	%	Peso
Farinha especial para pães	100%	2 kg
Água gelada*	50-55%	1.000-1.100 g
Sal	2%	40 g
Fermento fresco	5%	100 g
Açúcar	2%	40 g
Manteiga	5%	100 g
Ovos	10%	200 g
Tomilho, alecrim, orégano, alho laminado frito, cebola desidratada	5%	50 g

* Variável

1. **Método direto:** misturar todos os ingredientes por 3 minutos em velocidade baixa, ajustar a hidratação e misturar por mais 5 minutos em velocidade média, até obter uma massa lisa e coesa.
2. **Fermentação de piso:** 30 minutos.
3. **Divisão:** retirar o ar suavemente da massa, cortá-la em pedaços de 70 g e bolear.
4. **Fermentação intermediária:** 30 minutos.
5. **Modelagem:** bisnagas. Pincelar.
6. **Fermentação final:** 45 minutos ou até dobrar de volume.
7. Pincelar com *egg wash* antes da cocção, salpicar ervas aromáticas e alho desidratado.
8. **Cocção:** forno de lastro a 200 ºC ou convencional a 180 ºC por 16 a 18 minutos.

PÃO DE MANDIOQUINHA

Ingredientes	%	Peso
Farinha especial para pães	100%	2 kg
Água gelada*	30%	600 g
Sal	2%	40 g
Fermento fresco	6%	120 g
Açúcar	4%	80 g
Manteiga	5%	100 g
Leite em pó	2%	40 g
Mandioquinha (purê quente)	30%	600 g
Queijo parmesão ralado	10%	200 g

* Variável

1. **Método direto:** cuidado com a hidratação, pois a mandioquinha tem bastante umidade! Misturar os ingredientes por 3 minutos em velocidade baixa, ajustar a hidratação e misturar por mais 5 minutos em velocidade média, até obter uma massa lisa e coesa.
2. **Fermentação de piso:** 45 minutos.
3. **Divisão:** retirar o ar suavemente da massa, cortá-la em pedaços de 70 g e bolear.
4. **Fermentação intermediária:** 30 minutos.
5. **Modelagem:** retirar o ar suavemente e bolear. Pincelar.
6. **Fermentação final:** 45 minutos ou até dobrar de volume.
7. **Finalização:** pincelar os pães com *egg wash* antes da cocção e salpicar queijo parmesão em toda a sua superfície.
8. **Cocção:** forno de lastro a 190 ºC ou convencional a 170 ºC por 18 a 20 minutos.
9. Retirar os pães do forno, pincelá-los imediatamente com manteiga derretida, salpicar mais queijo ralado em sua superfície e retornar ao forno por 2 minutos.

PÃO DE FÉCULA DE BATATA

A fécula de batata contém aproximadamente 75% de carboidratos na forma de amido gelatinizado. Esse amido é rapidamente convertido em açúcar (maltose) pela enzima da farinha chamada diástase. Essa é a razão pela qual a batata acelera o processo de fermentação. A batata também contém substâncias minerais que estimulam o desenvolvimento do fermento. A fécula, nesse caso, atua especificamente como agente de prevenção do envelhecimento do produto, o que auxilia na redução da velocidade com que a crosta do pão se torna seca.

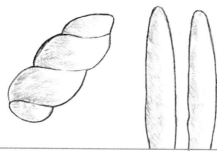

Ingredientes	%	Peso
Farinha especial para pães	90%	2.700 g
Fécula de batata	10%	300 g
Água gelada*	65%	1.950 g
Leite em pó	6%	180 g
Manteiga	5%	150 g
Sal	2%	60 g
Açúcar	6%	180 g
Fermento fresco	4%	120 g

*Variável

1. **Método direto:** misturar os ingredientes por 3 minutos em velocidade baixa, ajustar a hidratação e misturar por mais 5 minutos em velocidade média, até obter uma massa lisa e coesa.
2. **Fermentação de piso:** 30 minutos.
3. **Divisão:** retirar o ar suavemente da massa e cortá-la em pedaços de 100 g.

4. **Fermentação intermediária:** 30 minutos.

5. **Modelagem:** dois cilindros sobrepostos (*twist*) ou bisnaguinhas. Pincelar.

6. **Fermentação final:** 45 minutos ou até dobrar de tamanho.

7. **Acabamento:** fazer cortes com bisturi ou estilete e espalhar uma camada de farinha de trigo com fécula imediatamente antes da cocção.

8. **Cocção:** 180 °C por 20 minutos, ou até que os pães fiquem bem dourados.

PÃO DE BATATA-DOCE

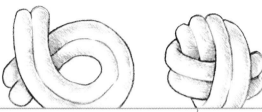

Ingredientes	%	Peso
Farinha especial para pães	95%	1.900 g
Fécula de batata	5%	100 g
Fermento fresco	4%	80 g
Batata-doce (purê)	15%	300 g
Leite em pó desnatado	5%	100 g
Água gelada*	40-50%	800-1.000 g
Sal	2%	40 g
Manteiga	7%	140 g
Mel	7%	200 g
Água de flor de laranjeira	½ colher de chá	

* Variável

1. Método direto: misturar os ingredientes por 3 minutos em velocidade baixa, ajustar a hidratação e misturar por mais 5 minutos em velocidade média, até obter uma massa lisa e coesa. Cuidado com a hidratação, especialmente se a batata-doce tiver sido cozida em água em vez de ser assada, o que trará mais umidade à massa.
2. Fermentação de piso: 30 minutos.
3. Divisão: retirar o ar suavemente da massa e cortá-la em pedaços de 125 g.
4. Fermentação intermediária: 30 minutos.
5. Modelagem: faça cilindros de 25 cm. Disponha dois cilindros em paralelo e cruze suas pontas, de modo que eles formem uma circunferência com as pontas saindo para fora. Insira uma das pontas dentro do orifício, de modo a obter um nozinho (veja a figura). Pincelar.
6. Fermentação final: 45 minutos ou até dobrar de tamanho.
7. Finalização: pincelagem.
8. Cocção: 180 ºC por 20 minutos ou até que os pães fiquem bem dourados.

PÃO DE BATATA RECHEADO COM REQUEIJÃO CREMOSO

MASSA

Ingredientes	%	Peso
Farinha especial para pães	40%	400 g
Fermento biológico instantâneo	3,0%	30 g
Água (quente, do cozimento da batata)	40%	400 g
Sal	2%	20 g
Farinha especial para pães	60%	600 g
Queijo parmesão ralado	6%	60 g
Açúcar	4%	40 g
Manteiga	5%	50 g
Leite em pó desnatado	5%	50 g
Gemas	10%	100 g
Ovos	10%	100 g
Purê de batata	50%	500 g
RECHEIO		
Requeijão cremoso		500 g

1. Cozinhe as batatas descascadas e cortadas em pequenos pedaços. Escorra bem e reserve o líquido, que será utilizado na preparação da esponja. Amasse as batatas para obter um purê; adicione o açúcar, o sal, a manteiga e o leite em pó desnatado. Reserve.

2. **Método indireto:** faça uma esponja com 400 g de farinha, 30 g de fermento e a água da batata ainda morna. Deixe fermentar à temperatura ambiente, até formar uma esponja jovem, com poros, mas sem murchar no centro.

3. Misture a esponja, o purê (em temperatura ambiente) e os demais ingredientes, menos o queijo ralado, por 3 minutos em velocidade baixa. Ajuste a hidratação, mas tome cuidado, pois o purê de batata já contém sua própria umidade. Misture por mais 4 minutos em velocidade média até obter uma massa lisa e coesa. Acrescente o queijo ralado e misture por mais 1 minuto em velocidade baixa, até incorporá-lo. Coloque a massa

em recipiente untado com manteiga e refrigere-a (por até 12 horas, no máximo).

4. Manipulação e divisão: retirar a massa da geladeira e deixá-la voltar à temperatura ambiente antes de manipulá-la. Retirar o ar suavemente, cortá-la em pedaços de 80 g e bolear.

5. Fermentação intermediária: 30 minutos.

6. Modelagem: retirar o ar da massa suavemente e abri-la no formato de um círculo de cerca de 15 cm de diâmetro. Coloque o requeijão cremoso no centro, pincele toda a circunferência e feche-a no formato de trouxinha, beliscando toda a circunferência para executar o fechamento total da modelagem. Cuidadosamente forme uma bola (boleamento leve), e lembre-se de que seu foco não é a forma do boleamento, e sim a garantia de que a massa sele completamente e não permita que o recheio escape. Pincele e acomode as peças em uma assadeira untada, de modo que fiquem próximas, mas não se toquem.

7. Fermentação final: 45 minutos ou até dobrar de volume.

8. Finalização: pincelar antes da cocção.

9. Cocção: forno de lastro a 180 ºC ou convencional a 170 ºC por 23 a 30 minutos.

PÃO DE TORRESMO

Ingredientes	%	Peso
Farinha especial para pães	100%	1 kg
Água gelada*	50%	500 g
Sal	2%	20 g
Fermento biológico instantâneo	3,2%	32 g
Açúcar	4%	40 g
Banha de porco ou manteiga	4%	40 g
Leite em pó	3%	30 g
Ovos	10%	100 g
Torresmo levemente picado	14%	140 g

* Variável

1. **Método direto:** cuidado com a hidratação, pois a massa leva ovos e gordura, o que aumenta o tempo para hidratar a farinha e lubrificar o glúten. Misture todos os ingredientes, exceto o torresmo, por 3 minutos em velocidade baixa. Ajuste a hidratação e misture por mais 4 minutos em velocidade média, até obter uma massa lisa e coesa. Acrescente o torresmo picado e misture por mais 1 minuto em velocidade baixa, até incorporá-lo.

2. **Fermentação de piso:** 45 minutos.

3. **Divisão:** retirar o ar suavemente da massa, cortá-la em pedaços de 250 g e bolear.

4. **Fermentação intermediária:** 30 minutos.

5. **Modelagem:** retirar o ar suavemente e bolear.

6. **Fermentação final:** 45 minutos ou até dobrar de volume.

7. **Finalização:** pincelar os pães antes da cocção e salpicar torresmo picado por toda sua superfície.

8. **Cocção:** forno de lastro a 190 °C ou convencional a 170 °C por 18 a 20 minutos.

PÃO DELÍCIA

Ingredientes	%	Peso
Farinha especial para pães	100%	1 kg
Leite gelado*	48%	480 g
Sal	2%	20 g
Fermento fresco	8%	80 g
Açúcar	14%	140 g
Manteiga, temperatura ambiente	17%	170 g
Leite em pó	3%	30 g
Ovos	12%	120 g
Baunilha (essência)	0,5%	5 g
Queijo parmesão ralado (cobertura)	10%	100 g

* Variável

1. **Método direto:** cuidado com a hidratação, pois a massa leva ovos e gordura, o que aumenta o tempo para hidratar a farinha e lubrificar o glúten. Misture todos os ingredientes, exceto o parmesão, por 3 minutos em velocidade baixa. Ajuste a hidratação e misture por mais 5 minutos em velocidade média, até obter uma massa lisa e coesa.
2. **Fermentação de piso:** 45 minutos.
3. **Corte e modelagem:** retire o ar da massa suavemente, corte-a em pedaços de 100 g e boleie. Deixe descansar por 10 minutos e lamine: abra as peças com um rolo, pincele manteiga no centro e enrole-as em formato bisnaguinha. Para uma modelagem mais elaborada, estire um cilindro de 20 cm; em seguida, pegue uma das pontas e curve-a de modo a formar

um círculo, que não deve ultrapassar o centro do cilindro; passe a ponta por dentro do círculo para fazer um nozinho; repita o movimento com a outra extremidade (veja figura). Disponha as peças em uma assadeira untada, deixando espaço entre elas para que cresçam.

4. **Fermentação final:** 45 minutos ou até dobrar de volume. Pincelar antes da cocção.

5. **Cocção:** lastro a 190 ºC ou convencional a 170 ºC por 18 a 20 minutos.

6. Retirar do forno, pincelar com manteiga clarificada e salpicar generosamente queijo parmesão ralado por toda a superfície. Retornar ao forno por mais 2 minutos até que o queijo derreta.

PÃO DE COCO RECHEADO

MASSA		
Ingredientes	**%**	**Peso**
Farinha especial para pães	100%	1 kg
Água gelada*	40%	400 g
Leite de coco	9%	90 g
Sal	1,8%	18 g
Fermento fresco	5%	50 g
Açúcar	19%	190 g
Manteiga, temperatura ambiente	8,5%	85 g
Leite em pó	3%	30 g
Ovos	11%	110 g
Essência de coco	0,5%	5 g
RECHEIO E COBERTURA		
Coco ralado (cobertura)	7%	80 g
Recheio de coco com ovos (ver seção "Receitas suplementares")		900 g

* Variável

1. **Método direto:** cuidado com a hidratação, pois a massa leva muitos ingredientes enriquecedores, o que aumenta o tempo para hidratar a farinha e lubrificar o glúten. Misture todos os ingredientes da massa por 3 minutos em velocidade baixa. Ajuste a hidratação e misture por mais 5 minutos em velocidade média, até obter uma massa lisa e coesa.

2. **Fermentação de piso:** 40 minutos.

3. **Divisão:** retire o ar acumulado na massa e divida-a em três pedaços de cerca de 650 g. Esta receita rende três pães trançados.

4. **Modelagem:** sobre uma superfície levemente enfarinhada, abra cada peça com um rolo, distribua 200 g do recheio de coco (ver seção "Receitas suplementares") e enrole-a como um rocambole. Com uma faca, corte o rocambole dividindo-o em 3 partes; trance-os. Cuidadosamente, feche as pontas e transfira as peças para uma assadeira preparada. Pincelar.

5. **Fermentação final:** 45 minutos ou até dobrar de volume.

6. **Finalização:** pincelar e distribuir os 100 g do recheio de coco restantes por toda a superfície. Salpicar coco ralado.

7. **Cocção:** 190 ºC no forno de lastro ou 170 ºC no convencional por 30 a 40 minutos.

ROSCA DE MANDIOCA

ESPONJA

Ingredientes	%	Peso
Farinha especial para pães	20%	200 g
Fermento fresco	5%	10 g
Água	20%	200 g

MASSA

Ingredientes	%	Peso
Farinha especial para pães	80%	800 g
Manteiga	5%	50 g
Sal	2%	20 g
Fermento fresco	5%	50 g
Leite integral*	20%	200 g
Ovos	11%	110 g
Açúcar	17%	170 g
Mandioca, ralada	20%	200 g

*Variável

1. **Método indireto:** preparar a esponja e deixá-la fermentar por 45 minutos.
2. Misturar a mandioca, a manteiga, o açúcar e o sal à esponja. Agregar os demais ingredientes da massa e misturar em velocidade baixa por 3 minutos. Ajustar a hidratação. Misturar por mais 5 minutos em velocidade média, até formar uma massa firme e lisa.
3. **Fermentação de piso:** 45 minutos.
4. **Divisão:** retirar o ar da massa e cortá-la em pedaços de 150 g. Dividir cada pedaço em três cilindros, trançá-los e unir as duas extremidades para formar uma coroa. Pincelar.
5. **Fermentação final:** 45 minutos ou até dobrar de volume.
6. **Finalização:** pincelagem.
7. **Cocção:** 190 ºC em forno de lastro ou 170 ºC no convencional por 30 a 40 minutos.

PÃO PETRÓPOLIS

ESPONJA

Ingredientes	%	Peso
Farinha especial para pães	20%	200 g
Fermento fresco	7%	10 g
Água a 42 ºC	20%	200 g

MASSA

Ingredientes	%	Peso
Farinha especial para pães	80%	800 g
Manteiga	10%	100 g
Sal	2%	20 g
Leite em pó desnatado	3%	30 g
Água a 22 ºC*	40%	400 g
Ovos	10%	100 g
Baunilha (essência)	0,5%	5 g
Açúcar	10%	100 g
Farofa Petrópolis (ver seção "Receitas suplementares")		200 g

* Variável

1. **Método indireto:** preparar a esponja e deixá-la fermentar por 45 minutos.
2. Agregar os demais ingredientes da massa, exceto a farofa, e misturar em velocidade baixa por 3 minutos. Ajustar a hidratação e misturar por mais 5 minutos em velocidade média, até formar uma massa firme e lisa.
3. **Fermentação de piso:** 45 minutos.
4. **Divisão:** retirar o ar suavemente da massa e cortá-la em pedaços de 80 g.
5. **Modelagem:** bolear e pincelar.
6. **Fermentação final:** 45 minutos ou até dobrar de volume.
7. **Finalização:** após 2/3 do tempo de fermentação, pincelar novamente os pães e salpicar a farofa sobre eles. Terminar a fermentação.
8. **Cocção:** 180 ºC no forno de lastro ou 170 ºC no convencional por 22 a 30 minutos, ou até obter um dourado intenso, mas cuidado para não dar muita coloração à farofa.

PÃO PORTUGUÊS COM ERVA-DOCE

FUBÁ HIDRATADO

Ingredientes	%	Peso
Fubá	25%	250 g
Água a 60 ºC	20%	200 g

1. Combinar o fubá e a água e deixar a mistura coberta, à temperatura ambiente.

MASSA

Ingredientes	%	Peso
Fubá hidratado	100%	450 g
Farinha especial para pães	65%	600 g
Farinha de centeio	10%	150 g
Erva-doce	2%	20 g
Fermento biológico instantâneo	3,2%	32 g
Sal	2,2%	22 g
Açúcar	8%	80 g
Óleo	4%	40 g
Ovos	20%	200 g
Água*	30%	300 g

*Variável

1. Mistura: em uma tigela, misturar o fubá hidratado em temperatura ambiente com todos os ingredientes. A quantidade de água é variável, pois depende da hidratação do fubá e da farinha de trigo. A massa deve ser levemente pegajosa. Misturar em velocidade baixa por 3 minutos. Ajustar a hidratação e misturar por mais 5 minutos em velocidade média, até formar uma massa firme e lisa.
2. Fermentação de piso: 45 minutos.
3. Divisão: retirar o ar suavemente da massa e cortá-la em pedaços de 350 g.
4. Fermentação intermediária: 45 minutos.

5. **Modelagem:** retirar o ar suavemente e finalizar a modelagem em formato *boulée*. Depositar cada peça em uma assadeira preparada, pulverizada com fubá, com a costura para baixo. Pincelar.
6. **Fermentação final:** 45 minutos ou até dobrar de volume.
7. **Acabamento:** cortes com bisturi ou estilete. Pincelar com *egg wash* e polvilhar fubá.
8. **Cocção:** 180 ºC por 30 a 40 minutos, com vapor.

BAGUETTINO E GRISSINI

Esta receita é muito simples, e a partir da mesma massa é possível obter dois produtos diferentes. O *baguettino* é indicado àqueles que querem um pão no estilo francês, com pouca casca e mais miolo, mas sem precisar da ação de um forno especial superquente. Sucesso garantido! Já os *grissini* são os palitos em estilo italiano.

Ingredientes	%	Peso
Farinha especial para pães	100%	1 kg
Fermento biológico instantâneo	2%	20 g
Leite em pó	1,5%	15 g
Açúcar	3%	30 g
Água gelada*	56%	560 g
Azeite de oliva	8%	80 g
Sal	2%	20 g

* Variável

PARA O TIPO *BAGUETTINO*

1. **Método direto.** Para adicionar sabor, no último minuto da mistura adicione ervas aromáticas frescas ou secas, queijo ralado, tomate seco picado, azeitonas picadas, pimenta calabresa ou curry.
2. **Fermentação de piso:** 45 minutos.
3. **Divisão:** retirar o ar da massa, cortá-la em pedaços de 50 g e estirá-los no formato de um bastão curto. Mantenha-os cobertos.
4. **Fermentação intermediária:** 15 minutos.
5. **Modelagem:** faça cilindros de 15 cm.

6. **Fermentação final:** 35 minutos ou até ⅔ de prova (não dobrar).
7. **Acabamento:** pincelar cada cilindro e rolá-los na cobertura de sua escolha – sal grosso, ervas finas variadas ou combinadas, queijo parmesão ralado, gergelim ou sementes de papoula. Deixar repousar por 10 minutos (para completar o crescimento) antes da cocção.
8. **Cocção:** 190 ºC por 20 minutos, até que fique bem dourado.

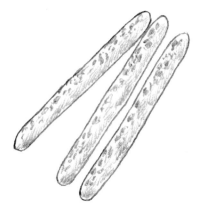

PARA O TIPO *GRISSINI*

Nota: para um delicioso *grissini*, estire os cilindros na largura da assadeira (30 cm), bem finos, pincele-os com água e imediatamente role-os em sal grosso, ervas, gergelim ou queijo ralado.

PÃO DE CENOURA E BETERRABA

Ingredientes	%	Peso
Farinha para pão	90%	900 g
Farinha integral	10%	100 g
Sal	2%	20 g
Água	50-55%	500-550 g
Açúcar mascavo	5%	50 g
Fermento fresco	4%	40 g
Leite em pó	5%	50 g
Azeite de oliva	2%	20 g
Beterraba, purê bem escorrido	18%	180 g
Cenoura, purê bem escorrido	18%	180 g

1. **Método direto de mistura:** misturar todos os ingredientes secos e 90% da água em baixa velocidade, por 3 minutos, para obter uma massa bem firme. Dividir a massa em dois pedaços e colocar cada um deles em uma tigela da batedeira. Adicionar o purê de beterraba a uma das peças e terminar a sova, até que a massa fique homogênea e elástica. Transferir para a mesa de trabalho, bolear e deixar coberta com plástico ou pano seco. Repetir o procedimento com a outra peça, adicionando o purê de cenoura.

2. **Fermentação de piso:** 45 minutos.

3. **Divisão:** retirar o ar da massa e cortá-la em pedaços de 300 g. Bolear e cobrir.

4. **Fermentação intermediária:** 45 minutos

5. **Modelagem:** retire o ar da massa. Sobre uma superfície levemente enfarinhada, abra as bolas de massa de beterraba em formato de triângulo, com a ponta menor voltada para você. Repita o procedimento com as bolas de massa de cenoura. Coloque o triângulo de cenoura sobre o de beterraba. Enrole a massa da ponta menor para a maior, em estilo rocambole. Pressione e una a emenda do fecho em toda a sua extensão, selando as bordas. Deposite cada peça em uma forma tipo Pullman, ou

deixe-as em estilo livre, depositando-as em uma assadeira preparada. Vire as costuras para baixo. Pincele.

6. **Fermentação final:** 60 minutos, a 24 °C, ou levar a um gabinete de fermentação a 45 °C e 95% de umidade por 40 minutos ou até dobrar de volume.

7. **Cocção:** fornear a 180 °C sem vapor, por 25 minutos.

8. **Esfriamento:** retirar do molde e deixar esfriar antes de empacotar, cortar ou servir.

PÃO DE KABOCHA OU ABOBÓRA JAPONESA

Ingredientes	%	Peso
Farinha especial para pães	100%	1 kg
Fermento fresco	4%	40 g
Sal	20%	20 g
Açúcar mascavo	12%	120 g
Leite integral	30%	200 g
Manteiga, derretida	6%	60 g
Ovos	10%	2 unidades
Abóbora, purê	35%	350 g

1. Primeiramente, pele, limpe, corte e cozinhe ao vapor uma abóbora de aproximadamente 1 kg. Faça um purê e deixe esfriar.

2. Método direto de mistura: misture os ingredientes secos e em seguida o fermento, a manteiga e o purê em baixa velocidade por 2 minutos. Adicione o leite gelado aos poucos. Ajuste a hidratação e misture na velocidade dois por 8 minutos. Sovar a massa até que ela fique homogênea, elástica e sedosa.

3. Fermentação de pisso: 40 minutos.

4. Divisão: retire o ar da massa e divida-a em peças de 500 g. Bolear.

5. Fermentação intermediária: 30 minutos.

6. Modelagem: retire o ar da massa suavemente. Sobre uma superfície enfarinhada, abra-a em forma de triângulo, com a ponta menor voltada para você. Enrole a massa da ponta menor para a maior, em estilo rocambole. Pressione e una a emenda do fecho em toda sua extensão, selando. Coloque a costura para baixo. Pincele.

7. Fermentação final: 40 minutos a 24 ºC, ou levar a um gabinete de fermentação a 45 ºC e 95% de umidade por 40 minutos, ou até dobrar de volume.

8. Cocção: fornear a 180 ºC sem vapor, por 35 minutos.

9. Esfriamento: retirar do molde e deixar esfriar antes de empacotar, cortar ou servir.

SONHOS

Ingredientes	%	Peso
Farinha	100%	2 kg
Água*	50%	1 kg
Sal	1,5%	30 g
Fermento fresco	8%	160 g
Fermento químico	1,5%	30 g
Açúcar	6%	120 g
Leite em pó	6%	120 g
Margarina	18%	360 g
Ovos	12%	240 g

*Variável

1. **Método indireto:** prepare uma esponja fresca com 500 g de farinha, 500 g de água e o fermento fresco. Deixe a esponja fermentar por 1 hora. Em seguida, adicione os demais ingredientes e misture até obter uma massa lisa e homogênea.

2. **Fermentação de piso:** 30 minutos.

3. **Divisão:** retire o ar da massa com a parte anterior da palma da mão, mas sem desinflá-la por completo. Sobre uma superfície abundantemente enfarinhada, abra a massa com um rolo a uma espessura de 4,5 cm. Deixe a massa descansar por 10 minutos e divida-a com um cortador redondo de 9 cm de diâmetro. Imediatamente coloque as peças sobre uma assadeira forrada com um pano de prato bem enfarinhado, dando espaço entre elas para respeitar seu crescimento. As peças não devem se tocar, pois isso tornaria difícil a manipulação final.

4. **Fermentação final:** 30 minutos ou até crescer ⅔ de volume.

5. **Cocção:** fritar em óleo a 180 ºC, por cerca de 2 minutos de cada lado. Escorra bem o sonho e disponha-o sobre papel-toalha. Experimente o primeiro, para testar a temperatura do óleo e o tempo de cocção ideal. Repita o procedimento com toda a produção.

6. **Finalização:** role os sonhos em uma mistura de açúcar e canela. Na lateral de cada um deles, faça um orifício da espessura de um lápis e que chegue até cerca da metade do sonho, a fim de criar uma pequena cavidade onde será depositado o recheio. Em uma manga com bico médio liso, coloque o recheio desejado (*crème pâtissière*, doce de leite ou geleia de fruta de sua escolha) (ver seção "Receitas suplementares"). Role os sonhos mais uma vez no açúcar com canela. Sirva imediatamente.

Pães estendidos

A coleção de pães desta seção inclui o mais antigo e mais simples dos pães. Fermentados ou não, os pães estendidos ou achatados, conhecidos em inglês como *flatbreads*, podem ser crocantes ou "borrachudos", extremamente finos ou mais espessos, enriquecidos ou simples. Geralmente são de fácil elaboração e assam em poucos minutos, se não em segundos, tanto no forno doméstico como em fornos mais rústicos.

A humanidade vem produzindo os pães estendidos há mais de 6 mil anos. Assados sobre cinzas quentes ou carvão, esses pães são elaborados há séculos por viajantes e nômades, interligando diferentes culturas e povos em todo o mundo, e refletem com propriedade os primeiros pães elaborados pela humanidade, quando tudo começou. Em algumas culturas do Oriente Médio e da Ásia, os pães estendidos são elaborados em uma enorme diversidade de formatos, servindo de base ou recipiente para refeições. Eles fazem, ainda, o papel de talheres, o que os torna imprescindíveis em refeições como falafel, kebabs e kaftas.

TIPOS

Quando uma massa fresca à base de farinha e água é assada, sua expansão é causada principalmente pelo ar e pelo vapor gerado no processo de cocção a fogo alto. Para a formação desse vapor, os pães estendidos são assados a temperaturas altas, diretamente no calor, sobre uma pedra ou uma panela bem quente ou muito próximas ao fogo. Outra peculiaridade acerca desses pães achatados diz respeito à sua diversidade geográfica, uma prova de que esse estilo de massa acompanha a história da humanidade pelos quatro cantos do mundo. A seguir, são listados alguns exemplos de pães estendidos, além de algumas similaridades e diferenças entre eles.

- **Bolo do caco:** apesar do nome "bolo", trata-se de uma massa de pão fermentada, originária da Ilha da Madeira (Portugal). Elaborada a partir de farinha de trigo, fermento biológico, água e sal, essa massa é modelada de forma redonda (daí o nome bolo), fermentada e tradicionalmente assada em cacos de telhas ou pedras bem quentes.

- *Chapati*: natural do norte da Índia, é elaborado originalmente com farinha integral e assado em uma tava, similar a uma chapa.
- *Ciabatta*: o lindíssimo lago de Como, no norte italiano, seria o berço deste pão alongado, leve, poroso e de interior borrachudo, devido a uma quantidade ímpar de hidratação, que produz um pão simples em sua forma, mas complexo em sua elaboração e seu sabor.
- *Coca espanhola*: a palavra catalã "coca" define uma massa fermentada ou não, doce ou salgada, aberta ou fechada, que pode ser recheada ou coberta por inúmeras delícias daquela região do Mediterrâneo, como frutas frescas ou secas, carnes frescas ou curadas, queijos, nozes ou qualquer combinação inusitada.
- *Focaccia*: este tradicional pão da Ligúria possui crosta dourada e textura esponjosa, até mesmo borrachuda, pelo teor de umidade de sua massa. Os ingredientes utilizados em sua cobertura podem ir muito além dos tradicionais alecrim, sal marinho grosso e azeite de oliva. Nas padarias da Itália, a categoria *focaccia* às vezes é uma seção significativa, com diversos produtos que são degustados puros ou utilizados na preparação de sanduíches. Há *foccacias* cobertas ou recheadas com queijos, frutas, carnes curadas, ervas e vegetais.
- *Lavash*: consumido em todo o Oriente Médio, parece ter sido criado na Armênia. É elaborado à base de farinha, água e sal, e algumas vezes leveduras. Tradicionalmente, a massa era aberta bem fina e jogada contra os muros quentes de um forno de barro. Sua espessura depende do quanto a massa pode ser estirada.
- *Matzoh*: o ritual judaico de consumir uma massa não levedada durante o Pessach serve para lembrar ao povo judeu que seus ancestrais saíram do Egito em êxodo, e tinham tanta pressa que não puderam deixar a massa crescer ou levedar. O *matzoh* também é chamado de "pão da aflição", embora celebre uma festa alegre e cheia de gratidão.

- **Pão frito americano (*fry bread*):** como o próprio nome diz, trata-se de uma massa frita, que teria sido criada em 1864 pelo povo norte-americano Navajo, quando foram exilados e forçados a caminhar cerca de 500 km de sua terra natal, no Arizona, até o Novo México, em um episódio conhecido como *Long walk to Bosque Redondo* (grande caminhada até o Bosque Redondo). Os navajos teriam criado o pão frito usando farinha, sal, gordura de porco e açúcar ou mel, fornecidos a eles pelo governo estadunidense. Para os navajos, o pão frito conecta as novas gerações com o passado doloroso sofrido pelos povos indígenas. Este pão, em si, é muito simples, mas deve ser entendido dentro do contexto cultural desse povo.
- **Pitta:** este pão tem uma espécie de bolsa de ar interna, o que o torna muito conveniente para ser recheado com falafel, pasta de berinjela ou grão de bico, etc., a depender da cultura que o utiliza.
- **Pizza:** massa fermentada estirada à mão e coberta com molho de tomate, queijo ou qualquer outra combinação de ingredientes desejada.
- **Tandoori naan:** preparado em um forno de barro oval, chamado tandoori, este pão fino é presença certa nas cozinhas indiana, paquistanesa e pan-asiática.
- **Tortillas:** a *tortilla* é um pão estendido não levedado, elaborado a partir de farinha de trigo ou milho, água, gordura de porco ou gordura hidrogenada (alta plasticidade), além de um pouco de sal. Esta massa funciona como um suporte ou uma panqueca para embrulhar um recheio. A palavra "tortilla" deriva do espanhol "torta", que significa bolo redondo.

Massas magras e pães estendidos

São consideradas massas magras aquelas com baixos teores de gordura e açúcar. São elaboradas apenas com os quatro ingredientes básicos: farinha de trigo, sal, água e fermento. A massa magra tradicionalmente usa pouco ou nenhum açúcar e gordura. Ovos, caso sejam utilizados, dão cor, gordura e umidade à massa. Gorduras, quando usadas, proporcionam casca mais macia.

A maioria das massas assadas estendidas, sem modelagem trabalhada – apenas estiradas com a intenção de provocar pouco volume –, são massas magras, e contam com alguma levedação. A fermentação significa muito mais para a indústria da panificação do que a simples adição de fermento biológico ou de fermento químico. Na verdade, refere-se de maneira abrangente à expansão natural de uma massa fresca por causa da ação bacteriana e da consequente formação de gás carbodióxido, seja pelo processo de fermentação biológica ou pela adição de substâncias químicas. Como vimos, a fermentação é causada tanto pela presença de microrganismos (bactérias, mofo e fungos) como pela adição de uma cultura relativamente pura de fermento. A expansão química envolve a decomposição do bicarbonato de amônia na presença de calor, a qual termina na produção do gás carbodióxido, e a decomposição do sal acético e do bicarbonato de sódio na presença de umidade e calor, permitindo neutralizar sal, água e carbodióxido.

Com base no tipo de agente expansor, os pães estendidos são divididos em três tipos:

- Produtos levedados microbiologicamente.
- Produtos levedados pela adição de agente químico.
- Produtos não levedados, como os pães étnicos *chapati*, *paratha*, *puri* e alguns pães estendidos escandinavos.

Uma boa parcela dos pães estendidos são produtos microbiologicamente levedados, dominantemente pela utilização da massa azeda ou pré-fermento, que produzirá uma série de mudanças no sistema da massa. O efeito mais específico está exatamente no odor e no sabor, embora não se possam distinguir com exatidão quais seriam os componentes. Sabe-se que entre eles estariam acetato, etanol, formol, sucinato, carbodióxido, lactobacilos e ácidos voláteis.

PÃO ÁRABE (MÉTODO DIRETO)

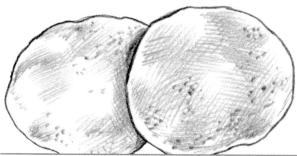

Ingredientes	%	Peso
Farinha especial para pães	100%	1 kg
Fermento fresco	2%	20 g
Sal	2%	20 g
Açúcar	4%	40 g
Azeite de oliva	2%	20 g
Água*	55-57%	550-570 g

*Variável

1. Método direto.
2. **Fermentação de piso:** 45 minutos a 24 ºC.
3. Retire o ar da massa suavemente e corte-a em pedaços de 70 g.
4. **Prova intermediária:** 15 minutos a 24 ºC.
5. **Modelagem:** abrir com rolo sobre uma superfície bem enfarinhada até o tamanho e a espessura desejados. Quanto mais força for exercida com o rolo, menos a bolsa de ar se abrirá quando o pão for assado.
6. **Fermentação final:** 15 minutos.
7. **Cocção:** 240 ºC por 6 a 8 minutos, até o pão inflar, mas antes que obtenha coloração.

PÃO ÁRABE INTEGRAL (MÉTODO INDIRETO)

ESPONJA		
Ingredientes	**%**	**Peso**
Fermento fresco	2%	20 g
Farinha integral	15%	150 g
Água a 45 ºC*	18%	180 g
MASSA		
Farinha especial para pães	85%	850 g
Água a 24 ºC*	40%	400 g
Sal	1,9%	19 g
Azeite de oliva	4%	40 g

*Variável

1. Método indireto: preparar uma esponja com o fermento, a água morna e a farinha integral. Deixar fermentar por 1 hora.
2. Adicionar os demais ingredientes à esponja e misturar até formar uma massa lisa e homogênea, de consistência firme.
3. Fermentação de piso: 30 minutos.
4. Divisão: retirar o ar da massa suavemente, cortá-la em pedaços de 120 g e bolear.
5. Fermentação intermediária: 15 minutos.
6. Manipulação: abrir em superfície enfarinhada, com cerca de 2,5 cm de espessura e cerca de 15 cm de circunferência. Preparar as assadeiras salpicando fartamente uma mistura de farinha e semolina sobre elas.
7. Fermentação final: 20 minutos.
8. Cocção: 210 ºC a 230 ºC sobre forno a lenha, pedra, chapa de ferro ou forno bem quente. Assar por 8 a 10 minutos. Não assar em excesso, ou as bolsas se tornarão duras e não abrirão. *Pittas* usualmente colapsam quando esfriam. Para facilitar, manter os pães cobertos com panos ou toalhas até que esfriem.

NAAN

Ingredientes	%	Peso
Farinha especial para pães	100%	1 kg
Sal	1,5%	15 g
Iogurte	25%	250 g
Fermento fresco	1%	10 g
Água*	35%	350 g

*Variável

1. Misturar os ingredientes até o desenvolvimento do glúten. Dividir imediatamente a massa em peças de 30 a 50 g. Boleá-las e deixar descansar por 15 minutos.
2. Com um rolo, abrir as peças em formato oval e assá-las a 220 ºC por 7 a 9 minutos. Neste caso, forno de barro, pedra ou forno a lenha são muito adequados.

BALADI (MÉTODO INDIRETO)

Ingredientes	%	Peso
Farinha especial para pães	100%	1 kg
Sal	0,5%	5 g
Pâte fermentée ou sobra de massa magra	20%	200 g
Fermento fresco	1%	10 g
Água*	72-75%	720-750 g

*Variável

1. **Método indireto:** utilizar uma sobra de massa magra. A massa não deve ser pegajosa, pois isso a tornaria muito difícil de ser estirada.
2. **Fermentação de piso:** 45 minutos.
3. **Corte:** sobre uma superfície polvilhada com farinha e germe de trigo, retirar o ar da massa e dividi-la em peças de 180 g. Bolear.
4. **Prova intermediária:** 15 minutos.
5. **Modelagem:** achatar e arredondar as peças com as mãos. Elas devem ter 1,5 cm de espessura e devem ser cortadas com bisturi imediatamente antes de assar.
6. **Fermentação final:** 45 minutos ou até dobrar de volume. Distribuir gergelim preto sobre as peças.
7. **Cocção:** 250 ºC por 6 a 8 minutos.

PIZZA

O mais conhecido dos pães estendidos, a pizza é apreciada em todo o mundo. A massa descrita a seguir pode ser recheada a gosto e assada imediatamente, ou ser congelada logo após ser retirada da misturadeira, pesada em 240 g e boleada, e então acondicionada em sacos plásticos untados com azeite de oliva. Quando congeladas, descongele o suficiente para abrir a massa e siga os passos seguintes regularmente. Como guia, uma porção de massa de 240 g é suficiente para uma pizza grande.

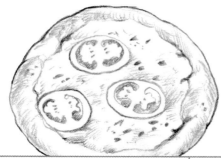

Ingredientes	%	Peso
Farinha especial para pães	70%	700 g
Farinha integral	20%	200 g
Semolina	10%	100 g
Sal	2%	20 g
Fermento biológico seco	1,5%	15 g
Água gelada*	55-60%	550-600 g
Azeite de oliva	3%	30 g

*Variável

1. **Método direto:** combinar todos os ingredientes em velocidade baixa por 3 minutos e 5 minutos em segunda velocidade, ou até formar uma massa lisa, coesa e de glúten desenvolvido.
2. **Fermentação de piso:** 2 horas a 24 ºC.
3. **Divisão:** retirar o ar da massa, dividi-la em peças de 240 g e bolear. Depositar em assadeira preparada pulverizada fartamente com farinha e os 10% de semolina fina. Cobrir.

4. **Fermentação intermediária:** 30 minutos.

5. **Manipulação:** retirar o ar da massa delicadamente. Com um rolo, abri-la sobre uma superfície enfarinhada.

6. Transferir a massa para uma assadeira e recheá-la a gosto. Também é possível colocá-la com uma pá sobre uma pedra para pizza preaquecida, levando-a ao forno a lenha, se disponível. A massa também pode ser pré-assada por 5 minutos e finalizada *à la minute*, distribuindo-se o molho e os toppings desejados, regando-a com um bom azeite de oliva e levando-a à cocção completa, o que resultará em uma massa extremamente crocante.

7. **Cocção:** 250 ºC a 300 ºC por 10 a 15 minutos, ou até obter uma coloração dourada.

FOCACCIA 3 FARINE

A *focaccia* muda de estilo e caráter a cada vilarejo da Itália. É similar à pizza, mas não é esticada, apenas estirada, sendo por isso bem mais grossa. Tem a característica de ser toda perfurada em sua superfície (que pode ser retangular, redonda ou quadrada), e pode apresentar uma imensa variedade de coberturas. Nesta receita, sugiro uma cobertura tradicional, de sal grosso, azeite de oliva e alecrim fresco.

Ingredientes	%	Peso
Farinha especial para pães	78%	780 g
Fécula de batata	6%	60 g
Semolina	16%	160 g
Fermento fresco	3,5%	35 g
Água gelada*	62%	620 g
Sal	2%	20 g
Mel	2%	20 g
Azeite de oliva extravirgem	8%	80 g
Alecrim fresco, picado	1%	10 g

*Variável

1. **Método direto.**
2. **Fermentação de piso:** 45 minutos.
3. **Divisão:** retire o ar da massa suavemente, com as pontas dos dedos bem lubrificadas com uma mistura de água e azeite de oliva, apertando e estirando ao mesmo tempo, até alcançar o tamanho da assadeira (esta quantidade é perfeita para uma meia-assadeira profissional). Caso deseje elaborar vários produtos, corte a massa em pedaços de 300 g e abra-os em formato redondo, quadrado ou retangular; deixe descansar por 10 minutos antes de dar a estirada final. A assadeira deve estar untada e salpicada com uma mistura de farinha e semolina, para dar crocância e facilitar a remoção das peças após a cocção.
4. **Fermentação final:** 1 hora ou até dobrar de volume.

FÓRMULAS

5. Unte os dedos generosamente com azeite de oliva e faça perfurações com as pontas dos dedos por toda a superfície. Imediatamente antes da cocção, pincelar uma camada generosa de azeite de oliva e distribuir alecrim e sal marinho.

6. Cocção: 220 ºC. Quando assada e assim que sair do forno, pincelar com azeite de oliva, o que apura o sabor e protege contra o ressecamento.

Nota: a presença de azeite de oliva na massa produz um interior macio e uma estrutura de células abertas, porosas e um pouco borrachudas.

FOUGASSE

Comece este pão de origem mediterrânea, de fermentação longa, elaborando uma esponja. A modelagem tradicional simboliza uma folha. Depois, adicione azeitona preta carnuda e alecrim, e asse em forno quente (idealmente a lenha). Aprecie como aperitivo, com azeite extravirgem, acompanhado de vinho tinto encorpado.

Ingredientes	%	Peso
Fermento fresco	1%	10 g
Água a 24 ºC*	60%	600 g
Farinha especial para pães	90%	900 g
Farinha de grão de bico	10%	100 g
Azeite de oliva	2,5%	25 g
Sal marinho	1,75%	17,5 g
Azeitona grega preta, picada	20%	200 g
Alecrim fresco	Quanto baste	Quanto baste

*Variável

1. **Método indireto:** preparar uma esponja (*poolish*) dissolvendo o fermento em 300 g de água e 300 g de farinha, para uma esponja bem líquida. Cobrir e deixar fermentar por 4 horas. Adicionar o restante dos ingredientes da massa, exceto a azeitona e o alecrim, e misturar até obter uma massa elástica. Depois, adicionar a azeitona e o alecrim somente até incorporar. Cobrir.

2. **Fermentação de piso:** 1 hora ou até dobrar de volume.

3. **Divisão:** retirar o ar da massa, dobrá-la sobre si mesma algumas vezes e cortá-la em pedaços de 350 g. Bolear e deixar descansar sobre uma superfície enfarinhada por 30 minutos, coberta.

4. **Modelagem:** retirar suavemente o ar formado e esticar as peças em oblongos de 30 cm x 18 cm. Fazer um corte no meio de cada peça e depois, de 4 a 6 pequenas incisões de cada lado, de modo a obter o desenho de uma folha; puxar levemente as incisões para abri-las (vide fotos do caderno colorido). Dispor os pães em assadeiras em forma de folha.

5. **Fermentação final:** 1 hora.
6. **Finalização:** pincelar com azeite de oliva e salpicar sal grosso.
7. **Cocção:** 220 ºC por cerca de vinte minutos, ou até dourar. Pode ser assado diretamente em forno a lenha, ou sobre uma pedra preaquecida.

CIABATTA

É difícil afirmar em qual região da Itália a *ciabatta* teve origem. Uma das probabilidades é que haja sido primeiramente fabricada pelos monges do lago de Como, no extremo norte da Itália. Atualmente, a *ciabatta* pode ser encontrada por toda Itália, com características levemente diferentes, como mais crocante ou mais macia, mais porosa ou menos porosa. Por conseguinte, existe uma variedade de fórmulas e métodos de mistura dessa massa; pelo método indireto, pode ser elaborada utilizando-se *biga*; em outros casos, *poolish* ou *lievito naturale* (*levain*).

Pode ainda ser elaborada com farinha integral, variação conhecida como *ciabatta integrale*. Se elaborada com leite, se torna *ciabatta latte*. De fato, *ciabatta* se refere mais especificamente à modelagem do que a um tipo de massa específica.

POOLISH

Ingredientes	%	Peso
Farinha especial para pães	100%	250 g
Fermento biológico fresco	2%	5 g
Água a 45 ºC	100%	250 g

1. Dissolver o fermento biológico em 200 ml de água e deixar descansar por quinze minutos. Adicionar o restante dos ingredientes e misturar até formar uma massa líquida. Cobrir e deixar em temperatura ambiente (25 ºC) por 12 horas ou até a superfície murchar levemente (se tornar côncava).

MASSA FINAL

Ingredientes	%	Peso
Farinha especial para pães	100%	1 kg
Sal	2%	20 g
Açúcar	2%	20 g
Poolish	100%	500 g
Fermento fresco	2%	20 g
Água a 20 ºC*	40%	400 g
Leite	5%	50 g
Azeite de oliva	3%	30 g

*Variável

1. Mistura da massa final: colocar os ingredientes na misturadeira, exceto a água, que deve ser adicionada em 80% e ajustada até se obter uma consistência bastante macia e úmida; misturar por 3 minutos em primeira velocidade. Após atingir a consistência, aumentar a velocidade misturando por 7 minutos, até atingir um glúten bastante desenvolvido.
2. Fermentação de piso: 4 horas, com dobra a cada 2 horas.
3. Dispor a massa em superfície bem enfarinhada e retirar o ar cuidadosamente. Deixar descansar, mantendo-a coberta em temperatura ambiente por 30 minutos.
4. Divisão: cortar a massa com faca ou bisturi em pedaços de 100 g a 250 g, em forma oblonga de 10 cm por 18 cm, aproximadamente. Colocar as peças em assadeira bem enfarinhada.

5. Fermentação final: 45 minutos ou até que a massa fique porosa e leve.
6. Cocção: 220 ºC por 25 a 30 minutos, com vapor.

LAVASH OU PÃO FOLHA

Ingredientes	%	Peso
Fermento biológico instantâneo	2,5%	45 g
Água a 24 ºC *	55%	1 kg
Farinha especial para pães	100%	1800 g
Sal	1,7%	30 g
Manteiga, temperatura ambiente	7,5%	240 g
Açúcar	1,7%	15 g

1. Método direto: misturar todos os ingredientes em velocidade baixa por 3 minutos. Ajustar a hidratação até obter uma massa firme, e misturar em segunda velocidade por mais 4 minutos ou até obter uma massa elástica. Depositar em um recipiente grande, de preferência com tampa (como uma caixa de plástico).

2. Fermentação de piso: 2 horas.

3. Dobras: retirar o ar da massa e dobrá-la sobre si mesma a cada 1 hora. Tampar a massa e levá-la ao retardamento (12 horas sob refrigeração, bem tampada).

4. Divisão: retirar o ar da massa e dividi-la em pedaços de 180 g. Bolear e deixar descansar sobre superfície enfarinhada por 15 minutos.

5. Passe a massa pelo cilindro até ela ficar bem fina, mas antes que comece a se romper, ou abra-a cuidadosamente sobre uma superfície bem enfarinhada.

6. Prepare uma assadeira salpicando semolina grossa sobre toda sua extensão. Ao tirar a massa fina do cilindro, coloque-a sobre a assadeira, usando seus cantos e formando um retângulo completo.

7. Fermentação final: 10 minutos. Este passo não busca a fermentação, mas o relaxamento da massa. Furar toda a extensão da assadeira com um garfo. Borrifar com água e salpicar sal grosso e alecrim fresco.

8. Cocção: 190 ºC por cerca de 7 minutos, ou até dourar.

Variações: ervas finas frescas ou secas, semente de gergelim, alho seco, pimenta calabresa, queijo parmesão ou pecorino ralado.

O pão sem sova

Uma matéria publicada pelo jornal New York Times em 2006 apresentou uma técnica alternativa de produção de pão. Na reportagem, intitulada "No knead bread", a novidade era uma massa de pão que não necessitava de sova e que podia ser manipulada por qualquer iniciante. O artigo original está arquivado no site do jornal e somente pode ser acessado por assinantes, mas o assunto pode ser encontrado também em uma quantidade impressionante de blogs, artigos de revistas, no Youtube e até em livros que vão além da receita original, substituindo partes da farinha branca por farinha integral, adicionando sabores, aromas, etc. Nesse artigo, uma massa básica é submetida a um período longo de fermentação inicial, que alinharia as cadeias de glúten por causa de uma reação físico-química, sem a necessidade de desenvolver o glúten apenas pela ação mecânica da sova. Na verdade, o glúten, que é a estrutura e o coração de um pão crocante, une suas cadeias pela exposição a uma hidratação longa que ocorre paralelamente à fermentação. Nesse caso, o agente fermentador ativo é adicionado numa quantidade quase irrisória, e as bactérias que serão desenvolvidas dentro da massa têm mais tempo para uma seleção natural. Essa seleção vai facilitar a ação das bactérias que são mais apropriadas àquela determinada farinha e àquele determinado ambiente físico e químico. O calor, a natureza das bactérias existentes no ar, a farinha, tudo isso influencia na formação de um glúten resistente e elástico e na quantidade de fermentação que ocorrerá na massa. Uma massa que eu realizo em Miami, a uma temperatura média de 30 °C, se comportaria de maneira diferente de uma massa que realizo em San Francisco, a uma temperatura média de 15 °C, por exemplo. Aliás, no caso de San Francisco, temos uma seleção natural de bactérias únicas que exercem grande influência no sabor do produto fermentado (San Francisco Sour Dough). Portanto, não acredite em receitas que forneçam tempos específicos, porque ligeiras diferenças entre o ambiente em que você se encontra, os ingredientes e a técnica e as condições do ambiente, os ingredientes e a técnica de outra pessoa podem mudar tudo!

Quanto à temperatura ambiente: temperaturas de fermentação mais cálidas tendem a se processar mais rapidamente, mas uma melhor fermentação ocorre em um ambiente mais frio, que diminua a velocidade em que as bactérias metabolizam em açúcar o carboidrato da farinha. Sugiro que você tome nota da temperatura do ambiente, do tipo de farinha (sempre farinha para pães), da quantidade e do tipo do fermento utilizado (alguns fermentos são mais rápidos que outros), da água (detalhes como pH, dureza, conteúdo de minerais e equilíbrio de íon podem mudar as características da fermentação), da quantidade de sal (o sal diminui a velocidade da fermentação). Suas anotações são seus melhores guias!

O avanço em relação a essa técnica não se restringe ao alinhamento do glúten por repouso ou pela fermentação preguiçosa e natural, mas também influencia na cocção dessa massa, que é de fundamental importância. Não tenho na minha casa um forno com injeção de vapor, ou um que seja específico para temperaturas elevadas de 300 ºC. E sabemos que a formação da casca em muito se beneficia com esses implementos, assim como a formação da estrutura do interior do pão, o miolo, o odor, a coloração, etc. A sugestão, então, é que se construa o que se chama *dutch oven*, o que poderíamos traduzir como forno holandês, que seria um forno dentro de um forno.

Explico: se não posso ter a injeção de umidade no forno total ou aquecê-lo à temperatura ideal, posso diminuir a área de concentração de calor e garantir a umidade pela ação de um material ou recipiente de cocção que garanta o mesmo efeito da umidade injetada. Eu investiria em um Le Creuset com tampa ou algo similar, que sele o pão e lhe proporcione a umidade e o calor necessários.

Para os noviços na arte do pão, não pensem, ao terminarem esta leitura, que é muito difícil obter grandes resultados mesmo em sua primeira tentativa. A maioria de meus alunos colhem seus louros de sucesso logo em sua primeira investida. O importante é se divertir e aprender; não se preocupe em ser perfeito. Definitivamente, não existe nenhum lado negativo em assar um pão, e o lado positivo pode ser fabuloso! Tente e aproveite!

Dicas (para rever ou corrigir o pão sem sova):

1. Adicione mais farinha ou menos água do que na primeira vez. A massa tem a tendência a se tornar mais pegajosa após algumas horas de fermentação, por isso tente fazer uma massa mais firme, pois o produto final será igualmente satisfatório e a manipulação da massa será bem mais fácil.

2. Reconsidere o tempo de fermentação inicial. Não se fixe na ideia de 18 ou 16 horas, pois, dependendo das condições do ambiente (temperatura e umidade), esse tempo pode significar um excesso de fermentação. Quando uma massa fermenta em excesso, as cadeias de glúten começam a se romper, a fermentação perde sua eficácia e a textura da massa tende a se tornar mais pegajosa. À temperatura ambiente, cerca de 12 a 14 horas geralmente são suficientes. Caso você insista em deixar a massa por mais tempo, considere a hipótese de mantê-la sob refrigeração no final do processo (nunca no princípio). Deixe a massa retornar à temperatura ambiente até estar pronta para a cocção.

3. O mesmo princípio é válido para a segunda fermentação. A sugestão de 1 a 2 horas também pode ser reduzida. Lembre-se de que nessa segunda fermentação (curta) a massa não parecerá muito expandida, o que ocorrerá nos primeiros 10 minutos de cocção (expansão de forno). Manter esses períodos de fermentação mais reduzidos garante que, ao entrar no forno, a fermentação ainda se manifeste ativa e vigorosa.

PÃO SEM SOVA

Ingredientes	Quantidade
Farinha especial para pães	250 g
Fermento biológico instantâneo	3 g
Sal	5 g
Água a 22 ºC	130 g

Observação: este método é bastante generoso, e se alterarmos os ingredientes ou suas proporções poderemos obter agradáveis surpresas. Uma das coisas que precisamos saber sobre este estilo de elaboração de massa de pão é que ele é de fácil execução e envolve apenas tempo. Por isso, esta receita faz um filão por vez – assim, você não se sente arriscando muito ao experimentar variações. Tente utilizar diferentes farinhas e brincar um pouco com a hidratação!

1. Em uma tigela de vidro, misture bem os ingredientes secos. Adicione a água e misture bem. Cubra com um filme plástico e deixe a massa repousar à temperatura ambiente (21 ºC) por cerca de 18 horas. Ela crescerá mais que o dobro e estará cheia de pequenas bolhas de gás.

2. Enfarinhe levemente uma superfície lisa e cuidadosamente despeje sobre ela a massa, que estará bem mole. Usando seus dedos enfarinhados, rapidamente dobre as extremidades da massa para o centro em uma direção, depois em outra, como se fosse um envelope.

3. Coloque a massa sobre uma superfície levemente enfarinhada, com as emendas das dobras voltadas para baixo. Polvilhe farinha na massa e mantenha-a coberta com um pano de prato, um filme plástico ou a tampa da panela. Deixe a massa crescer à temperatura ambiente (até 26 ºC) por cerca de 2 horas.

4. Enquanto a massa está agindo na sua última fermentação, aqueça o forno e insira a pedra de cocção (caso você tenha uma), a panela de ferro ou a *dutch oven* de ferro ou esmaltada com tampa por no mínimo 1 hora a

280 °C, para aquecer. Remova o recipiente do forno, enfarinhando-o levemente. Coloque a massa dentro do recipiente e delicadamente regresse ao forno. Cubra com a tampa e asse por cerca de 20 minutos. Depois, remova a tampa, diminua a temperatura para 200 °C e asse por mais 20 minutos ou até que a crosta fique com uma coloração caramelizada intensa. Retire a massa do forno e deixe-a esfriar um pouco antes de desenformar.

5. Rendimento: 1 *boulée*.

6. Temperatura do forno: 280 °C.

7. Tempo total de preparação: cerca de 20 horas (conforme a temperatura ambiente de cerca de 20 °C).

8. Tempo total de cocção: 1 hora para o preaquecimento, e cerca de 40 a 45 minutos para a cocção.

Pães escalfados

BAGEL

De origem austríaca, o *bagel* é muito difundido na colônia judaica. De crosta grossa e aspecto "borrachudo", tem sabor e coloração distintivos, além do característico orifício no centro. Sua individualidade está no fato de ser rapidamente escalfado em uma solução alcalina antes de ser assado. Tal processo faz com que a massa se expanda na mistura alcalina, e menos durante a cocção, produzindo uma textura densa e borrachuda.

Ingredientes	%	Peso
Farinha	100%	1 kg
Fermento fresco	1,5%	15 g
Água gelada*	50%	500 g
Sal	2%	20 g
Malte (extrato)	2%	20 g
Açúcar	5%	50 g
Gordura	3%	30 g

*Variável

1. **Método direto:** misturar a massa do *bagel* até o desenvolvimento máximo do glúten (a massa ficará bem firme). Interromper a mistura quando a massa atingir 25 ºC.

2. Corte: dividir a massa em pedaços de 100 g e modelar imediatamente, boleando.
3. Levar os *bagels* a uma câmara climática a 20 ºC (mínimo de 8 horas e máximo de 24 horas), e então voltar à temperatura ambiente antes de assar. Também é possível colocá-los em estufa de crescimento (28 ºC e 80% de umidade) por trinta a sessenta minutos.
4. Escalfamento: levar para ferver 4 l de água e 360 ml de mel. Escalfar os *bagels* nessa solução, a 100 ºC, por um minuto de cada lado. Removê-los da água e deixá-los escorrer.
5. Distribuir os *bagels* em assadeiras e polvilhá-los com semente de papoula ou gergelim.
6. Cocção: 200 a 210 ºC por quinze a dezoito minutos, ou até dourar.

Enquanto a massa descansa, o fermento continua produzindo gás carbodióxido, que se infiltra nos pequenos bolsões de ar formados durante o amassamento, causando expansão e subsequente crescimento da massa. Mesmo uma manipulação delicada do glúten, sem grande processo de sova, faz a massa mais coesiva e elástica durante a fermentação. O fermento atinge seu ponto máximo de atividade em torno de 35˚C, e a essa temperatura a massa cresce rapidamente. Mas uma massa com alta taxa de atividade fermentadora pode desenvolver aromas indesejáveis, culminando com a abundância de subprodutos do metabolismo do fermento, como o álcool. Controlar a temperatura ambiente, mantendo a massa em local fresco ou sob refrigeração, estende o crescimento, diminui a presença desses subprodutos e encoraja odores e sabores mais desejáveis. Quanto mais longo for o período de fermentação, mais tempo haverá para o fermento e as bactérias presentes na massa gerarem compostos flavorizantes.

PRETZELS

Ingredientes	%	Peso
Farinha	100%	1 kg
Água a 24ºC*	49,5%	480 g
Fermento fresco	3%	30 g
Açúcar	15%	150 g
Margarina	15%	150 g
Sal	1,5%	15 g
Leite em pó	4,5%	45 g
Ovos	12%	120 g

*Variável

1. **Método direto.** A massa deve ser levemente macia (temperatura entre 24 e 26 ºC).
2. **Fermentação de piso:** deixar fermentar até dobrar de volume.
3. **Divisão:** retirar levemente o ar da massa e cortá-la em pedaços de 120 g.
4. **Prova intermediária:** 15 minutos.
5. **Modelagem:** estirar a massa em cilindros de 30 a 40 cm. Modele cada peça como na figura, e vire-as do lado contrário. Coloque-as em assadeira preparada pulverizada com farinha, com espaço suficiente para permitir uma fácil manipulação.
6. **Prova final:** 15 minutos.
7. **Preparar o banho (escalfamento):** coloque 4 litros de água e 400 g de bicarbonato de sódio em uma panela grande e leve ao fervilhamento, mas não ferva.

8. Escalfamento: deposite quantas peças couberem na panela, pressionando-as para submergir por alguns segundos. Garanta que todas as peças estejam cobertas pela solução alcalina. Permita que os *pretzels* se expandam ligeiramente (30 segundos), retire-os com o auxílio de uma escumadeira e deposite-os sobre um tapete de silicone. Aplique imediatamente o *topping* desejado (sal grosso, ervas aromáticas, gergelim ou semente de papoula).
9. Cocção: 220 °C até obter um dourado intenso (15 minutos). Pincelar os *pretzels* imediatamente com manteiga clarificada e aplicar o *topping*, se desejado, incluindo queijo ralado, ervas ou açúcar com canela.

Pães *au levain*

Pré-fermentos

Os pães *au levain* são fabricados com o método indireto, e podem variar enormemente.

MADRE (mãe)

Ingredientes	%	Peso
Farinha orgânica	50%	200 g
Farinha de centeio	50%	200 g
Água filtrada a 24 ºC	100%	400 g
Total		800 g

Mistura	Manual, até combinar	3 a 4 minutos
Temperatura ambiente	Verão: 30-34 ºC	Inverno: 26-30 ºC
Tempo de fermentação da cultura mãe		36 horas
Alimentação 1	Após as 36 horas à temperatura ambiente especificada, alimentar com farinha orgânica (200 g) e água filtrada a 24 ºC (200 g), a cada 12 horas.	De 12 em 12 horas
Alimentação 2	Alimentar com farinha orgânica (100 g) e água filtrada (100 g) a 24 ºC.	3 vezes em 24 horas
Produto final – *madre* (mãe)	Mantenha refrigerada. Retire da geladeira e deixe chegar à temperatura ambiente antes de utilizar. Reponha a quantidade retirada (por exemplo, se retirar 300 g, adicione 150 g de farinha e 150 g de água a 24 ºC). Proceda assim sempre que necessitar.	Complete em 84 horas todo o processo

BIGA

Ingredientes	%	Peso
Farinha	100%	1.000 g
Fermento biológico fresco	5%	50 g
Água	50%	500 g
Total		1.550 g

Tempo de mistura	Manual, até combinar	3 a 4 minutos
Temperatura ambiente	Verão: 30-34 ºC	Inverno: 26-30 ºC

POOLISH

Ingredientes	%	Peso
Farinha	100%	100 g
Fermento biológico fresco	2%	2 g
Água	100%	100 g
Total		202 g

Tempo de mistura	Manual, até combinar	3 a 4 minutos
Temperatura		25 ºC (temperatura ambiente)
Tempo de descanso		15 horas ou até que a superfície entre levemente em declínio

Nota: o total de *biga* ou *poolish* produzido por essas quantidades é diferente daquela pedida pela fórmula para 1 kg de farinha. Reserve ou amplie sua receita, ou a adapte segundo suas necessidades, utilizando-se do método de percentagem.

BÂTARD À LA PÂTE FERMENTEÉ

Um *bâtard* é um pão francês de 15 a 25 cm de comprimento e de 7 a 15 cm de largura.

Bâtards são semelhantes em sabor e aparência às baguetes, mas têm metade do comprimento e são ligeiramente mais largos. A massa (*pâte*) dos *bâtards* consiste em farinha, levedura, sal e água.

Bâtards são pães versáteis, usados para sanduíches e aperitivos. Eles têm uma textura mastigável e um sabor suave, com um exterior crocante e dourado e um interior de migalhas brancas e abertas. Sua superfície externa tem cortes que lhe dão uma aparência característica e permitem uma expansão controlada do pão durante a expansão final no forno.

Ingredientes	Quantidade
Farinha especial para pães	1 kg
Sal	22 g
Fermento biológico instantâneo	20 g
Água fria (20 °C)	630 g
Pâte fermentée (sobra de massa fermentada jovem)	400 g

1. **Mistura:** coloque em uma batedeira a massa fermentada, o fermento biológico, a farinha e depois ajuste a quantidade de água, misturando por 2 minutos em velocidade baixa. Acrescente o sal e bata por mais 5 minutos em velocidade intermediária.

2. **Fermentação de piso:** 1 hora e 30 minutos. Deixe a massa descansar sobre uma superfície seca, coberta com pano de prato ou filme plástico. Após 45 minutos, faça uma primeira dobra, trazendo as laterais da massa em direção ao centro; inverta-a dentro do recipiente, com a boca para baixo, e repita a operação depois de 45 minutos, ao final da prova inicial. Observação: quanto maior for o número de vezes que a massa descansar para a incorporação de novo gás carbodióxido, melhor será a durabilidade, a crocância, a coloração e a fermentação, ou seja, a qualidade geral do pão.

Fórmulas

3. **Divisão:** retire um mínimo de ar acumulado na massa e corte-a em peças de 300 g, fazendo um boleamento solto (sem muita pressão) e mantendo as peças cobertas por todo o tempo.

4. **Fermentação intermediária:** 45 minutos. Cada vez que uma massa é cortada, ou que as cadeias de glúten formadas são rompidas, ela deve sofrer outra etapa de descanso a fim de ficar maleável e elástica para a modelação. Descansos são sempre em temperatura controlada, e a massa deve ficar coberta para evitar a perda da umidade.

5. **Modelagem:** usando as mãos livremente e não sobrecarregando a massa, achate-a em forma de retângulo, mas sem retirar o ar. Dobre o terço inferior da massa para o centro e pressione firmemente. Empurre suavemente a massa com a parte posterior da palma da mão, expulsando quaisquer bolsos de ar, e fazendo uma costura apertada. Dobre o terço superior para baixo, em direção ao centro, e pressione firmemente para fazer uma costura apertada. Dobre o pão inteiro ao meio e pressione-o firmemente ao longo da borda para selar a costura. Role o pão levemente para frente e para trás para alongar suas extremidades. Coloque-o em uma assadeira bem enfarinhada, com o lado da costura para baixo.

6. **Fermentação final:** 30 minutos a 1 hora, dependendo da temperatura e da umidade do ambiente.

7. **Cocção:** 250 ºC com vapor.

Variações

Essa massa é extremamente versátil quanto ao sabor, à modelagem e ao tamanho. A textura do pão não deve apresentar mudanças significativas, mas pode se fundir aos recheios que sua imaginação permitir.

Como regra geral, adicione à massa o ingrediente selecionado no último momento, antes que seja retirada da masseira a quantidade de um quinto de seu peso ou a gosto.

Pão com uvas-passas ou *benoîtons*:

- Adicione 200 g de uvas-passas sem sementes (1 kg de massa para 200 g de uvas-passas).

Pão de cebola ou *pain aux oignons*:

- Adicione 200 g de cebola salteada e fria a 1 kg da *pâte bâtarde*.

Pão de nozes ou *pain aux noix*:

- Adicione 200 g de nozes picadas para 1 kg de *pâte bâtarde*.

Pão roquefort ou *pain au roquefort*:

- Adicione 200 g de queijo roquefort em pedaços.

Pão de bacon ou *pain aux lardons*:

- Adicione 200 g de bacon salteado e sem gordura a 1 kg da *pâte bâtarde*.

BAGUETTE FRANÇAISE À LA PÂTE FERMENTÉE

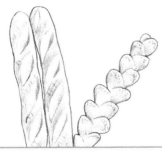

Ingredientes	%	Peso
Farinha especial para pães	100%	2.750 g
Água gelada (20 ºC)*	64%	1.850 g
Sal	2%	55 g
Fermento fresco	2%	55 g
Pâte fermentée (sobra de massa fermentada)	30%	800 g

*Variável

1. **Temperatura da massa:** 25 ºC.
2. **Fermentação de piso:** trinta minutos a 24 ºC.
3. **Divisão:** retire o ar da massa com a palma da mão. Levante a massa e dobre-a sobre si mesma cinco vezes, para distribuir a temperatura e permitir o relaxamento do glúten. Cortar em peças de 300 g e deixá-las relaxar por 15 minutos, cobertas.
4. **Modelagem:** pressione suavemente a massa com o centro da palma da mão e dê-lhe a forma de um retângulo de cerca de 20 cm de extensão. Faça uma dobra de envelope, trazendo o primeiro 1/3 da massa até o centro e depois a parte restante, como se fosse fechar o envelope até a ponta da massa, selando-a muito bem com a lateral de sua palma. Agora, comece a estirá-la em forma de bastão, começando pelo centro (suavemente, para não matar nossas adoráveis bolhas de gás carbodióxido!) e depois do centro para as pontas, cuidadosamente. Salpique a superfície

com farinha e não deixe a massa grudar na mesa, pois isso romperia a estrutura de glúten e gás construída durante o processo.

5. Prepare as assadeiras, salpicando-as com uma mistura de farinha comum e farinha de semolina grossa, o que ajuda a dar crocância ao produto final. Transfira as peças para assadeiras perfuradas ou para *couches*, delicadamente.

6. **Fermentação de piso:** 45 minutos ou até dobrar de tamanho.

7. **Acabamento:** se desejar, pincelar clara de ovo e distribuir uma camada fina de semente de papoula ou gergelim, ou apenas fazer cortes com bisturi. Os cortes devem ser feitos paralelamente ao comprimento do pão, e devem ser mais rasos do que os de pães redondos. Segure a faca em um ângulo de aproximadamente 30 graus (também conhecido como corte labial ou de orelha) ao longo da superfície do pão.

8. **Cocção:** 250 ºC por 30 minutos, com vapor.

BAGUETE VIENENSE

Na França, em 1840, padeiros austríacos aprendizes criaram a versão vienense do pão francês mais popular, a baguete, de crosta dourada, macia e delicada, com cortes característicos e atraentes. A modelagem é determinada pelo padeiro em função, mas em geral trata-se de um produto que varia de 10 cm a 25 cm de comprimento, de 70 g a 500 g, com cortes profundos e paralelos e não muito distantes entre si. O estilo ferradura também é bastante comum.

Ingredientes	%	Peso
Farinha	100%	2 kg
Água a 20 ºC*	50%	1 kg
Sal	2%	40 g
Fermento instantâneo seco	2%	40 g
Açúcar	7%	140 g
Leite em pó	10%	200 g
Ovos	10%	200 g
Pâte fermentée	20%	400 g

*Variável

1. **Temperatura da massa:** 24 ºC.
2. **Fermentação:** uma hora a 24 ºC.
3. **Divisão:** retirar o ar da massa e cortá-la em peças de 350 g.
4. **Fermentação intermediária:** 40 minutos a 24 ºC, coberto.
5. **Modelagem:** abrir em um retângulo e enrolar como rocambole, fechar firmemente e colocar a costura para baixo. Dispor sobre a assadeira; alternativa: disponha na assadeira e dobre em estilo ferradura.

6. **Fermentação final:** 45 minutos ou até dobrar de volume. Pincelar.

7. **Finalização:** faça cortes próximos, com uma distância de 0,5 cm entre si; os cortes devem ser um pouco mais profundos do que os de uma baguete comum, e devem ser feitos com a faca ou lâmina a 30 graus. Pincelar.

8. **Cocção:** 230 °C por 25-30 minutos.

PAIN DE CAMPAGNE

O *pain de campagne* (camponês) é a herança dos padeiros vindos do campo para a cidade. Conta-se que, na época da Primeira Guerra Mundial, soldados franceses faziam um verdadeiro ritual enfileirando-se para receber pão, doá-lo a sua família e partir para o combate. Na França, a legislação diz que a massa deve conter no mínimo 10% de farinha de trigo integral.

Ingredientes	%	Peso
Farinha	80%	2 kg
Farinha integral	20%	400 g
Água a 20 ºC*	50-60%	1.000-1.200 g
Sal	2,5%	50 g
Fermento biológico instantâneo	1%	20 g
Pâte fermentée	50%	1 k

*Variável

1. Método direto com utilização de *pâte fermentée*. Temperatura da massa: 25 ºC.
2. Fermentação de piso: 90 minutos a 24 ºC.
3. Divisão: retirar o ar da massa e dividi-la em peças de 450 g.
4. Fermentação intermediária: 55 minutos a 24 ºC.
5. Modelagem: *boulée* (boleado).
6. Fermentação final: sessenta a noventa minutos (cortar com lâmina).
7. Cocção: 220 ºC por quarenta minutos, com vapor.

PÃO COMPLETO

Não se deve negligenciar o papel que uma dieta de fibras e vitaminas contidas em farinhas integrais e alternativas tem para a boa saúde e a prevenção de doenças renais, digestivas e intestinais. O que se conhece como pão completo diz respeito às características de fermentação e equilíbrio dietético e nutricional desse alimento, que pode variar em porcentagens de fibras e ainda conter grãos orgânicos. Certifique-se com sua padaria ou fornecedor das características do pão consumido.

Ingredientes	%	Peso
Farinha completa[1]	100%	2 kg
Água a 20 ºC*	64%	1.400 g
Sal	2%	40 g
Fermento fresco	3%	60 g
Pâte fermentée	10%	200 g

*Variável
[1] Farinha completa, neste caso, trata-se de uma mistura de cerca de 60% de farinha de trigo comum para pão, 10% de farinha integral, 10% de farinha de soja, 10% de semente de linhaça e 10% de farinha de centeio. Quaisquer variações de grãos podem modificar o paladar, a textura, a fermentação e, portanto, o produto final.

1. Método direto de mistura com utilização de pré-fermento (*pâte fermentée*).
2. Temperatura da massa: 25 ºC.
3. Fermentação de piso: uma hora a 24 ºC.
4. Divisão: retirar o ar da massa e dividi-la em oito peças de 70 g, para o formato *couronne*, ou em peças de 450 g, para o formato oblongo.
5. Descanso: quinze minutos a 24 ºC.

6. **Modelagem:** *couronne* e oblongo.
7. **Fermentação final:** sessenta a noventa minutos. Polvilhar um pouco da farinha completa por cima para resultar num pão mais rústico.
8. **Cocção:** 240 ºC por quarenta minutos, com vapor.

PAIN COMPLET AUX OLIVES

Ingredientes	%	Peso
Pâte fermentée	40%	400 g
Farinha orgânica	100%	1 kg
Água a 24 ºC*	55-65%	550-650 g
Sal marinho	2%	20 g
Azeitona preta picada	7%	70 g

*Variável

1. **Mistura:** coloque todos os ingredientes em primeira velocidade por três minutos, e em segunda velocidade por quatro minutos. A temperatura da massa não deve ser superior a 26 ºC.
2. Ajustar a consistência da massa, que deve ser macia, mas não pegajosa. Acrescentar a azeitona picada ao final da mistura, somente até incorporá-la.
3. **Fermentação de piso:** colocar a massa sobre uma superfície untada, cobri-la com filme plástico ou juta e deixá-la fermentar até dobrar de volume (cerca de duas horas a duas horas e meia).
4. **Divisão:** retire delicadamente o excesso de ar da massa e corte-a em pedaços de 300 g.
5. **Fermentação intermediária:** 45 minutos.
6. **Modelagem:** em *boulée* ou estilo *fougasse*. Os cortes só devem ser feitos imediatamente antes de fornear.
7. **Fermentação final:** 1 hora ou até dobrar de volume. Fazer cinco cortes latitudinais e abri-los suavemente com as mãos. Salpicar farinha sobre a superfície do pão.
8. **Cocção:** 225 ºC por dezoito a vinte minutos, dependendo do calor do forno e do tamanho das peças; ou até que fique dourado e crocante.

PÃO DE POLENTA AO POOLISH

POOLISH

Ingredientes	%	Peso
Farinha	100%	200 g
Fermento fresco	2,5%	0,5 g
Água a 45 ºC *	100%	200 g

1. Combine todos os ingredientes do *poolish* em uma tigela e deixe coberto em temperatura ambiente por cerca de três horas, ou até que fique bastante esponjoso e fermentado.

MASSA FINAL

Ingredientes	%	Peso
Poolish	100%	Total
Farinha	73%	730 g
Polenta	27%	270 g
Fermento fresco	3%	30 g
Água a 20 ºC*	50%	500 g
Sal	3%	30 g
Açúcar	30%	300 g
Azeite de oliva	4%	40 g
Ovos	20%	200 g
Milho em conserva ou congelado	10%	100 g

*Variável

1. Mistura: coloque todos os ingredientes e fixe a hidratação até obter uma massa levemente pegajosa; misture por 3 minutos em baixa velocidade. Depois, misture em segunda velocidade até desenvolver uma massa lisa e elástica, por cerca de mais 7 minutos. Total de dez a doze minutos.
2. Fermentação de piso: uma hora ou até dobrar de volume.
3. Divisão: com a parte posterior da palma da mão, expelir o excesso de gases da massa e cortá-la em pedaços de 500 g.

4. **Fermentação intermediária:** uma hora ou até dobrar de volume.

5. **Modelagem:** bolear.

6. **Fermentação final:** uma hora a uma hora e meia.

7. **Acabamento:** cortes com bisturi ou estilete. Amarrar como para presente, com duas fitas largas de palha de milho secas.

8. **Cocção:** 180 ºC por trinta a quarenta minutos, com vapor.

PÃO DE CHAMPAGNE E MAÇÃ

Elaborado com uma *biga* peculiar, feita com champagne em vez de água. A utilização de farinha de trigo integral em adição à farinha de trigo comum oferece ao pão distinção de aparência – rústica –, textura e sabor.

BIGA

Ingredientes	%	Peso
Farinha	100%	1.260 g
Fermento biológico fresco	1%	12 g
Champagne ou sidra	75%	945 g

1. **Tempo de mistura:** de 3 a 4 minutos. Misturar devagar, com colher de pau, em recipiente de vidro.
2. **Temperatura:** 26 ºC.
3. **Tempo de descanso:** 8 a 12 horas.

MASSA FINAL

Ingredientes	%	Peso
Farinha	80%	8 kg
Farinha integral	20%	2 kg
Fermento fresco	1,6%	120 g
Água a 20 ºC*	60%	4.500 g
Sal	2%	150 g
Biga a 28 ºC	30%	2.250 g
Maçã laminada, desidratada	20%	120 g

*Variável

1. Misturar a água, a *biga*, o fermento e a farinha por três minutos. Adicionar os demais ingredientes e misturar em segunda velocidade até obter uma massa bem desenvolvida.
2. **Fermentação de piso:** duas horas, até dobrar de volume.
3. **Divisão:** colocar a massa sobre uma superfície enfarinhada e delicadamente retirar o excesso de gases; cortá-la em peças de 500 g. Abrir cada

peça em formato retangular, deixando as extremidades mais grossas do que o centro. Puxar as extremidades para o centro. Com uma faca pequena afiada ou um bisturi, fazer três ou quatro cortes em V e dispor as maçãs entre as dobras para formar asas.

4. Virar as massas sobre si mesmas e colocá-las no banetton (foto) preparado com uma generosa quantidade de farinha de trigo peneirada. Deixar fermentar por cerca de duas horas. Quando a massa se mostrar aerada e leve ao toque, virá-la e dispô-la em assadeiras levemente enfarinhadas.

5. **Cocção:** 225 ºC por 25 a 30 minutos, com vapor, até a crosta se mostrar dourada e firme.

Pães integrais

As porcentagens para a elaboração de pães integrais são basicamente as mesmas daquelas destinadas à elaboração de massa branca. Usualmente, substitui-se uma quantidade da farinha de trigo por farinha integral, em variadas proporções. Por exemplo, 50%-50% significa que os 100% do total do ingrediente farinha são mesclados meio a meio. Pode-se elaborar 75%-25%, ou outras combinações, desde que preferencialmente garanta-se o mínimo de 50% de farinha de trigo comum, para um produto mais leve.

Uma variedade de pães que mesclam tipos de farinhas pode ser elaborada (como o pão de cinco ou de sete cereais, por exemplo) utilizando-se farinha de trigo, farinha integral, farinha de centeio, farelo de trigo, aveia, germe de trigo, farinha de arroz, farinha de soja, farinha de grão de bico, semente de girassol, semente de mostarda, semente de gergelim, semente de papoula ou linhaça.

PÃO DE CENTEIO COM PRÉ-FERMENTO

A farinha de centeio enfraquece o pão de duas a três vezes. Os grãos de centeio contêm casca, germe ou embrião e endosperma como o trigo. Mas o centeio não tem glutenina e possui muito pouca ou nenhuma gliadina, com altíssimo conteúdo de amido. O pão produzido exclusivamente com farinha de centeio apresentaria pequenas propriedades de retenção de gás, o que o tornaria denso, pobre em volume e pesado. Por essa razão, assim como os pães de farinha integral, utiliza-se a farinha de centeio em combinação com a farinha de trigo.

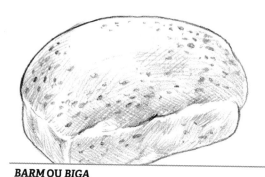

BARM OU *BIGA*

Ingredientes	%	Peso
Farinha branca	55%	140 g
Farinha de centeio	45%	130 g
Água	74%	200 g
Fermento fresco	3%	8 g

MASSA

Ingredientes	%	Peso
Barm ou *biga*	48%	478 g
Farinha especial para pães	70%	700 g
Alcarávia	1%	10 g
Farinha de centeio	30%	300 g
Fermento fresco	2%	20 g
Água a 20 ºC*	48%	480 g
Sal	2%	20 g
Melado	5%	50 g
Gordura	5%	50 g

*Variável

1. **Método indireto:** preparar o *barm* ou a *biga* com a farinha, a água e o fermento biológico. Misturar bem em uma tigela (nunca em metal, e sim em plástico ou vidro) e deixar fermentar à temperatura ambiente por 16 horas.
2. Adicione os demais ingredientes ao pré-fermento e misture em velocidade baixa por 2 minutos, para checar a hidratação. Ajuste para obter uma massa levemente pegajosa e misture em velocidade média, até chegar a uma massa maleável e elástica.
3. **Fermentação de piso:** 30 minutos.
4. **Divisão:** retire o excesso de gás da massa e corte-a em pedaços de 90 g para bisnaguinhas ou nozinhos, ou de 350 g para pão estilo livre ou pão de forma pequeno. Cubra.
5. **Fermentação intermediária:** 45 minutos.
6. **Modelagem:** para fazer nozinhos, estirar cilindros de cerca de 20 cm de comprimento.
7. **Fermentação final:** 40 minutos ou até dobrar de volume. O pão de centeio correto tem um volume significativo. Pincelar.
8. **Cocção:** 20 minutos para peças pequenas e 35 minutos para peças grandes. Para as peças grandes, meça a temperatura interna, que deve ser entre 90 °C e 95 °C.

Nota: a farinha de centeio absorve consideravelmente mais água do que a farinha de trigo comum. Quanto mais escura for a farinha de centeio, mais água, provavelmente, absorverá. Além disso, ela produz uma massa mais rígida. Embora tenham menos conteúdo de glúten (a farinha de centeio não forma glúten), as massas com farinha de centeio fermentam mais, por causa do conteúdo de açúcares naturais e enzimas, que produzem uma massa mais ácida e que necessita de menos tempo de fermentação. A massa deve ser sovada em velocidade baixa, para evitar excesso de atrito e, consequentemente, elevação da temperatura.

PÃO INTEGRAL COM MEL (FERMENTAÇÃO DUPLA)

O processo começa pela elaboração da *biga*, seguida do *levain*. A *biga* usada para essa fórmula vem de uma cultura firme, mantida com farinha de trigo e hidratação de 50%, alimentada a cada oito horas e deixada à temperatura ambiente para fermentar durante 24 horas. Então, já na mistura, o método é levemente modificado. O conteúdo quantitativo e qualitativo de proteína é pequeno na farinha de centeio, e, para preservar a estrutura do glúten, a mistura deve ser realizada em velocidade baixa. À baixa velocidade o atrito da massa com o gancho da misturadeira ou batedeira é pequeno e menos danoso ao desenvolvimento singular do glúten da farinha de centeio.

BIGA

Ingredientes	%	1ª mistura	2ª mistura	3ª mistura
Água a 40 ºC	50%	100 g	100 g	100 g
Farinha	100%	200 g	200 g	200 g

1. **Tempo de mistura:** devagar, por 3 a 4 minutos.
2. **Temperatura:** 26 ºC.
3. **Tempo de descanso:** 8 horas. Repetir o processo de adição de uma nova mistura a cada 8 horas.

LEVAIN

Ingredientes	%	Peso
Água a 40 ºC	55%	450 g
Farinha integral	50%	415 g
Farinha de aveia	50%	415 g
Biga	100%	830 g

1. **Tempo de mistura:** devagar, por 3 a 4 minutos.
2. **Temperatura:** 26 ºC.
3. **Tempo de descanso:** 12 horas.
4. O *levain* estará maduro e pronto para uso quando a superfície estiver inclinando levemente, após a expansão, e começando a retroceder.

FÓRMULAS

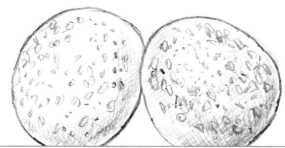

MASSA FINAL		
Ingredientes	%	Peso
Farinha	25%	560 g
Farinha de centeio	75%	1.690 g
Fermento fresco	0,7%	16 g
Água a 24 ºC*	80%	1.800 g
Sal	3%	65 g
Mel	7,5%	170 g
Levain a 28 ºC	75%	1.690 g

*Variável

1. Misturar as farinhas, o sal, o *levain*, a água e o mel em velocidade baixa até incorporar e obter uma massa de consistência macia. Adicionar o fermento e incorporar até que a massa comece a grudar nas laterais. Continuar a mistura em velocidade baixa por cinco minutos, iniciando o desenvolvimento da estrutura do glúten. Então, misturar em velocidade média até obter uma massa coesa e firme. Não exceder na mistura para não aquecer a massa excessivamente e disparar o processo de fermentação prematuramente.
2. Transferir a massa para uma superfície levemente untada com óleo; cobri-la.
3. Fermentação de piso: uma hora.
4. Divisão: retirar os gases acumulados na massa e dividi-la em pedaços de 450 g. Bolear.
5. Fermentação intermediária: uma hora.
6. Modelagem: *boulée*. Depositar sobre assadeira preparada.

7. **Fermentação final:** 1 hora ou até dobrar de volume.

8. **Finalização:** procedendo muito delicadamente para as peças não perderem volume, fazer cortes com lâminas ou em cruz, para os pães ficarem em estilo rústico – sofrerão rachaduras durante a cocção.

9. **Cocção:** 210 °C por dez minutos, diminuindo a temperatura para 200 °C, com vapor. Ao atingir uma coloração dourada, após cerca de vinte minutos, abrir a portinhola do forno e deixar ventilar, concluindo a cocção por mais uns dez minutos. O pão deverá apresentar uma crosta relativamente grossa, e o tempo de cocção dependerá da qualidade do forno e do tamanho dos pães a serem assados (temperatura interna entre 90 e 95 °C).

PÃO DE GIRASSOL

Ingredientes	%	Peso
Farinha	70%	700 g
Farinha integral	20%	200 g
Semente de girassol tostada	10%	100 g
Erva-doce, semente	2%	20 g
Avelãs torradas e picadas	2%	20 g
Pistache tostado e picado	2%	20 g
Fermento biológico fresco	3%	30 g
Água a 24 ºC*	60%	600 g
Sal	3%	30 g
Margarina	3%	30 g

*Variável

1. Misturar os ingredientes, exceto a avelã, o pistache, a semente de girassol e a erva-doce, por quatro minutos em velocidade baixa e por mais cinco minutos em velocidade alta. Adicionar os demais ingredientes e misturar em velocidade alta por mais um minuto.
2. Fermentação de piso: uma hora.
3. Divisão: retirar o gás delicadamente da massa e cortá-la em pedaços de 100 g; bolear.
4. Fermentação intermediária: uma hora ou até dobrar de volume.
5. Modelagem: bolear todas as peças e então borrifá-las com água e rolá-las em uma cama de semente de girassol, cobrindo toda a massa. Depositar as peças nos vasinhos (de barro ou alumínio), com a costura para baixo.
6. Fermentação final: deixar dobrar de volume.
7. Acabamento: pincelar com clara de ovo e distribuir uma porção generosa de semente de girassol no topo.
8. Cocção: 200 ºC por vinte a trinta minutos, com vapor, até dourar. Temperatura interna ideal: 90 a 95 ºC. Retirar do recipiente ainda morno, deixar secar até evaporar completamente a umidade, virando de lado para não achatar a modelagem.

PÃO DE CENTEIO, CANELA E UVA-PASSA (ESTILO ALEMÃO)

Ingredientes	%	Peso
Farinha	80%	2.500 g
Farinha de centeio	20%	500 g
Água a 20 ºC*	40-50%	1.200 g
Cacau em pó	1%	30 g
Sal	2%	60 g
Gordura	1,5%	45 g
Fermento fresco	3%	90 g
Café forte a 30 ºC	20%	600 g
Melado de cana	10%	300 g
Uva-passa	10%	300 g
Canela em pó	0,5%	15 g
Alcarávia	0,5%	15 g

*Variável

1. **Método direto:** despejar os ingredientes na tigela, exceto a uva-passa e os flavorizantes, e misturar por 3 minutos para ajustar a hidratação, e depois por mais 7 minutos em velocidade média para desenvolver uma massa elástica. Mistura: total de dez a doze minutos. Adicionar os flavorizantes e a uva-passa apenas no último minuto de mistura.
2. **Fermentação de piso:** uma hora ou até dobrar de volume.
3. **Divisão:** retirar o gás delicadamente da massa e cortá-la em peças de 500 g.
4. **Fermentação intermediária:** uma hora ou até dobrar de volume.
5. **Modelagem:** estilo rocambole (vide figura).
6. **Fermentação final:** uma hora a uma hora e meia.
7. **Acabamento:** fazer cortes com bisturi ou estilete.
8. **Cocção:** 200 ºC por quinze minutos e trinta minutos a 180 ºC, até que fique firme e com temperatura interna entre 90 e 95 ºC.

Massas enriquecidas

Em geral as massas consideradas enriquecidas são aquelas com uma proporção mais significativa de gordura, açúcar e ovos.

Apresentam interior macio e de textura coesa, e parte externa brilhosa e macia. A massa apresenta-se mais elástica e, como dissemos, incorpora o uso de ingredientes enriquecedores, além dos quatro ingredientes básicos da massa de pão. Os enriquecedores básicos usuais são açúcar, gordura, leite e ovos, agentes que adicionam coloração interna e externa, textura e sabor diferenciados.

A massa enriquecida pode conter até 25% de açúcar e gordura. Entretanto, quanto maior for a quantidade de açúcar e gordura na fórmula, maior será a dificuldade do produto final em manter modelagens mais elaboradas.

Outra característica da massa enriquecida refere-se ao seu grau de umidade. Tende a produzir massas mais pegajosas, e o padeiro tende a utilizar-se de mais farinha. Cuidado! Tente manter a característica da massa o máximo que puder. Use água bastante gelada!

O que pode auxiliar a manter as características de umidade da massa é a utilização de uma esponja. A fermentação é reduzida por causa dos enriquecedores, preservando as condições de manipulação e acondicionamento.

Alguns padeiros ainda usam o recurso de congelar a massa logo após sua elaboração para ter mais tempo de trabalhá-la sem prolongar a fermentação.

Tradicionalmente, massas enriquecidas demonstram coloração de miolo amarelada por causa dos ovos. No entanto, a adição de grande quantidade de ovos afeta a formação do glúten. Em produções comerciais, muitos padeiros usam uma pequena quantidade de corante amarelo (gema) para prover coloração.

CHALLAH

Challah (pronuncia-se "raláh") é o tradicional pão judaico, de massa enriquecida por ovos e manteiga. Em hebraico, significa "oferenda" e remete ao período de 280 a.C., quando uma porção do pão do Shabat era dado aos sacerdotes do templo. O ato do *challah* consistia em queimar uma parte da massa como oferenda antes de o restante do pão ser assado. O *challah* é tradicionalmente servido nas noites (após o pôr do sol) das sextas-feiras para o jantar de Shabat, e também durante as festas judaicas. O *challah* da sexta-feira à noite é geralmente trançado, mas o *challah* do Rosh Hashaná (ano-novo) é sempre redondo e bem liso. No Rosh Hashaná, é costume molhar o pedaço de *challah* em mel para simbolizar a doçura do novo ano que entra. O pão é servido no início da refeição, e cada pessoa o quebra com as mãos (não com faca) e se serve de um pedaço. Os pães são em geral trançados com sete cilindros, um para cada dia da semana.

Ingredientes	%	Peso
Farinha especial para pães	100%	2,5 kg
Fermento fresco	4%	100 g
Água a 20 ºC*	40%	1 kg
Sal	1,8%	45 g
Açúcar	8%	210 g
Leite em pó desnatado	3%	75 g
Óleo	9%	240 g
Gemas	7%	150 g
Ovos	10%	250 g
Açafrão (1 rama)	0,1%	0,3 g

*Variável

1. **Método direto:** colocar todos os ingredientes na masseira e misturar em primeira velocidade por três minutos e em segunda velocidade por seis minutos, cuidando para não aquecer a massa.
2. **Fermentação de piso:** despejar em superfície untada com óleo e deixar o creme descansar por uma hora, sempre cuidando para que a temperatura interna da massa não exceda a 26 ºC. Caso a temperatura comece a aumentar significativamente, manter a massa refrigerada.
3. **Divisão:** retirar o ar da massa, cortá-la em pedaços de 150 g e bolear. Deixar descansar por quinze minutos.
4. **Modelagem:** estirar as bolas de massa, fazendo cilindros de cerca de 30 cm, mais finos nas pontas e gordinhos no centro. Alinhar três tiras e trançá-las; para isso, faça uma divisão, puxando duas pernas para um lado e cruzando a primeira perna para o centro, inverta e proceda da mesma maneira até o final do cilindro. Coloque as pontas embutidas e pressione para que não abram durante o crescimento ou a cocção. Pincelar com uma mistura de gema e água e depositar em assadeira com pleno espaço entre os pães, já que eles duplicam de volume quando assam.

5. **Fermentação final:** deixar fermentar até dobrar de volume.
6. **Finalização:** passar outra camada de gema e água e pulverizar com gergelim e/ou semente de papoula.
7. **Cocção:** 180 ºC por cerca de 25 minutos, com vapor.

BRIOCHE ORIENTAL

Ingredientes	%	Peso
Farinha de trigo	100%	3.840 g
Sal	2%	75 g
Açúcar	6%	230 g
Ovos		35 unidades
Fermento fresco	8%	300 g
Wasabi em pó	1%	38 g
Gengibre ralado	2%	75 g
Cebolinha picada	6%	230 g
Leite gelado	6%	230 g
Manteiga (temperatura ambiente)	25%	960 g
Gergelim preto	3%	115 g
Gergelim branco	3%	115 g

1. **Método brioche:** este método tem como diferencial o modo de introduzir a manteiga na massa. Primeiramente, misturar todos os ingredientes, exceto a manteiga, o gergelim e os flavorizantes, em primeira velocidade, até obter uma hidratação firme, mas não seca. Ajustar, se necessário. Misturar por mais sete minutos até o glúten se desenvolver bem. Acrescentar a manteiga em cubos, em três adições, e misturar por mais 7 a 10 minutos, em segunda velocidade, até que a massa fique brilhante e coesa e a manteiga seja completamente absorvida. Adicionar os elementos flavorizantes e misturar por mais um minuto, até que tudo fique bem misturado.

2. Fermentação de piso: 45 minutos à temperatura ambiente.
3. Dobra: retire o gás formado na massa, dobre-a sobre si mesma algumas vezes e volte a depositá-la em um recipiente levemente untado e bastante amplo. Embalar com filme plástico.
4. Retardamento (fermentação intermediária): retardar a massa (refrigerar) por 6 a 12 horas.
5. Divisão: retirar o gás formado na massa e cortá-la em pedaços de 70 g. Deixe a massa descansar por 15 minutos antes da modelagem final, mas não a deixe esquentar, pois, devido ao seu grande conteúdo de manteiga, a modelagem ficaria comprometida.
6. Modelagem: bolear e fazer nozinhos. Distribui-los em assadeira com um espaço de 3 cm entre cada peça, para auxiliar no crescimento e na modelagem.

7. Pincelar.
8. Fermentação final: uma hora ou até dobrar de volume.
9. Acabamento: distribuir semente de gergelim branco; gergelim preto como cobertura (opcional).
10. Cocção: 180 °C por 15 a 20 minutos ou até um dourado intenso.

Massa doce

A massa doce é usada para elaborar dezenas de produtos. A variedade fica por conta de recheios, modelagens e acabamentos variados; além de poder trabalhar a massa de maneira única e diferenciada. Pelo alto conteúdo de açúcar, esse tipo de massa requer atenções especiais.

A massa doce pode conter até 25% de açúcar e 25% de gordura. Por isso mesmo, se torna uma massa molhada e pegajosa, e de forma alguma se deve adicionar farinha, pois o produto perde a maciez oriunda dos ingredientes enriquecedores.

O método esponjoso em massas doces torna o pão mais saboroso, pois retarda o processo de fermentação pela presença de ingredientes enriquecedores. Tradicionalmente os produtos feitos com a base de massa doce apresentam miolo de cor amarelada, que afeta adversamente a formação de glúten e pesa a massa.

MISTURA

A massa doce é uma massa enriquecida. Aos ingredientes básicos, uma variedade de ingredientes enriquecedores são acrescentados, como açúcar, leite e gordura, por exemplo. Existe uma maneira particular de misturar esses ingredientes à massa para garantir uniformidade e igualdade de distribuição.

Não se trata exatamente da utilização do método cremoso, pois não se incorporam células de ar, mas distribuem-se uniformemente esses ingredientes à massa. A gordura e o açúcar podem ser levemente batidos, até formar uma pasta uniforme, muito importante principalmente na utilização de tipos de gorduras diferentes (como manteiga e gordura hidrogenada, por exemplo). Em geral, o leite adicionado às massas doces é o leite em pó, que também dever ser adicionado ao creme. Em seguida se incorporam os ovos, misturando-os até a massa ficar homogênea.

Nesse estágio, incorporam-se os demais ingredientes de acordo com o método de mistura escolhido – direto ou esponjoso. Lembre-se de que a água é sempre uma variável, e responderá de acordo com a capacidade de absorção da farinha e dos demais ingredientes. Outro ponto relevante está no tipo de gordura utilizado. Como vimos, a manteiga contém grande quantidade de água, o que demanda menor adição de líquido à massa do que a gordura vegetal hidrogenada, com teor de água reduzido.

FERMENTAÇÃO

Pela grande quantidade de açúcar introduzida na massa, a fermentação deverá ser cuidadosamente controlada. Em geral, esses tipos de massa devem passar por tempo de fermentação menor.

MODELAGEM

Massas doces permitem uma infinidade de formas e modelos. Estabeleça com antecedência quais modelos serão elaborados, pois o processo de fermentação é muito ativo nesse ponto da produção.

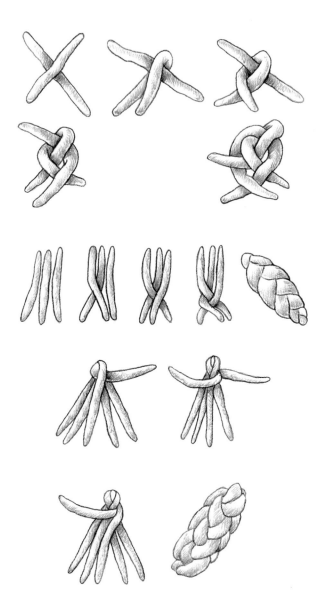

COCÇÃO

Sugere-se que massas doces sejam assadas inicialmente a temperaturas em torno de 180 °C para que a cocção ocorra rapidamente, permitindo, assim, que o calor se espalhe de forma igual no interior da massa.

MASSA DOCE

Ingredientes	%	Peso
Farinha	100%	5.760 g
Fermento fresco	8%	460 g
Água a 20 ºC*	33%	1.900 g
Sal	1%	60 g
Açúcar	10,5%	600 g
Gordura	13%	750 g
Gemas	33%	1.900 g
Leite em pó	4%	230 g

*Variável

1. Método direto de mistura: colocar 80% da água na misturadeira. Adicionar o fermento, mexendo até dissolvê-lo. Acrescentar a farinha, o açúcar, o sal e o leite em pó. Misturar até incorporar; adicionar então os demais ingredientes. Misturar todos os ingredientes em velocidade média por oito minutos.

2. Fermentação de piso: cobrir a massa sobre uma superfície levemente untada com óleo – unte também levemente a massa para não criar casca. Deixar dobrar de volume, de uma hora a uma hora e meia.

3. Divisão: sovar a massa para expulsar os gases; dividir a massa, de acordo com o produto a ser elaborado: catarina, peças de 400 g, ou peças individuais de 100 g.

4. Fermentação final: uma hora ou até dobrar de tamanho.

5. Aplique acabamento (creme, *egg wash*, gergelim, frutas secas, sementes) e asse em forno a 180 ºC até dourar, preferencialmente com vapor.

6. Retirar do forno, testar para verificar se está completamente assado (temperatura interna entre 90 ºC e 95 ºC); depois inverter os pães, deixando a umidade evaporar e assim secar a massa por completo.

7. Aplicar acabamento (geleia de brilho) e acondicionar somente após estar completamente frio.

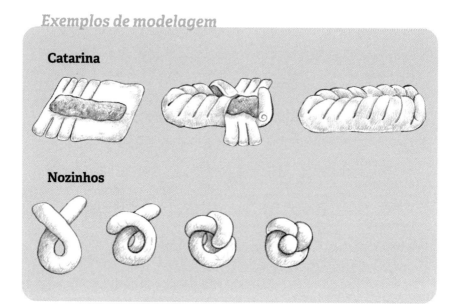

DOUGHNUTS

Doughnuts fermentados, versão americana dos "sonhos" brasileiros, são simples de serem preparados, utilizando uma boa massa de brioche ou de massa doce, as quais têm a vantagem de poderem ser largamente manipuladas. A prova intermediária da massa não é necessária – pode ser cortada com vazador logo após o período de descanso.

Método
1. Método direto de mistura.
2. Fermentação de piso: 45 minutos em temperatura ambiente (25 ºC). É importante que a massa fermente completamente.
3. Divisão: retire o ar da massa, corte-a ao meio e, em superfície enfarinhada, abra com um rolo o primeiro pedaço numa espessura de 3 cm. Utilize um cortador redondo para biscoitos de 8 a 10 cm de diâmetro; com outro cortador pequeno, faça um círculo no meio. Repita o processo até acabar toda a massa, depositando as peças sobre uma superfície bem enfarinhada e com espaço para permitir a última fermentação.

Fritura
1. Essa massa requer óleo especial para fritura, limpo e quente (180 ºC); disponha as peças cuidadosamente. O ideal é utilizar fritadeira profissional, equipada com controlador de temperatura e cesta removível. Caso não possua, utilize termômetro para confeitos para medir a temperatura do óleo. Frite-os por um minuto e meio a dois minutos de cada lado, até dourar. Coloque-os sobre papel-toalha para absorver o excesso de gordura.

Acabamento
1. Faça o acabamento da maneira que sua imaginação ou paladar quiserem. Deixe-os esfriar completamente antes de finalizá-los. Sugestões: chocolate derretido, *fondant*, geleia de brilho, açúcar com canela, açúcar de confei-

teiro (adicione cerca de 20% de amido de milho do peso total do açúcar de confeiteiro – para evitar que ele seja absorvido pela massa –, peneire e então cubra o *doughnut*).

Congelamento

1. Congelar depois de fritos, mas sem finalizar, em saco plástico para congelamento. Ao descongelá-los, deixe-os voltar completamente à temperatura ambiente para proceder à finalização.

KUGELHOPF

Kugelhopf é um bolo fermentado biologicamente elaborado na região da Alsácia, muito similar ao tradicional brioche. Conta-se que esses bolinhos homenageiam um dos heróis do livro Ali Babá. Os quitutes *babas* foram levados à França e apresentados a um *chef* chamado Savarin, no século XVIII, que fez uma versão servida com calda de rum; e então ficaram conhecidos como *baba au Savarin*. Chamados *babka* na Polônia, *babas au rhum* na França atual, *Kugelhopf* na Alemanha, *doughnuts* nos Estados Unidos e sonhos por nós, brasileiros, trata-se de uma massa extremamente versátil e enriquecida.

Essa massa rica, que originalmente contém uva-passa, caracteriza-se pelo fato de substituir boa parte da manteiga por leite. O bolo é usualmente assado em moldes cerâmicos aerados, untados e salpicados com amêndoa laminada, o que lhe dá aroma distinto e formato característico. A uva-passa deve ser embebida em schnapps (bebida feita da mistura de uvas e frutas fermentadas).

Ingredientes	%	Peso
Farinha	100%	1 kg
Sal	2%	20 g
Fermento fresco	4%	40 g
Açúcar	16%	160 g
Manteiga	25%	250 g
Ovos	15%	150 g
Leite a 20 ºC	50%	500 g
Schnapps	10%	100 g
Uva-passa	30%	300 g
Amêndoa laminada para salpicar	5%	50 g

1. Começar por hidratar a uva-passa com o schnapps; marinar por pelo menos duas horas. Escorrer bem antes de utilizar.
2. Método direto: misturar os ingredientes até obter uma massa macia, flexível e sedosa. No último minuto de mistura, adicionar a uva-passa escorrida.

3. **Fermentação de piso:** fermentar por 1 hora, coberto.

4. **Fermentação intermediária (retardamento):** após a fermentação inicial, expelir os gases, dobrar a massa sobre si e formar uma bola; depositá-la em uma tigela untada grande e passar plástico filme. Retardar sob refrigeração (4 °C) por no mínimo 8 e no máximo 48 horas.

5. **Divisão:** retirar a massa da geladeira, expelir os gases e cortá-la em peças de 500 g. Deixar regressar à temperatura ambiente coberto por mais 1 hora.

6. **Modelagem:** retirar o gás suavemente. Puxar a massa para o centro, por toda sua extensão, até formar uma bola. Fechar firmemente. Derreter 100 g de manteiga e pincelá-la fartamente nas formas para *Kugelhopf*. Espalhar a amêndoa laminada na forma, e só então dispor a massa. Fazer um orifício exatamente no centro da massa boleada, que seja largo o suficiente para encaixar na forma preparada. Pressionar bem, cobrir.

7. **Fermentação final:** uma hora e meia a duas horas, ou até que a massa esteja completamente expandida.

8. **Cocção:** 180 °C por uma hora.

9. **Acabamento final:** retirar da forma após esfriar e pulverizar açúcar de confeiteiro.

STOLLEN ALEMÃO

Produto diferenciado pelo refinamento de seus ingredientes e pela textura densa, fina e fragrante. A textura fica entre massa de biscoito e de bolo fermentado. Compartilha dos mesmos ingredientes do *Kulich*, do panetone e do *christopsomo*, pães europeus servidos em celebrações. O *Stollen* é um produto próprio para festas natalinas, pois seu formato simboliza os cobertores que envolviam o menino Jesus, e as frutas coloridas, os presentes dos reis magos – pode ser uma ótima opção para um presente elegante e saboroso. A característica principal da massa está na forma de misturar os ingredientes. Os ingredientes são adicionados ao mesmo tempo, exceto o açúcar e a manteiga, que serão adicionados apenas após o primeiro momento da mistura, depois do desenvolvimento do glúten, e a uva-passa (adicionada no final, e levemente incorporada à massa). A adição posterior destes dois ingredientes elimina o efeito do açúcar, que desidrata a massa; e a gordura não sofre tanta fricção, mantendo suas características de textura e adiando a lubrificação da massa.

MASSA

Ingredientes	%	Peso
Farinha	100%	600 g
Leite a 20 ºC	33%	180 g
Fermento fresco	6%	36 g
Sal	1,4%	8 g
Açúcar	11%	70 g
Manteiga	30%	180 g
Cardamomo	0,2%	12 g
Baunilha	0,4%	5 g
Água de flor de Laranjeira	1,4%	8 g
Pasta de amêndoa (marzipã)	10%	60 g

RECHEIO

Ingredientes	%	Peso
Limão glaceado	10%	60 g
Uva-passa (sultana)	70%	490 g
Marzipã	50%	300 g

1. **Método direto:** bater os ingredientes por cinco minutos em primeira velocidade, exceto a manteiga, o açúcar e os flavorizantes, que devem ser batidos separadamente em creme. Em segunda velocidade, misturar por seis minutos e adicionar o creme nos últimos três minutos, misturando bem.
2. **Fermentação de piso:** uma hora e meia.
3. **Divisão:** com a palma da mão, retirar o gás acumulado suavemente; dividir a massa em pedaços de 500 g e boleá-la.
4. **Fermentação intermediária:** 45 minutos ou até dobrar de volume.
5. **Modelagem:** sobre uma superfície enfarinhada, abrir a massa em formato oblongo e colocar um cilindro de marzipã no centro. Fechar, trazendo a extremidade superior da massa de forma a cobrir o cilindro de marzipã; pressionar para fechar. Em seguida girar a massa, levando a parte ainda aberta para o topo, e repetir o procedimento, de forma a fechar o pão; pincelar todas as bordas antes de selar. Com o auxílio de um cabo grosso, riscar uma fenda em cerca de dois terços da superfície da massa (lembre-se de que se trata de um "bercinho"!), selando com ovo. A forma final assemelha-se a uma baguete, oblonga.
6. **Fermentação final:** uma hora a uma hora e meia até dobrar de volume.
7. **Cocção:** 190 ºC por 25 a 30 minutos.
8. **Acabamento:** quando estiver à temperatura ambiente, pulverizar fartamente com açúcar.

Viennoiserie

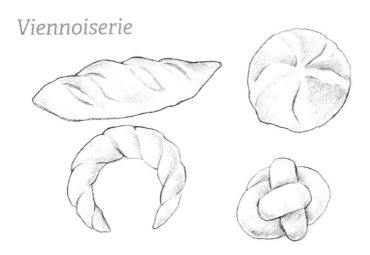

Os pães da Áustria influenciam até hoje as produções mais elegantes e saborosas na área da panificação e da confeitaria. A mais conhecida delas é, sem dúvida, o *croissant*, e na maior parte da Áustria e da França, a qualidade de uma *boulangerie* está associada com a qualidade do *croissant* e dos artigos de origem austríaca que pode produzir. Outra massa de sucesso é a dinamarquesa (*danish*), utilizada para a fabricação de pães doces variados. Outro produto que entra na categoria de docinhos vienenses é o brioche, massa extremamente versátil que pode ser preparada com diferentes métodos e em uma infinidade de modelagens.

Croissants

Croissants são compostos de massa fermentada muito leve, laminada pela introdução de significativa quantidade de gordura e dobrada como a massa folhada. Podem ser elaborados ou servidos com acompanhamentos doces, como marzipã, geleias, chocolate; ou salgados, como queijo, presunto, cogumelo, frango, etc. É tradicionalmente saboreado em toda a França como pão matinal, acompanhado de café com leite. O *croissant au beurre* é o *croissant* com pura manteiga. Os demais contendo quaisquer misturas de gordura (usualmente gordura para folhar ou margarina) só podem ser chamados *croissants*.

Parece ter sido elaborado pela primeira vez em Viena, Áustria, em 1683. O Império Austro-Húngaro estava em guerra contra o Império Turco. O exército turco avançava em direção a Viena, e os soldados começaram a cavar túneis atrás dos fortes para tomar a defesa de surpresa. Acontece que os soldados turcos cometeram um desvio acidental de rota, o que os fez cavar exatamente até o sótão de uma padaria. O ruído da escavação alarmou os padeiros que trabalhavam durante a madrugada; eles soaram os alarmes, acabando com a surpresa turca.

O imperador austro-húngaro, em agradecimento, distribuiu benefícios aos bravos padeiros de Viena. Em homenagem ao imperador, os padeiros criaram uma massa fermentada, laminada e adocicada e modelaram-na em formato de meia-lua – o emblema presente na bandeira turca. Nascia então o *croissant*.

Um século depois, após o casamento da princesa austríaca Maria Antonieta com o futuro rei Luís XVI, o *croissant* começou a ser elaborado em escala na corte de Versalhes, onde se tornou sucesso absoluto, e pouco a pouco foi adotado por Paris e pelo resto da França.

Mas a sua popularidade veio durante uma feira mundial em 1889. Desse período vem a expressão "especialidades de Viena", popularizada em toda a Europa, referindo-se a pãezinhos de leite, *croissants*, brioches e uma série de itens congêneres fabricados com uma base doce levedada. De fato, em meados de 1890 e pelos trinta anos seguintes, os padeiros parisienses que faziam esses produtos eram chamados de padeiros de Viena.

O produto comercializado como *croissant* naquela época era feito de massa fermentada adocicada, não era flocada e nem laminada. Somente mais tarde os padeiros franceses desenvolveram e produziram regularmente o *croissant* laminado e flocado que conhecemos hoje. Esse produto avança em qualidades de textura, com mais volume e leveza, maior delicadeza de estilo e aroma inigualável.

Com o passar do tempo, os franceses foram aprimorando o *croissant* com uma massa cuja característica mais se assemelhava à da massa folhada.

Entretanto, livros de receita da época indicam que o *croissant* fabricado na França atualmente surgiu apenas no começo do século XX.

Ingredientes

Use sempre produtos de qualidade, uma farinha de resultado de extensão amplo, capaz de segurar a modelagem. A gordura deve ter plasticidade e estabilidade, mas, acima de tudo, sabor. O conteúdo de umidade da manteiga (água) não deve exceder aos 15% (o ponto de fusão/derretimento da manteiga/gordura não deve ser maior que 36 °C).

A adição de 3% a 4% da gordura à massa durante a mistura aumenta a extensibilidade e simplifica o processo de laminação. Da mesma maneira, a adição de um ovo por quilo de farinha (cerca de 5%) aumenta a propriedade plástica da massa e o sabor do produto final.

O tipo de gordura utilizada para a laminação pode acarretar mudanças nas proporções de sal (24 g por quilo de farinha). A margarina, por exemplo, que normalmente é levemente salgada, pode criar a necessidade de diminuir a quantidade de sal da massa (até 20 g por quilo de farinha).

Quando adicionar açúcar com a manteiga, use apenas de 80 g a 100 g por quilo de farinha para evitar interferências de aroma. Se for usar margarina, o açúcar fica na proporção de 100 g a 120 g por quilo de farinha.

Mistura da massa

A massa de *croissant* submetia-se, no início da sua produção, a uma fermentação entre seis e oito horas. Essa fermentação longa lograva parte do desenvolvimento do glúten, que era complementada pelo processo de laminação.

Atualmente, em virtude dos próprios ingredientes utilizados, bem como do volume de produção, é aconselhável estender a mistura da massa apenas um estágio além daquele da mistura, sem o desenvolvimento do glúten. A tendência é retardar a fermentação, refrigerando a massa. Padeiros experientes estendem o estágio de mistura da massa apenas um pouco além; dão um breve período de descanso à massa e em seguida procedem à mistura até seu ponto ideal. A esse procedimento dá-se o nome de autólise.

O que se denomina período de descanso de autólise ocorre durante a mistura da massa. Logo após os ingredientes básicos (farinha, água/líquido, açúcar, fermento ou pré-fermento – quatro minutos) estarem misturados, a massa fica descansando de vinte minutos, no mínimo, a trinta minutos, no máximo; e então é levada ao final da mistura (de quatro a cinco minutos) em segunda velocidade.

A autólise permite uma pequena redução do tempo de mistura da massa. Auxilia na extensibilidade da massa, na laminação – processo seguinte – e na habilidade em manter a modelagem. Assim, produz *croissants* de formatos mais regulares e de maior volume.

Qualidade da fermentação

A fermentação apropriada é essencial na produção de um *croissant* de qualidade. Esse passo pode ser obtido com sucesso tanto pela extensão de tempo em que se deixará a massa fermentar como pela adição de pré-fermento ativo, que auxilia na expansão rápida e completa.

Laminação (*tourage*)

O processo de laminação envolve dobras e a multiplicação de camadas finas de gordura entre duas partes de massa. De maneira geral, a quantidade de gordura utilizada deve corresponder a uma parte de gordura e quatro de massa (250 g de gordura para cada quilo de massa).

A laminação ideal ocorre quando se controlam as temperaturas da massa e da gordura em níveis baixos, em torno de 10 ºC a 12 ºC – as camadas de gordura se mantêm firmes entre as camadas de massa. A utilização de gordura em temperatura ambiente produz uma massa pegajosa e torna difícil a laminação, pois mistura a gordura com a massa e não produz a separação requerida entre as camadas. Refrigeração da massa e temperatura de trabalho controlada são indispensáveis para a produção de uma massa flocada e crocante.

Na laminação, a massa é aberta em retângulo, de extensão aproximada de uma assadeira. A gordura de laminar deve corresponder a um terço do tamanho da massa aberta. A gordura é então distribuída no centro da massa, deixando a mesma proporção de espaço entre as duas extremidades (asas). As asas de cada lado são dobradas sobre a gordura, formando uma costura no centro, e as pontas são seladas para manter a gordura de laminar completamente envolta pela massa.

São dois os estilos básicos de dobras, descritos a seguir.

Estilo bolso

Logo após a gordura de laminar ser distribuída sobre a massa, selada e completamente envolta, a massa é aberta em um retângulo – cerca de 8 mm de espessura. As duas terças partes do retângulo são então dobradas sobre a terça parte do meio, formando-se a primeira dobra ou tour.

Após trinta minutos de descanso sob refrigeração, em temperatura ambiente resfriada, o *croissant* é aberto novamente em retângulo e então as duas partes externas são novamente dobradas sobre a terça parte do centro, completando a primeira dobra. Repita a operação mais uma vez, totalizando três dobras.

Estilo livro

A camada de gordura é depositada sobre as duas partes da massa; então é dobrada em retângulo com a mesma espessura da anterior (8 mm). As duas partes externas do retângulo são dobradas para se encontrarem no centro, após o que uma metade da massa é dobrada sobre a outra (livro). A massa descansa por trinta minutos e então aberta e dobrada outra vez em livro, por mais duas vezes, totalizando três dobras.

Modelagem

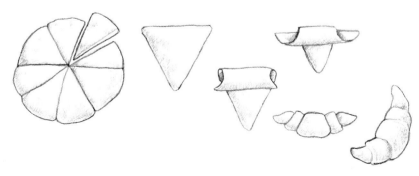

Em ambos os casos a massa sofre um momento de descanso em ambiente frio, e então é aberta na espessura de 3 mm. Em seguida será cortada em triângulos de cerca de 40 g, e, individualmente, são enroladas no sentido da base para a ponta, e então curvadas em estilo lua crescente.

Fermentação de piso

Esta fermentação deve ocorrer entre 28 °C e 32 °C, dependendo do ponto de derretimento da gordura laminada. O pão é pincelado e assado a 230 °C até dourar.

Após a laminação, antes da fermentação, a massa de *croissant* pode ainda ser modelada e congelada para uso posterior. Quando requerida, dar a prova de piso, pincelagem e cocção em mesmas condições.

Fórmula básica

A preparação do *croissant* é fundamental para o sucesso de sua apresentação final de textura e modelagem. O *croissant* é uma massa laminada e fermentada. Assim, proteja-a de temperaturas elevadas, o que faz a fermentação disparar e torna a laminação muito difícil. A massa e a gordura de laminar devem estar na mesma temperatura no início do processo.

A espessura ideal de corte da massa deve ser entre 3 cm e 4 cm. A base dos triângulos deve ter entre 9 cm e 10 cm e a ponta, entre 17 cm e 18 cm. A apresentação em formato de lua crescente é a forma original do *croissant*.

Rendimento: 40 unidades de 65 g.

CROISSANT I

Ingredientes	%	Peso
Farinha para pão	100%	1 kg
Água	60%	600 g
Pâte fermentée	30%	300 g
Açúcar	105%	110 g
Fermento biológico fresco	0,35%	35 g
Sal	0,2%	20 g
Leite em pó	0,2%	20 g
Malte	0,1%	10 g
Gordura para laminar	25%	250 g
Manteiga	25%	250 g

1. Peso total: 2.600 g
2. Taxa de hidratação: 60%.
3. Temperatura da mistura: 23 ºC.
4. Autólise: trinta minutos.
5. Laminação: uma dobra dupla mais uma dobra simples.
6. Fermentação de piso: uma hora.
7. Refrigeração: quatro a seis horas.
8. Modelagem: trinta minutos.
9. Fermentação final: uma hora a uma hora e meia.
10. Finalização: *egg wash*.
11. Cocção: 220 ºC por 20 a 25 minutos.

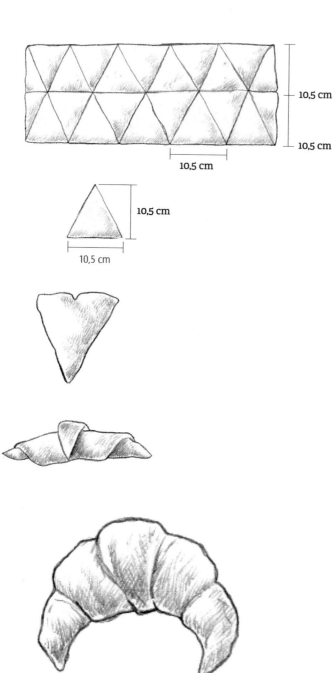

Modelagem do *croissant*.

CROISSANT II

Esse tipo de *croissant* tem riqueza de sabor e textura garantida por meio de um processo de três dias. No primeiro dia cria-se uma *biga*, que fica fermentando durante a noite. No segundo dia, a *biga* é misturada em uma massa, que é refrigerada e fica fermentando durante a noite, novamente – processo de fermentação que revigora as características de sabor da manteiga contida na massa. No terceiro dia a massa é dividida, laminada e finalizada.

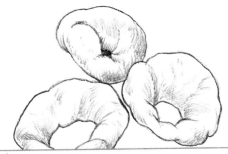

PRÉ-FERMENTO (ESPONJA)

Ingredientes	%	Peso
Farinha	100%	1 kg
Água	65%	650 g
Fermento biológico instantâneo	0,01%	10 g
Total	165%	1 kg

MASSA FINAL

Ingredientes	%	Peso
Leite	64,25%	1.700 g
Biga	40%	1.060 g
Farinha	100%	2.660 g
Fermento biológico seco	0,75%	20 g
Açúcar	9%	240 g
Margarina	2%	60 g
Sal	2,26%	60 g
Manteiga para laminar	55%	1.460 g
Total	273%	7.260 g

1. Misturar os ingredientes da esponja. Fermentar por doze horas a 24 ºC.
2. **Método indireto:** misturar a massa em velocidade baixa por quatro minutos, somente até obter uma massa grosseira, sem desenvolvimento de glúten.
3. **Fermentação de piso:** deixar a massa fermentar por quatro horas a 21 ºC.
4. **Laminação:** distribuir a manteiga para laminar usando três dobras simples, em intervalos de 30 minutos entre as dobras.
5. **Fermentação intermediária:** deixar fermentar a 24 ºC por duas a três horas.
6. **Manipulação:** abrir em superfície levemente enfarinhada, cortar e modelar em *croissants*. Se desejar, rechear a gosto (presunto e queijo, creme de avelã, *crème pâtissière*, goiabada com queijo, maçãs caramelizadas, etc.). Pincelar.
7. **Fermentação final:** uma hora ou até dobrar de volume. Pincelar com *egg wash*.
8. **Cocção:** 180 ºC por trinta minutos ou até obter um dourado intenso.

MASSA DINAMARQUESA (DANISH)

Na Dinamarca, o *danish* é conhecido como Wienerbrod (pão de Viena), pois, ao que se conhece, foi elaborado pela primeira vez em Viena. Os europeus, no entanto, a chamam massa de Copenhagen; os americanos, massa dinamarquesa. Adotamos aqui a nomenclatura massa dinamarquesa; massa fermentada e laminada, pois contém fermento biológico e uma significativa quantidade de manteiga/gordura de laminar.

Trata-se de um dos produtos mais difíceis de elaborar, exatamente por seus componentes reagirem à temperatura ambiente e condições de manipulação. A massa deve ser executada em ambiente refrigerado (ou em um dia de inverno), quando você se sentir com espírito de aventura para fazer algo diferente, delicioso, extremamente calórico, de textura leve, com interior úmido e exterior levemente crocante (flocado).

A massa dinamarquesa é elaborada com a fórmula básica de massa doce – modificada para poder suportar maior porcentagem de açúcar, gordura, ovos e fermento. A massa é misturada em temperatura bem baixa, com água fria (cerca de 22 ºC) e geralmente não é misturada até o completo desenvolvimento do glúten. É colocada na mesa de trabalho imediatamente após se completar a mistura e não é lhe dado nenhum tempo de fermentação. Nessa etapa é adicionada a gordura para laminar, produzindo uma massa extremamente macia e flocada. A quantidade de gordura de laminar pode variar entre 100 g e 200 g por quilo de massa. Essa massa será então submetida a três dobras, tal uma massa folhada. Após cada dobra, a massa descansa na geladeira por trinta minutos para relaxar e ficar mais fácil para ser executada na próxima dobra. Após todo o processo ser completado, a massa pode descansar na geladeira durante a noite, coberta com pano úmido. Qualquer tipo de recheio ou cobertura, como nozes picadas, *Streusel*, creme de queijo e *crème pâtissière*, pode ser utilizado. Após a prova final e a cocção, os itens serão cobertos ainda quentes com *fondant*, glacê real, geleia de brilho, entre outros.

FÓRMULA BÁSICA ESPONJA

Ingredientes	%	Peso
Farinha	100%	430 g
Leite	60%	260 g
Fermento seco	4%	2 g

FÓRMULA BÁSICA MASSA FINAL

Ingredientes	%	Peso
Farinha	100%	1 kg
Leite	40%	400 g
Ovos	16%	160 g
Açúcar	17%	170 g
Sal	3%	30 g
Fermento seco	4,5%	45 g
Manteiga	4%	40 g
Pré-fermento (esponja)	69,2%	692 g
Gordura para laminar*	27%	690 g
Total	280,5%	3.225 kg

* A gordura de laminar é uma percentagem do total do peso da massa. Use 1.200 g de gordura de laminar para cada 5 kg de massa.

1. Preparar a esponja, misturando todos os ingredientes. Deixar fermentar por duas horas ou até obter uma esponja ativa.
2. **Método indireto**: misturar os ingredientes em primeira velocidade por dois a três minutos, e em segunda velocidade por mais cinco minutos, até a formação de uma massa lisa e coesa, de consistência média (cerca de 60% de absorção).
3. **Fermentação de piso**: uma hora em temperatura ambiente.

4. Laminação (*roll-in*): abrir a massa em um retângulo e depositar a manteiga à temperatura ambiente em uma das metades, sobre a qual se deve dobrar a parte sem manteiga; fechar. Retardar trinta minutos em refrigerador, e então fazer mais quatro dobras de livro, nas mesmas condições.

5. Modelagem: abrir a massa com um rolo a uma espessura de 2 cm, sobre uma superfície levemente enfarinhada, e cortá-la em quadrados de 15 x 15 cm para a elaboração de cata-ventos, *bear claws* ou *turnovers*. Para caracóis, cortar a massa em tiras de 30 cm, pulverizar açúcar com canela, dobrar a parte superior, e pincelar toda a extensão para garantir que suportem a manipulação. Estirar as tiras a 25 cm de largura, e então torcê-las movendo as mãos em direção opostas, para fazer um giro. Depositá-las espaçadamente em assadeira preparada.

6. Fermentação ou prova final: uma hora e meia. *Egg wash* após modelagem, até dobrar de volume.

7. Finalização: distribuir o recheio específico.

8. Cocção: *egg wash* novamente antes de fornear. 200 °C por cerca de quinze minutos, ou até que fique dourado.

Nota: a massa finalizada pode ser congelada até a utilização (entretanto, nunca se deve congelar uma massa ainda não completamente finalizada, pois pedaços de manteiga não irão se distribuir posteriormente por ela). Então, basta retirá-la do freezer e descongelá-la na geladeira. Esse procedimento é válido para todos os itens produzidos com a massa dinamarquesa.

Modelagens

O *danish* é uma excelente massa doce, perfeita para a produção de pãezinhos, sonhos ou *doughnuts, sticky buns, cinnamon rolls* e *Stollen* alemão.

Para modelar bolsos de queijo (*cheese pockets*), corte quadrados de 5 cm por 5 cm e pincele dos lados com gema e água.

Ou, se preferir:

- Pincele um retângulo de massa aberta, com espessura média de 2 cm, com manteiga derretida ou margarina.
- Pulverize uma mistura de açúcar com canela sobre a massa aberta, até cerca de 3 cm de distância das bordas.
- Dobre a parte sem açúcar da massa sobre a massa com açúcar, ao meio, de maneira simétrica.
- Corte a massa dobrada com cortador de pizza em tiras de cerca de 2 cm.
- Comece a rolar a massa com a palma das mãos, em sentidos opostos, fazendo um *twist*, formando uma tira de forma cilíndrica, alongando-a até cerca de 10 cm.
- Enrole a massa do centro para a ponta, em espiral, e pincele com *egg wash*. Nozes ou geleia podem ser aplicadas após o *egg wash*.
- Deixe a massa descansar até dobrar de volume.

COFFEE CAKES E PÃEZINHOS DE CANELA

1. Pese 300 g de massa, e abra-a em retângulo. Coloque recheio ou açúcar com canela, deixando as bordas limpas.
2. Enrole como rocambole, bem firme, e sele as extremidades.
3. Disponha sobre assadeira untada, e corte com tesoura em folhas.
4. Deixe fermentar até dobrar de volume; leve para assar. Finalize com brilho.

BRIOCHE

A palavra brioche aparece pela primeira vez em 1404.

Conta-se que a receita desse pão – de massa macia e enriquecida com gemas, leite e manteiga – foi criada em Brie, França, e incluía como ingrediente um queijo de produção local, o *brie*.

Publicações atuais afirmam que o brioche seria, na verdade, originário da Normandia, derivado da palavra *broyer*, que significa libra (ou *pound*, medida de peso).

Em diversas regiões da Normandia, a manteiga se apresenta de inigualável qualidade. Assim, os franceses provocam dizendo que, caso o brioche seja mesmo de origem normanda, deve-se apenas à qualidade de sua manteiga, e não pela tradição do repertório *boulanger* daquela região.

Independentemente de sua origem, a massa-base de brioche, pâte au brioche, é confeccionada mundo afora em diversas formas. Foi adaptado, recriado e popularizado na forma de *panettone* e *pandoro* (Itália), *Stollen* (Alemanha), *pompes* e *mouna* (Espanha), *Kugelhopf*, região da Alsácia, e tantas outras, como *pastis, Koeckbotteram, Cramiques, Couques, Julekake*.

Pouco importa de que região veio, o resultado é o mesmo: pães de textura densa, parecidos com bolo e utilizados amplamente em datas festivas e celebrações especiais. O que dará a característica (textura) a cada produto específico elaborado do *pâte au brioche* é a proporção entre farinha e manteiga da receita. Por isso, é necessária uma manteiga de extrema qualidade, pois o aroma, a quantidade de água, sal e sólidos de leite contidos na manteiga devem ser levados em conta. A manteiga de qualidade deve possuir 85% de sólidos do leite.

Antigamente esses pãezinhos eram consumidos apenas em ocasiões especiais. Atualmente a massa de brioche é utilizada com grande variedade na produção de uma padaria – como os individuais e clássicos brioches, boleados e com uma "bolinha" no topo; coroas com frutas, tranças, entre outros.

Essa massa versátil pode ser elaborada com diferentes métodos, dependendo, como qualquer outra massa, do tempo, das características do produto e dos ingredientes. Pode ser feita pelo método direto ou indireto, com esponja ou massa pré-fermentada (pedaço de massa já fermentada). Neste último caso, tanto a esponja como a massa pré-fermentada devem ser adicionadas apenas na segunda etapa da mistura, e antes da adição da totalidade da manteiga. A manteiga deve ser adicionada apenas quando a massa começar a puxar dos lados, e a massa deve então ser misturada até que fique lisa e homogênea.

Ingredientes	%	Peso
Farinha	100%	1kg
Fermento	3,5%	35 g
Sal	2%	20 g
Açúcar	13%	130 g
Leite	10%	100 g
Manteiga	40%	400 g
Ovos	50%	500 g

1. **Método direto:** misturar em primeira velocidade por quatro minutos, e depois em segunda velocidade por mais quatro minutos, até a obtenção de uma massa sedosa. Adicionar a manteiga; misturar por oito a dez minutos, até obter uma massa suave, brilhosa e elástica (a temperatura da massa não deve ser superior a 23 ºC).
2. **Fermentação de piso:** à temperatura ambiente, cerca de duas horas a duas horas e meia, até dobrar de volume.
3. **Retardamento:** antes de trabalhar a massa, é necessário refrigerá-la a 5 ºC por algumas horas; esse procedimento melhora sua consistência.

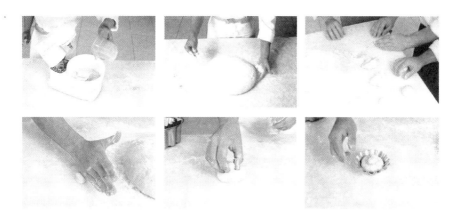

4. **Divisão:** depositar a metade da massa sobre uma mesa levemente enfarinhada, delicadamente retirar o gás e cortar a massa de acordo com os produtos a serem elaborados: brioche à tête: peças de 40 g; estilo pão de forma: peças de 350 g; brioche mousseline (em recipiente redondo e alto): peças de 400 g; e petit brioche (bolear): peças de 60 g.
5. **Modelagem:**
    - Tranças – o padeiro pode diversificar seus produtos e oferecer constantemente tipos diferentes à clientela. Em geral as tranças podem ser cortadas em segmentos de 100 a 200 g, e então modeladas.
    - Tresse Russe – espalhar uma camada fina de creme de confeiteiro (*crème pâtissière*) e distribuir uva-passa, cereja glaceada, ameixa sem caroço ou frutas secas mistas. Fechar a massa como rocambole. Cortar no meio e trançar. Pincelar com *egg wash* e polvilhar açúcar cristal.

Coroa

Exatamente por demandarem um pouco mais de tempo, em geral as tranças são elaboradas em tamanhos grandes, de cerca de 600 g.

- Brioche Suisse – popular na Suíça e em toda a Europa, é servido como sobremesa ou chá da tarde. É elaborado com creme de confeiteiro e uva-passa, e assado em forma para bolo redonda. Abrir um pedaço de 150 g de massa e colocar na assadeira de bolo untada, distribuindo uma fina camada de creme de confeiteiro e uva-passa. Abrir o restante da massa sobre superfície enfarinhada, distribuir uma fina camada de creme de confeiteiro, o restante da uva-passa e fechar como rocambole – fechar bem o cilindro. Cortar em fatias de 2 cm e colocar sobre a massa já aberta, deixando espaço para o crescimento.

6. **Fermentação final:** uma hora a uma hora e meia, em câmara de crescimento, em temperatura controlada entre 27 e 28 °C até dobrar de volume.

7. **Acabamento:** pincelar com *egg wash*, bem leve.

8. **Cocção:** assar os brioches em forno relativamente quente (a temperatura exata dependerá da quantidade de açúcar de sua fórmula). Temperatura média: 190 °C.

9. **Tempo para peças grandes:** 210 °C, entre dezesseis e dezoito minutos; para peças pequenas: 200 °C por treze a quinze minutos em média.

BRIOCHE TROPICAL

ESPONJA

Ingredientes	%	Peso
Farinha	100%	1 kg
Fermento fresco	3%	30 g
Água	50%	500 g

MASSA

Ingredientes	%	Peso
Farinha	100%	1 kg
Maracujá concentrado*	35%	350 g
Sal	2%	20 g
Fermento fresco	6%	60 g
Leite em pó	5%	50 g
Ovos	20%	200 g
Açúcar	20%	200 g
Manteiga, temperatura ambiente	20%	200 g

*Variável

1. Preparar a esponja e deixá-la fermentar por duas horas.
2. Método indireto: misturar os ingredientes, exceto a manteiga, com a esponja até formar uma massa firme e lisa. Adicionar a manteiga à temperatura ambiente e misturar até ela ser completamente incorporada (cerca de sete minutos).
3. Fermentação de piso: uma hora.
4. Divisão: retirar o excesso de gás da massa e dividi-la em peças de 350 g para estilo pão de forma.
5. Fermentação intermediária: uma hora.
6. Modelagem: abrir como rocambole, fechar a costura e colocá-la para baixo em assadeira de pão de forma.
7. Fermentação final: uma hora ou até dobrar de volume.
8. Pincelar com *egg wash*.
9. Cocção: 180 ºC por trinta a quarenta minutos ou até dourar.

Massa laminada ou massa folhada

A massa folhada bem-feita é um dos maiores sucessos da cozinha francesa. Amanteigada, flocada, rica sem ser pesada. O princípio básico é criar tantas camadas de massa e manteiga (gordura para laminar) por meio de dobras e viradas quanto se possa. Por não utilizar fermento, a massa folhada é também chamada de massa laminada. Laminar significa construir numerosas camadas de massa extremamente finas intercaladas com camadas de gordura.

Basicamente a variedade de fórmulas inclui os mesmos ingredientes: farinha, gordura, sal e água. A farinha dá estrutura ao produto e não desenvolve muito o glúten.

A gordura auxilia na maciez e previne o superdesenvolvimento da massa. No geral, serve a duas finalidades: separar as camadas de massa e aprisionar corretamente o vapor expelido durante a cocção da massa ou produto. Quando assado, produz uma textura leve e macia. O sal fortifica as cadeias de glúten e adiciona sabor à massa.

São dois os principais estágios de elaboração de uma massa folhada: incorporação da gordura e suas sucessivas dobras, criando as camadas ou folhas da massa.

Laminar a massa significa entremear camadas relativamente proporcionais de massa/gordura. A expansão da massa folhada resulta das camadas de massa que são forcadas e separadas à parte pela expansão do vapor. O vapor migra da massa para as camadas de gordura, onde é aprisionado. Continua sua expansão em volume, forçando as camadas de massa a se deslocar e consequentemente se expandir, ocasionando aumento de volume ou altura. Portanto as condições dessas camadas de gordura determinam o volume gerado durante a cocção do produto. Apenas a gordura introduzida e incorporada por essas camadas finas durante as dobras da massa contribuirá para sua expansão. A maneira como essa incorporação é realizada tem, portanto, importância fundamental na qualidade da massa folhada.

A incorporação da gordura na massa se dá das seguintes maneiras.

MÉTODO BLITZ (BLITZKRIEG)

O termo originou-se na Segunda Guerra Mundial, e significa ofensiva--relâmpago. Na massa folhada, a massa é desenvolvida e a gordura de folhar é adicionada em porções e misturada apenas o suficiente para incorporar-se ao todo. Pedaços de gordura ficam visíveis através da massa, que então é aberta e dobrada, segundo a opção desejada. Esse método produz uma massa folhada mais compacta.

Quando a massa estiver completamente desenvolvida e o glúten estiver totalmente elástico, a gordura para laminar é adicionada diretamente à massa, e trabalhada até ser completamente absorvida pela massa. Alguns pedaços visíveis de gordura são admissíveis.

MÉTODO DE DISTRIBUIÇÃO ESPACIAL

A massa básica, também chamada massa d'água, feita com o método direto de mistura, é descansada em geladeira por quinze minutos. Paralelamente, as gorduras de folhar e até 5% de farinha são misturados até que fiquem homogêneos, e mantidos em geladeira. A gordura de folhar usualmente corresponde a 80% do peso da massa básica. Quando a massa d'água estiver descansada e na mesma temperatura da gordura de folhar, retira-se da geladeira e trabalha-se em superfície de mármore, enfarinhada, aberta em retângulo. A gordura de folhar será concentrada e disposta sobre a massa d'água – um terço da massa – e dobrada em três partes. A massa é o envelope que envolve a gordura (carta).

Ao contrário do método blitz, uma camada contínua de gordura é criada no estágio de envelopagem. A camada de gordura única é então reduzida na espessura e aumenta em número, no decorrer do processo de dobras.

A gordura é distribuída sobre a massa já completa, seja em pedaços ou em um bloco. Colocar então a metade da gordura para laminar no centro do retângulo da massa.

A seguir, dobra-se um terço da massa para cobrir a gordura.

Distribui-se o restante da gordura de laminar (a outra metade) e cobre-se com o outro um terço da massa.

Selam-se as extremidades e vira-se a massa, com a costura para baixo. Com o auxílio de um rolo, a massa é aberta em tamanho original novamente, sempre em superfície enfarinhada e retirando com uma brocha o excesso de farinha entre as camadas (o excesso de partículas de farinha tende a aglutinar-se com a própria umidade da massa, formando blocos, e ressecando-a, ocasionando quebra durante as etapas subsequentes de manipulação). Repete-se a operação três vezes.

A maioria dos *boulangers* concorda que três ou quatro dobras completas são suficientes para a obtenção de um produto final bastante flocado.

ABERTURAS E DOBRAS

A abertura da massa com uso de rolo ou cilindro consiste na redução da espessura da massa por meio de sucessivas expansões e dobras sobre si mesma.

Duas dobras

Conhecida como dobra única. A massa é dobrada sobre si mesma, formando uma folha de duas camadas. Isso duplica o número de camadas presentes no produto.

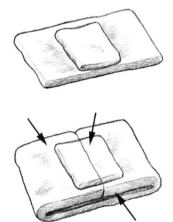

Três dobras

Também conhecida como dobra ao meio.

Um terço da folha é dobrada sobre a terceira metade da massa. O último terço da massa é então dobrado sobre a outra metade, formando uma folha com três camadas. Cada três dobras triplica o número de camadas dentro da massa.

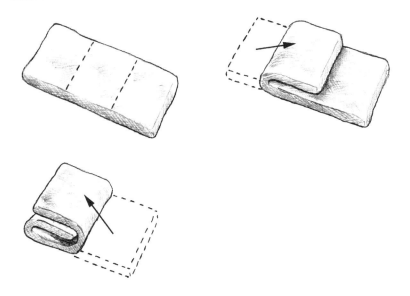

Dobra de livro

Também conhecida como quatro dobras. Visualiza-se a massa em quatro camadas. As extremidades externas são dobradas para dentro, de maneira que suas bordas se tocam, e o movimento é repetido, formando uma folha com quatro camadas. A dobra de livro quadruplica o número de camadas.

O número de camadas ideal

A massa folhada de boa qualidade obrigatoriamente deve possuir camadas de gordura suficientes em número e em qualidade para aprisionar o vapor expelido durante a cocção. Número insuficiente de camadas de gordura fará o vapor escapar, sem contribuir para a expansão do produto.

Durante a cocção, bolhas de ar contidas na massa se expandem vagarosamente. Quando a temperatura alcança 100 ºC, a água da massa se converte em vapor, resultando numa expansão rápida das bolhas de gás, que migram para as camadas de gordura, às quais se misturam, dando origem a uma expansão conjunta.

A maior parte do crescimento de uma massa ocorre durante a cocção, e é causada pela expansão de vapor, que força as camadas de massa, rompendo-as. O vapor incha a massa folhada, aumentando a espessura do produto em 800% a 900%.

FÓRMULA BÁSICA

Ingredientes	%	Peso
Farinha	100%	625 g
Água	50%	310 g
Sal	2%	12 g
Açúcar	2%	12 g
Manteiga à temperatura ambiente	5%	30 g
Manteiga para folhar	80%	500 g

1. Preparar a massa, juntando os ingredientes, exceto a gordura para folhar, e misturar por seis a oito minutos.
2. Retirar a massa da batedeira e deixar descansar por trinta minutos.
3. Abrir a massa em retângulo, sobre superfície enfarinhada, com o auxílio de um rolo.
4. Distribuir a gordura para folhar, seguindo o método desejado – sobre dois terços da massa, por exemplo.

5. Fechar a massa, retirar o excesso de farinha e colocar na geladeira por pelo menos trinta minutos para cada dobra. Para massa semifolhada, três dobras de quatro podem ser suficientes. Já para massa folhada aceita-se que cinco dobras de três oferece mais qualidade.
6. Cocção: 230 °C por dez a catorze minutos, dependendo do tamanho do item, ou até que fique dourado.

Produtos clássicos elaborados com massa folhada

- *Palmiers*, Napoleão
- *Vol-au-vent*, *bouchées* (6,5 cm a 10 cm de diâmetro)
- *Bouchetées* (2,5 cm a 3 cm de diâmetro)
- *Pithiviers*, mil-folhas, *feuilletées* de frutas da estação.

Folhado de maçã

Palmiers

Bouchées

Pães rápidos

O pão rápido, como diz o nome, é um pão fácil e rápido de fazer, que requer maior agilidade na elaboração do que aqueles produzidos de massas fermentadas.

Essencialmente pães rápidos são elaborados com algum levedante químico. Portanto, requer primariamente uma reação química "rápida" (ácido/alcalino) para se expandir.

A primeira reação rápida (crescimento) acontece quando a mistura úmida entra em contato com um levedante químico; e a segunda, quando essa mistura é levada ao forno e aquecida (cocção). Outra característica diz respeito ao fato de que tal mistura deve ser manipulada com rapidez, uma vez que a ação química é cíclica e perde sua capacidade expansora rapidamente.

Várias são as maneiras de misturar essas preparações, veja a seguir.

MÉTODO DOIS ESTÁGIOS

É a combinação dos ingredientes secos, peneirados juntos, adicionados aos ingredientes líquidos, já misturados. Rapidamente e com poucos movimentos, mexe-se somente até incorporar e leva-se ao forno em seguida.

MÉTODO CREMOSO

A gordura e o açúcar devem ser batidos até que fiquem completamente aerados. Colocam-se os ovos em dois estágios. Os ingredientes secos são peneirados juntos e adicionados com o líquido da fórmula, alternadamente, começando e terminando pelos secos. Esse método é usado principalmente em presença de expressiva quantidade de açúcar e gordura.

MÉTODO FLOCADO

A gordura é cortada em cubos e adicionada à farinha, fazendo uma farofa, e a seguir se adiciona o restante dos ingredientes líquidos.

BISCUITS

Ingredientes	%	Peso
Farinha	100%	1 kg
Fermento químico em pó	6%	60 g
Açúcar	6%	60 g
Sal	2%	20 g
Manteiga	20%	200 g
Margarina	15%	150 g
Creme de leite	30%	300 g
Leite*	35%	350 g

* Variável

1. **Método *biscuit*:** misturar todos os ingredientes secos, previamente peneirados. Fazer um buraco no centro e ir adicionando a gordura cortada em cubos, em temperatura fria. Fazer uma farofa e então adicionar o restante dos líquidos: primeiro o creme de leite, depois o leite, mas somente até o ponto de uma massa firme e trabalhável. Não faça uma massa mole; ela deve ser bastante pegajosa. Deixar descansar em geladeira antes de abri-la.

2. Abrir a massa com um rolo em superfície plenamente enfarinhada, de modo que fique com cerca de 7 cm de altura. Com cortador redondo de biscoito, cortar, sem quebrar as laterais (isso iria reproduzir a mesma quebra ao assar). Pincelar com creme de leite.

3. **Cocção:** 215 °C por cerca de dezessete a vinte minutos até que fique levemente caramelizado nas laterais e na base.

SCONES

Anna, a sétima duquesa de Bedford, tem o crédito de ter iniciado a tradição inglesa do chá da tarde. Na época, cerca de 1830, a refeição era servida entre 8 horas e 9 horas da noite (*supper*). Então, no final da tarde a duquesa tomava chá com biscoitos leves. Esse ritual foi passado aos seus amigos, que começaram a visitá-la no final da tarde. Mas foi apenas no século XX que o biscoito inglês *scone* entra no menu do chá da tarde. Desde então, o chá da tarde inglês inclui uma seleção de sanduíches leves, scones e outras guloseimas, servidas com geleia e manteiga e chá fervente. Hoje o *scone* é muito difundido nos dois lados do Atlântico, consumido no Canadá e Estados Unidos; similar ao biscuit americano, e elaborado com aveia, farinha, manteiga, açúcar, bicarbonato/fermento químico, iogurte, creme de leite ou leite e às vezes ovos. A maneira de misturar a massa é fundamental no sucesso do preparo, quando a manteiga é juntada aos ingredientes secos como farofa. Então adicionam-se os líquidos, e por último os flavorizantes. Deve ser assado em temperatura moderada, apenas até que fique dourado na base e levemente nas laterais. A textura interior deve ser leve e macia.

Ingredientes*	%	Peso
Farinha comum	100%	500 g
Açúcar	20%	100 g
Fermento químico em pó	2%	10 g
Bicarbonato de sódio	0.5%	2,5 g
Manteiga	20%	100 g
Ovos	8,5%	45 g
Nata	30%	150 g
Uva-passa	20%	100 g
Leite**	20%	100 g
Total	222%	1.111 g

* Para variação de sabores dos scones, utilizar essências, nozes, etc. Para produtos salgados, diminua o açúcar em 5% do peso da farinha e adicione queijo ralado, bacon, ervas, especiarias, etc.
** Variável

1. Método *sablage*: em uma batedeira, combinar os ingredientes secos e misturá-los por um minuto. Adicionar a manteiga gelada em cubos. Misturar até formar uma farofa fina.

2. Em uma tigela, misturar a nata e os ovos. Adicionar a farofa e misturar até incorporar. Juntar o leite aos poucos, pois pode haver diferença de absorção da farinha. Misturar o mínimo possível e checar a textura da massa, que deve ser úmida ao toque, mas não mole. Juntar a uva-passa e misturar somente até incorporar (não misturar em demasia).

3. Há alguns métodos de modelagem do *scone*:
   - Porcionar: utilizar um boleador de sorvete e dispor cada bola sobre papel-manteiga untado, com distância de 5 cm entre elas. Usando a palma das mãos umedecidas, achatar levemente as bolinhas até a espessura desejada.
   - Cortar em círculos: abrir a massa sobre uma superfície enfarinhada e cortá-la com cortador de biscoito redondo ou com a borda de um copo pequeno, dispondo as peças sobre papel-manteiga levemente untado.
   - Cortar em triângulos: este é o meu método preferido. Sobre uma superfície levemente enfarinhada, abrir a massa em um retângulo de 20 cm de largura e 30 cm de comprimento, o que para essa quantidade de massa deve proporcionar uma espessura de cerca de 5 cm de altura. Com uma faca, cortar ao meio em largura, e depois no sentido do comprimento, formando triângulos.

4. Pincelar o topo do scones com leite e pulverizar açúcar cristal.

5. Cocção: 190 °C por sete minutos e 160 °C por outros sete minutos, ou até que fique levemente dourado. Checar o ponto levantando um *scone* e verificando a coloração da base. Esfriar em temperatura ambiente. O *scone* conserva-se até dois dias em temperatura ambiente, mas se mantém ainda melhor sob refrigeração (por cinco dias), ou congelado (por até três meses).

PÃO DE QUEIJO DA LORENA

Ingredientes	%	Peso
Polvilho azedo	100%	500 g
Açúcar	1%	5 g
Sal	3%	15 g
Óleo	40%	200 g
Ovos	40-45%	4 unidades
Queijo meia-cura ralado	60%	300 g
Leite	50%	250 g

1. Esquentar o leite, o óleo, o sal e o açúcar, somente até fervilhar. Despejar sobre o polvilho para escaldá-lo, e começar a amassar. Adicionar os ovos à massa e sová-la, checando a umidade, para obter uma massa lisa e maleável. Adicionar o queijo ralado e sovar até obter uma massa sedosa e de textura firme o suficiente para ser enrolada. Caso a massa esteja muito pegajosa, refrigerar por 15 minutos antes de proceder com a modelagem. Nesse estágio, os pãezinhos podem ser congelados por até 30 dias.
2. Dispor em assadeiras forradas.
3. **Cocção:** 210 °C por cerca de trinta minutos.

PÃO DE MILHO (CORNBREAD) AMERICANO

Ingredientes	%	Peso
Farinha	60%	600
Fubá	40%	400
Fermento em pó	5%	50 g
Sal	3%	30 g
Açúcar	35%	350 g
Ovos	45%	450 g
Óleo de milho	33%	330 g
Leite em pó	8%	80 g
Água	55%	550 g

1. **Método de dois estágios:** secos peneirados e líquidos. Peneirar todos os ingredientes secos.
2. Misturar os ingredientes líquidos e adicionar aos ingredientes secos, com o auxílio de um batedor, somente até incorporar.
3. Distribuir em meia assadeira forrada com papel-manteiga ou forminhas para *muffin* untadas (preencher dois terços da forminha).
4. **Cocção:** 170 ºC por cerca de vinte minutos, ou até ficar levemente dourado e firme no centro (mas ainda com umidade).

Variações

- Milho congelado ou em conserva; queijo ralado; bacon e cebolinha; ou queijo roquefort: adicione 20% do total da massa.
- Jalapeño ou pimenta picada; pimentão picado, pimenta calabresa, 2% ou a gosto.

PÃO DE BANANA

Ingredientes	%	Peso
Banana	120%	1.250 g
Farinha de trigo	70%	700 g
Farinha de trigo integral	15%	150 g
Aveia em flocos	10%	100 g
Linhaça, moída	5 %	50 g
Açúcar	40%	400 g
Açúcar mascavo	60%	600 g
Sal	2%	20 g
Ovos	55%	550 g
Baunilha, extrato	3%	30 g
Óleo	60%	600 g
Nata	60%	600 g
Canela em pó	2%	20 g
Fermento químico	4%	40 g
Bicarbonato de sódio	5%	50 g
Nozes picadas	40%	400 g

1. Misturar a banana, o sal e os açúcares até formar um purê. Adicionar a baunilha e os ovos. Acrescentar o óleo em fio, emulsionando, e em seguida a nata. Misturar bem e adicionar os ingredientes secos peneirados com as nozes.

2. Despejar em assadeiras untadas (para bolo inglês ou para *muffins*). Polvilhar uma fina camada de farofa ou *Streusel* (ver seção "Receitas suplementares", no final do capítulo).

3. Cocção: 180 ºC por trinta minutos, e depois a 160 ºC por outros vinte ou trinta minutos, até que fique firme no centro. Esse pãozinho perdoa o excesso de cocção, mas não suporta a falta de cocção, tornando-se muito pesado.

MUFFIN DE BLUEBERRIES

Ingredientes	%	Peso
Farinha	100%	2.100 g
Açúcar	66%	1.440 g
Sal	1%	15 g
Fermento químico em pó	4%	60 g
Óleo vegetal	56%	960 g
Ovos	28%	600 g
Leite	28%	600 g
Iogurte	28%	600 g
Raspas de limão	1,5%	20 g
Blueberries, congelado	52%	1 kg

1. **Método de dois estágios:** em batedeira, misturar todos os ingredientes secos em primeira velocidade. À parte, misturar os ingredientes líquidos, acrescentá-los aos secos e bater em primeira velocidade por um minuto e em segunda por dois minutos, ou até incorporar (não misturar em excesso). Adicionar o *blueberry* e misturar somente até incorporar.
2. Com o auxílio de um boleador de sorvete, despejar em formas untadas para *muffins*.
3. **Cocção:** 180 ºC por cerca de 25 minutos, ou até que fiquem completamente secos no centro.

MUFFIN DE GERME DE TRIGO

Ingredientes	%	Peso
Farinha	54%	540 g
Germe de trigo	46%	480 g
Açúcar mascavo	66%	660 g
Sal	1%	10 g
Fermento químico em pó	2%	20 g
Bicarbonato de sódio	2%	20 g
Óleo vegetal	36%	360 g
Ovos	24%	240 g
Iogurte	26%	260 g
Uva-passa sem semente	10%	100 g
Essência de baunilha	1%	10 g

1. Método para *muffin*: misturar o germe de trigo e o iogurte e deixar o líquido ser absorvido por uma hora.
2. Na batedeira, adicionar o germe de trigo, o óleo, a baunilha e o açúcar e misturar por um minuto.
3. Adicionar os ovos, pouco a pouco, seguidos dos secos peneirados. Misturar por dois minutos e adicionar a uva-passa, misturando até incorporar.
4. Com o auxílio de um boleador de sorvete, despejar em forma especial para *muffins* untada (spray), e salpicar um pouco de aveia no topo.
5. Cocção: 180 ºC por cerca de 25 minutos.

Biscoitos ou *cookies*

A palavra *cookie*, ao que tudo indica, vem do holandês Koekje, que significa "pequeno bolo" ou "bolinho". Em alguns países, como na Inglaterra, são conhecidos como biscuits. Dada a grande variedade de formas, gostos, cores, texturas, tamanhos, métodos de elaboração, alguns parâmetros de modelagem devem ser considerados, como os que se seguem.

VAZADORES

Feitos com massa macia, mas consistente, rica em gordura. Assados em geral em placas, e modelados segundo a forma desejada – quadrados, retangulares ou redondos.

SACO DE CONFEITEIRO

Massa macia, colocada em saco de confeiteiro de bico liso ou crespo e modelados.

COLHER

Massa macia, mas consistente, distribuída em colheradas.

Os ingredientes básicos dos *cookies* são os ovos e a farinha (fortificadores) e o açúcar, a gordura e o amido (suavizadores). Quanto maior a porcentagem de gordura e açúcar, mais vão se espalhar na cocção, pois são ingredientes relaxantes. Quanto maior a porcentagem de ovos e farinha, menor a expansão do produto, pois estes são agentes fortificadores. A manteiga é a gordura mais indicada, contribuindo para sabor mais suave e menor temperatura de derretimento na boca. Resulta ainda em uma textura mais porosa e crocante.

MÉTODOS DE MISTURA PARA COOKIES

Método de um estágio

Todos os ingredientes são incorporados ao mesmo tempo, por dois ou três minutos, até a obtenção de uma massa homogênea (combinação de ingredientes secos peneirados juntos + líquidos, misturados levemente até que sejam incorporados).

Método cremoso

Adicionar primeiro a gordura e o açúcar, batendo-os até ficar esbranquiçado. Acrescentar os ovos (emulsificando a mistura) lentamente. Por último juntar os ingredientes secos peneirados e o flavorizante, somente até incorporar.

Método flocado

A gordura é cortada em pedaços na farinha e misturada até atingir a textura de farofa. Incorporar então os demais ingredientes somente até a massa ficar homogênea.

Cuidados básicos

- Não misturar a massa de biscoito em demasia. Na maioria das receitas, pode até ser trabalhada manualmente.
- Abrir a massa sobre superfície pulverizada com açúcar ou então sobre pouquíssima farinha.
- Não assar os biscoitos em demasia. O ponto se dá quando o centro estiver levemente firme, apresentando coloração dourada e as bordas ligeiramente caramelizadas. Lembre-se de que os biscoitos continuam a assar depois de removidos do forno. Tendem a firmar-se com o esfriamento.
- Conserve os *cookies* em recipiente fechado.
- *Cookies* quebradiços e esfarelentos: podem ter sido trabalhados em demasia; houve desbalanceamento quanto ao volume de ovos, fermento, açúcar ou gordura; ou ainda terem sido submetidos a um processo de cocção muito longo.

COOKIE DA BODA MEXICANA

Ingredientes	Peso
Farinha de trigo comum	2 ¼ xícaras
Manteiga em cubos, gelada	200 g
Açúcar de confeiteiro	½ xícara
Sal	½ colher de chá
Farinha de amêndoa	¾ xícara

1. **Método sablage:** misturar todos os ingredientes e, com as pontas dos dedos, trabalhar a manteiga completamente, até que se assemelhe a uma farofa.
2. Continue trabalhando a massa até o ponto de enrolar. Fazer bolinhas delicadas, que possam ser comidas em duas mordidas. Levar à geladeira por trinta minutos antes de assar.
3. **Cocção:** 180 ºC por doze a quinze minutos, ou até que fique ligeiramente dourado nas laterais e na base, e levemente firme ao toque. Retirar e rolar imediatamente em açúcar de confeiteiro. Deixar esfriar e rolar novamente em açúcar de confeiteiro.

AMANTEIGADOS

Ingredientes	%	Peso
Farinha	100%	1.440 g
Manteiga em cubos	83%	1.200 g
Fermento químico em pó	0,7%	10 g
Açúcar de confeiteiro	41%	600 g
Sal	0,7%	10 g
Claras	16%	240 g
Essência de baunilha	1,5%	20 g
Cereja glaceada, frutas secas ou outro recheio de sua preferência		A gosto

1. **Método cremoso:** bater por um minuto a manteiga e o açúcar de confeiteiro, somente até ficar levemente cremoso. Adicionar as claras. Adicionar os ingredientes secos peneirados e, por último, o flavorizante.
2. Colocar em saco de confeiteiro e desenhar letras "S", rosetas, cilindros ou o formato desejado. Rechear com cereja glaceada, frutas secas ou o recheio de sua preferência. Refrigerar por trinta minutos antes de assar.
3. **Cocção:** 180 °C por quinze a dezoito minutos, ou até ficar ligeiramente dourado nas laterais e na base, e levemente firme ao toque.

COOKIE VIENENSE DE CHOCOLATE

Ingredientes	%	Peso
Farinha	100%	750 g
Manteiga	100%	750 g
Fermento químico em pó	1,5%	10 g
Açúcar	100%	750 g
Sal	1,5%	10 g
Cacau em pó	25%	180 g
Ovos	50%	375 g
Essência de baunilha	4%	30,5 g
Geleia de amora	Quanto baste	Quanto baste

1. **Método cremoso:** bater o açúcar, a manteiga e o sal até que fique cremoso. Adicionar os ovos em três fases. Acrescentar os ingredientes secos peneirados, somente até incorporar.

2. Utilizando o saco de confeiteiro com bico liso ou crespo, modelar os biscoitos em cilindros ou redondos.

3. **Cocção:** 180 ºC até ficar levemente firme no centro, por dez a quinze minutos, dependendo do tamanho.

4. Após esfriar, rechear com geleia de amora. Fazer sanduíches e polvilhar cacau em pó na cobertura.

COOKIE DE AVEIA

Ingredientes	%	Peso
Farinha	50%	560 g
Aveia	50%	560 g
Fermento em pó	1%	13 g
Bicarbonato de sódio	2,5%	30 g
Sal	1,5%	20 g
Açúcar	29%	330 g
Açúcar mascavo	27%	300 g
Mel	6%	70 g
Gordura (manteiga)	38%	420 g
Ovos	23%	250 g
Uva-passa	20%	240 g
Essência de baunilha	2%	25 g
Canela em pó	1%	25 g
Gengibre em pó	1%	25 g
Noz-moscada	1%	25 g

1. **Método cremoso:** bater os açúcares, o mel, a manteiga e o sal até ficar cremoso. Adicionar os ovos em três fases. Adicionar os ingredientes secos peneirados, somente até incorporar. Por último colocar os flavorizantes e a uva-passa.

2. Com o auxílio de um boleador de sorvete, distribuir os *cookies* sobre assadeira untada forrada com papel-manteiga.

3. **Cocção:** 180 ºC até ficar levemente firme no centro, por quinze a vinte minutos, dependendo do tamanho.

CHOCOLATE CHIP COOKIE (COMERCIAL)

Ingredientes	%	Peso
Manteiga	55%	1.200 g
Açúcar mascavo	46%	1 kg
Açúcar	46%	1 kg
Sal	2%	45 g
Bicarbonato de sódio	2%	45 g
Fermento químico em pó	0,5%	10 g
Essência de baunilha	2,5%	60 g
Ovos		10 un.
Farinha	100%	2.160 g
Chocolate *chips*	55%	1.200 g
Chocolate branco picado	19%	500 g

1. Método cremoso: misturar a manteiga gelada em cubos, o açúcar, a baunilha e o sal em segunda velocidade, por dois minutos. Adicionar o mel e os ovos em dois estágios somente até incorporar. Adicionar os ingredientes secos peneirados. Por último juntar a castanha e os chocolates.

2. Com boleador de sorvete, distribuir sobre formas untadas e forradas com papel-manteiga.

3. Cocção: 180 ºC por dezoito a vinte minutos, ou até ficar levemente firme no centro.

DOUBLE CHOCOLATE CHIP COOKIE

Ingredientes	%	Peso
Manteiga	59%	960 g
Açúcar mascavo	44%	720 g
Açúcar	44%	720 g
Glicose	7,5%	120 ml
Água	7,5%	120 ml
Sal	1%	20 g
Bicarbonato de sódio	2%	30 g
Fermento químico em pó	0,7%	15 g
Essência de baunilha	1%	20 g
Ovos	30%	500 ml
Farinha	89%	1.440 g
Cacau em pó	11%	180 g
Chocolate *chips*	59%	960 g
Confeitos coloridos	29%	480 g

1. **Método cremoso:** misturar a manteiga gelada em cubos, o açúcar, a baunilha e o sal, em segunda velocidade, por dois minutos.
2. Adicionar o mel e os ovos em dois estágios, somente até incorporar. Juntar os secos peneirados. Por último adicionar os confeitos e o chocolate chip (ou chocolate picado).
3. Com boleador de sorvete, distribuir em formas untadas e forradas com papel-manteiga.
4. **Cocção:** 180 °C por dezoito a vinte minutos, ou até ficar levemente firme no centro.

TOLL HOUSE CHOCOLATE CHIP COOKIE (ARTESANAL)

Ruth Wakefield tem o crédito de haver elaborado o primeiro *chocolate chip cookie*. Em 1930, em um pequeno hotel chamado The Toll House Inn, no estado de Massachusetts, ela decidiu cortar em pedaços uma barra de chocolate para adicionar a um biscoito. Isso posteriormente foi descoberto pela Companhia Nestlé, que comprou os direitos de sua receita. Em torno de 1940, a Nestlé começou a vender o chocolate em pedaços, dentro de uma embalagem amarela com o nome fantasia de Toll House. Até hoje a Companhia Nestlé mantém a mesma embalagem, com a receita original do famoso *cookie* no verso.

Ingredientes	Quantidade
Manteiga	1 xícara
Açúcar mascavo	¾ de xícara
Açúcar	¾ de xícara
Ovos	2 unidades
Essência de baunilha	1 colher de sopa
Bicarbonato de sódio	1 colher de sopa (dissolvido em 1 colher de sopa de água quente)
Farinha	2 ¼ xícara
Sal	1 c.c.
Nozes picadas	1 xícara
Chocolate picado	500 g

1. Fazer um creme com a manteiga e o açúcar. Adicionar ovos aos poucos. Juntar os ingredientes secos peneirados e por último as nozes e o chocolate; misturar até incorporar.
2. Distribuir sobre assadeira forrada com papel-manteiga e untada.
3. Cocção: 180 ºC por cerca de vinte minutos, ou até ficar ligeiramente firme no centro.

ESTÉVIA CHOCOLATE CHIP COOKIES

Ingredientes	Quantidade
Farinha	2 xícaras
Sal	¾ de colher de chá
Fermento químico em pó	¾ de colher de chá
Ovo	1 unidade
Estévia, pó, não concentrada	½ colher de chá
Essência de baunilha	1 colher de chá
Manteiga amolecida	1 xícara
Gotas de chocolate (chips)	1 ¼ de xícara

1. Peneirar a farinha, o sal e o fermento.
2. Bater a manteiga, o ovo, a estévia e a baunilha até ficar levemente emulsificado.
3. Adicionar os ingredientes secos peneirados em duas adições. Acrescentar o chocolate.
4. Bolear com auxílio de um boleador de sorvete. Refrigerar por uma hora.
5. Colocar em assadeira forrada com papel-manteiga, espaçando os cookies.
6. Cocção: 180 °C por cerca de 25 a 30 minutos.

Biscotti

Os italianos se referem ao termo *biscotti* como categoria geral para biscoitos ou *cookies*. Para os demais, a palavra *biscotti* é usada para descrever um *cookie* longo, seco (e duro), assado duas vezes, para ser servido com café ou vinho. Trata-se de um requintado final de refeição destinado àqueles que se abstêm da sobremesa. Originalmente não conta com gordura na massa, o que o torna bastante seco e crocante, embora variações, com o uso de algum tipo de gordura, sejam aceitáveis. Cada país europeu adotou sua versão: *biscotte* e *croquets de carcassonne* (França), *rusks* (Inglaterra), *Zwieback* (Alemanha), *biskota* e *paxemadia* (Grécia), *sukhariki* (Rússia) e *mandelbrot* (povo judaico).

Biscotti (bis = duas vezes + *cotti* = assado).

Acredita-se que o *biscotti* foi elaborado na época das navegações, e é creditado a um padeiro italiano que originalmente o flavorizava com amêndoas e o servia após as refeições, acompanhado de vinho toscano. Tornou-se tão popular na Itália que todas as províncias desenvolveram sua própria versão e sabor. Porque pode ser estocado por um longo tempo, era servido a soldados e marinheiros. A massa é pegajosa e primeiramente modelada em um cilindro de cerca de 30 cm e assado até ficar firme. Após um curto esfriamento, é fatiado na diagonal com faca serrada, e assado novamente, o que dará a característica seca de sua textura. Como dissemos, variações são possíveis, mas *cookies* que contêm óleo ou manteiga não terão a mesma textura e ainda não podem ser conservados por tanto tempo quanto aquelas em que o agente de ligação é o ovo.

BISCOTTI RIVERSIDE

Ingredientes	%	Peso
Farinha	100%	600 g
Açúcar	83%	500 g
Sal	0,5%	10 g
Fermento em pó	0,7%	15 g
Ovos	41%	250 g
Essência de baunilha	2%	20 g
Erva-doce	2%	20 g
Amêndoa torrada e picada	33%	200 g
Pistaches torrado e picado	33%	200 g

1. **Método modificado:** peneirar os ingredientes secos. Adicionar os ingredientes líquidos e misturar somente até a massa incorporar.

2. Adicionar o restante dos ingredientes misturando bem, sem trabalhar muito a massa.

3. Em uma assadeira untada e forrada com papel-manteiga, despejar a massa e formar retângulos compactos.

4. **Finalização:** passar uma mistura de um ovo e duas colheres de leite sobre todo o retângulo, pincelando bem para não escorrer. Peneirar uma farta quantidade de açúcar de confeiteiro sobre toda a extensão, o que criará uma crosta.

5. **Cocção:** 180 °C por cerca de vinte minutos, até firmar no centro. Remover do forno e deixar esfriar por trinta minutos.

6. Cortar os *biscotti* angularmente, com uma faca que não despedace os biscoitos, e dispor em assadeira preparada. Voltar ao forno a 140 °C por aproximadamente quinze minutos, até que fiquem bem secos. Para um produto mais macio, não assar pela segunda vez.

Variações (para cada 500 g de farinha)

- Anis: 2 colheres de sopa de anis moído (ou anis estrelado picado) + 2 colheres de chá de licor de anis.

- Limão: 2 colheres de sopa de raspa de limão ou 50 g de limão glaceado picado; ou 2 colheres de sopa de essência de limão.

- Damasco: 150 g de damasco seco picado.

- Marroquino: 150 g de tâmara picada + 2 colheres de sopa de licor amareto + 4 colheres de sopa de gergelim torrado.

- Árabe: 150 g de figo glaceado picado + 2 colheres de sopa de *eau de vie* (*rose*) + ¾ de copo de pistache picado.

- Aveia: substitua 1 copo de farinha por ¾ de copo de aveia ou qualquer outra farinha ou semente opcional (germe de trigo, gergelim, semente de papoula)

BROWNIES

Brownies são classificados como *cookie* em pedaços, assado em assadeiras retangulares e cortados em pequenos quadrados, de textura entre bolo e biscoito. O nome se refere à coloração escura da massa (*brownie* significa amarronzado).

Ingredientes	%	Peso
Manteiga	66%	600 g
Gordura para bolo	12%	120 g
Açúcar	106%	960 g
Açúcar mascavo	93%	840 g
Ovos	100%	900 g
Essência de baunilha	3%	30 g
Farinha	66%	600 g
Cacau em pó	33%	300 g
Fermento químico em pó	3%	30 g
Sal	1%	10 g
Nozes picadas grosseiramente	66%	600 g

1. **Método cremoso:** com a gordura, os açúcares e o sal. Adicionar ovos em três estágios, e os ingredientes secos peneirados, misturando até incorporar. Juntar as nozes.
2. Distribuir em assadeira untada e forrada com papel-manteiga.
3. **Cocção:** 190 ºC por cerca de 10 minutos. Inverter a posição da assadeira e assar por mais 10 minutos a 170 ºC.

STRUDEL DE MAÇÃ

MASSA

Ingredientes	%	Peso
Farinha	100%	720 g
Óleo	6%	43 g
Ovos	15%	108 g
Água gelada	55%	380 g
Sal	1%	7 g
Açúcar	1%	7 g
Vinagre de maçãs ou suco de limão	1%	7 g

RECHEIO DE MAÇÃS

Ingredientes	Peso
Maçãs, cortadas em cubos e preservadas em suco de limão	1 kg
Suco de limão	50 g
Farelo de bolo	400 g
Açúcar	230 g
Canela	2 colheres de sopa
Pectina de maçã	1 colher de chá
Nozes, picadas	250 g
Uvas-passas de Corinto	250 g

1. Combinar todos os ingredientes. Com o gancho da batedeira, misturar até que a massa fique completamente lisa e desenvolvida. Bolear e untar levemente com óleo, e colocar em uma tigela, cobrindo-a. Resfriar por trinta a quarenta minutos, para relaxar o glúten.
2. Clarifique 500 g de manteiga e reserve.
3. Enquanto isso, separe os componentes do recheio. Pele as maçãs e corte-as em cubos, colocando dentro do suco de limão (não coloque água de maneira alguma!). Em uma tigela pequena misture o açúcar, a pectina em pó, a canela e reserve. Reserve o farelo de bolo em uma tigela. Pique as nozes, misture-as com as uvas-passas e reserve.
4. Estender uma toalha que cubra a mesa de trabalho. Pulverizá-la generosamente com farinha. Comece estirando a massa com um rolo, e depois

estire-a manualmente, até que ela fique quase transparente, mas não rompa. Pincele toda a extensão da massa com manteiga clarificada. Distribua farelo de bolo, açúcar com canela, maçãs picadas, uvas-passas e nozes. Enrole com o auxílio da própria toalha, como um grande rocambole.

5. Disponha sobre assadeira untada e pincele com manteiga clarificada. Pulverize açúcar com canela e asse a 180 ºC por 45 minutos, ou até que fique bem dourado e as maçãs estejam bem cozidas.

Pães caseiros

PÃO DE AVEIA

Ingredientes	Quantidade
Farinha especial para pães	3 xícaras
Aveia em flocos	½ xícara
Açúcar mascavo	2 colheres de sopa
Fermento biológico instantâneo	1 envelope ou ½ colher de chá
Sal	1 colher de chá
Canela em pó	1 colher de chá
Água	1 ¾ xícara
Manteiga	2 colheres de sopa

1. Método direto.
2. Fermentação: uma hora.
3. Divisão: retirar o gás da massa com a palma das mãos e dividi-la, caso queira fazer peças menores.
4. Fermentação intermediária: uma hora.
5. Modelagem: abra um triângulo e deixe a ponta menor voltada para você. Enrole começando da parte menor, moldando ao estilo rocambole. Aperte a costura, selando-a, e disponha a peça para baixo em uma forma para bolo inglês pequeno.
6. Fermentação final: uma hora ou até dobrar de volume.
7. Cocção: 180 ºC por 35 a 40 minutos.

MULTIGRÃO

Ingredientes	Quantidade
Água a 24 ºC	1 xícara
Nata	1 xícara
Óleo	¼ de xícara
Aveia	½ xícara
Germe de trigo	⅓ de xícara
Cereal de fibras	⅓ de xícara
Farinha especial para pães	5 ½ xícaras
Açúcar mascavo	½ xícara
Fermento biológico instantâneo	2 envelopes
Sal	2 colheres de chá
Ovos	2 unidades
Germe de trigo ou aveia (para *topping*)	Quanto baste

1. **Método direto:** misturar até obter uma massa elástica (8 minutos no total).
2. **Fermentação de piso:** 45 minutos.
3. **Divisão:** retirar o gás da massa delicadamente e bolear.
4. **Fermentação intermediária:** 30 minutos.
5. Retirar o gás e dividir a massa em dois pedaços iguais. Bolear e dispor em uma assadeira estilo Pullman com a costura bem fechada e para baixo. Pincelar.
6. **Fermentação final:** 45 minutos. Pincelar e distribuir *topping*.
7. **Cocção:** 180 ºC por 40 a 50 minutos.

CONCHAS

Ingredientes	Quantidade
Farinha especial para pães	4 xícaras
Açúcar	¼ de xícara
Fermento biológico instantâneo	1 envelope ou 1 colher de chá
Sal	2 colheres de chá
Água	1 ½ xícara
Ovo	1 unidade
Leite em pó	¼ xícara
Manteiga, temperatura ambiente	100 g

1. **Método direto e fermentação longa:** misturar todos os ingredientes, exceto a manteiga, e ajustar a hidratação para obter uma massa firme e maleável, mas não seca; misturar em velocidade baixa por 2 minutos. Adicionar a manteiga e finalizar a sova por mais 5 minutos, ou até obter uma massa elástica e sedosa.

2. **Fermentação de piso:** despejar em um recipiente levemente untado com óleo. Cobrir bem e deixar fermentar à temperatura ambiente por 4 horas. Após as duas primeiras horas, dobre a massa sobre si mesma algumas vezes, tampe e complete a fermentação longa.

3. **Divisão:** retirar o gás da massa e cortá-la em peças de 70 g. Bolear e cobrir.

4. **Fermentação intermediária:** 15 minutos.

5. **Modelagem:** com um rolo, abrir uma circunferência de 15 cm. Pincelar.

6. **Fermentação final:** 45 minutos ou até ⅔ da fermentação. Pincelar.

7. **Finalização:** disponha a capa (bem fina) de *cookie* sobre o pão fermentado (ver receita a seguir); lembre-se que a capa de *cookie* deve ter a mesma circunferência da massa do pão.

8. **Cocção:** 180 ºC por 22 a 25 minutos.

MASSA DO *COOKIE* (*TOPPING*)

Ingredientes	Quantidade
Manteiga	95 g
Farinha	115 g
Açúcar de confeiteiro	115 g
Cacau em pó (ou corante alimentício)	2 colheres de sopa
Canela em pó	½ colher de chá

1. Fazer a massa do *cookie*, formando uma farofa com os ingredientes secos e a manteiga; amassar apenas até formar uma massa. Reabrir entre duas folhas de papel manteiga e refrigerar por 30 minutos.

2. Abrir sobre superfície pulverizada com açúcar de confeiteiro e cortar com a ajuda de um cortador de tamanho proporcional ao pão. Manter refrigerado até o momento do uso.

3. Dispor sobre o pão crescido a ⅔ do volume e pincelado. Fazer cortes longitudinais que se assemelhem a uma concha.

BAGUETE RÚSTICA DE TRIPLA FERMENTAÇÃO

Comece esse pão fazendo o *poolish* e a *pâte fermentée*. A farinha orgânica dá um diferencial, mas a estrela dessa preparação é a experiência com um processo fermentador longo e técnico. Uma boa oportunidade para você aplicar o que aprendeu no livro!

PÂTE FERMENTÉE

Ingredientes	Quantidade
Farinha orgânica	1 ¼ xícara
Fermento seco	1 colher de sopa
Água	1 xícara
Sal marinho	1 colher de sopa

POOLISH

Ingredientes	Quantidade
Farinha orgânica	2 xícaras
Fermento seco	1 colher de sopa
Água	1 ½ xícara

MASSA

Ingredientes	Quantidade
Farinha orgânica	5 xícaras
Água*	1 ½ xícara
Fermento seco	1 colher de sopa
Sal marinho	3 colheres de sopa
Pâte fermentée	Total
Poolish	Total

*Variável

1. **Método indireto:** fazer o *poolish* e a *patê fermentée* e mantê-los em temperatura ambiente por 16 horas. Misturar todos os ingredientes da massa até obter uma massa lisa e levemente úmida.
2. **Fermentação de piso:** uma hora.
3. **Divisão:** retirar o ar da massa e cortá-la em peças de 350 g para modelagens estilo baguete ou *bâtard*.

4. **Fermentação intermediária:** 15 minutos. Esta etapa é mais um descanso para facilitar a modelagem do que mais uma fermentação propriamente dita.

5. **Modelagem:** proceder como na modelagem de baguete tradicional. Abrir um retângulo, esticando a massa com as pontas dos dedos. Trazer a parte superior do retângulo ao centro; girar e novamente trazer o lado superior até a ponta da massa, apertando firmemente para selar a costura.

6. **Fermentação final:** 45 minutos ou até dobrar de volume.

7. **Cocção:** 220 °C por vinte minutos, dependendo do formato e do tamanho dos pães, com vapor. No caso de forno doméstico, colocar uma panela de ferro na base inferior do forno aceso. Quando o pão estiver pronto para assar, despejar gelo na panela superquente e fechar a porta do forno por 3 minutos, para formar vapor. Colocar o pão para assar.

PÃO DE CHOCOLATE COM CEREJAS

Ingredientes	Quantidade
Leite	1 xícara
Ovos	1 unidade
Manteiga derretida	3 colheres de sopa
Açúcar mascavo	⅓ xícara
Sal	1 colher de chá
Cacau em pó	⅓ xícara
Farinha	3 xícaras
Fermento biológico instantâneo	1 envelope
Cereja glaceada picada	½ xícara
Chocolate meio amargo picado	½ xícara

1. **Método direto:** em batedeira, despeje todos os ingredientes, exceto a cereja e o chocolate, que devem ser adicionados apenas no último minuto de mistura. Misture por 2 minutos e ajuste a hidratação com água gelada, para obter uma massa firme, mas não seca.
2. **Fermentação de piso:** uma hora e meia.
3. **Divisão:** expelir delicadamente um pouco dos gases formados e cortar; bolear.
4. **Modelagem:** sobre uma superfície levemente enfarinhada, abra a massa em um retângulo e enrole-a em estilo rocambole. Deposite em assadeira para bolo inglês untada. Pincele.
5. **Fermentação final:** uma hora ou até dobrar de volume. Pincelar. Dar cortes.
6. **Cocção:** 180 ºC, até ficar firme no centro.

PAIN AU CHAMPAGNE

ESPONJA

Ingredientes	Quantidade
Água a 28 ºC	1 xícara
Fermento biológico instantâneo	1 colher de chá
Farinha especial para pães	1 xícara

MASSA

Ingredientes	Quantidade
Farinha especial para pães	4 xícaras
Leite em pó	⅓ xícara
Fermento biológico instantâneo	½ colher de chá
Sal	1 ½ colher de chá
Manteiga derretida	4 colheres de sopa
Ovo	1 unidade
Champagne (brut séc.)*	1 ½ xícara
Açúcar	4 colheres de sopa

*Variável

1. **Método indireto:** misturar todos os ingredientes da esponja e deixar fermentar por duas horas à temperatura ambiente, tampado.
2. **Mistura:** adicionar os demais ingredientes e misturar até obter uma massa lisa e sedosa, levemente úmida.
3. **Fermentação de piso:** 45 minutos.
4. **Divisão:** retirar o gás da massa delicadamente e bolear.
5. **Fermentação intermediária:** 45 minutos ou até dobrar de volume.
6. **Modelagem:** retirar os gases suavemente e bolear (*boulée*). Depositar sobre assadeira preparada.
7. **Fermentação final:** uma hora ou até dobrar de volume.
8. **Cocção:** 200 ºC por 30 minutos, ou até ficar dourado e com uma temperatura interna entre 90 e 95 ºC.

ANA'S GOLDEN SESAME LOAF

Ingredientes	Quantidade
Leite, gelado*	310 g
Manteiga, temperatura ambiente	6 colheres de sopa
Mel	3 colheres de sopa
Farinha especial para pães	550 g
Leite em pó desnatado	2 colheres de sopa
Gergelim torrado	5 colheres de sopa
Sal	1 colher de sopa
Açúcar	3 colheres de sopa
Fermento biológico instantâneo	1 colher de sopa
Gergelim, cru	1 xícara ou quanto baste para envolver

*Variável

1. **Método direto:** misturar todos os ingredientes por três minutos em baixa velocidade. Ajustar a hidratação para obter uma massa firme. Atenção: sempre que usamos o leite in natura, a massa tende a ser mole devido à ação de certas enzimas sobre o glúten; então resista e não adicione mais farinha!
2. **Fermentação de piso:** 45 minutos.
3. **Divisão:** retirar o gás da massa delicadamente e bolear.
4. **Fermentação intermediária:** 30 minutos.
5. **Modelagem:** retirar os gases da massa suavemente e enrolá-la no estilo pão de forma (rocambole). Umedeça bem as mãos e passe-as por toda a extensão do pão. Em seguida, role todo o pão no gergelim cru várias vezes, para uma completa cobertura.
6. **Fermentação final:** 45 minutos ou até dobrar de volume.
7. **Cocção:** 200 ºC 30 minutos ou até ficar bem dourado.

PORTO E ROQUEFORT

Ingredientes	Quantidade
Farinha especial para pães	3 xícaras
Água a 20 ºC	1 xícara
Manteiga, temperatura ambiente	2 colheres de sopa
Açúcar	2 colheres de sopa
Sal	1 ½ colher de chá
Fermento biológico seco	1 envelope
Vinho do porto	¼ de xícara
Queijo roquefort	⅓ de xícara
Nozes picadas	⅓ de xícara

1. **Método esponjoso:** fazer uma esponja com uma xícara de farinha, ¾ de xícara de água e o fermento. Deixe fermentar por uma hora.
2. **Mistura:** adicionar os demais ingredientes à esponja. Misturar até obter uma massa sedosa e lisa. No último minuto de mistura, colocar o queijo roquefort e as nozes, mas sem sovar.
3. **Fermentação de piso:** uma hora.
4. **Divisão:** retirar o gás da massa e cortá-la em peças de 100 g.
5. **Fermentação intermediária:** uma hora.
6. **Modelagem:** *boulée* ou bisnagas. Pincelar com *egg wash*.
7. **Cocção:** 200 ºC por 25 a 30 minutos, ou até ficar bem dourado.

OLLEBROD (PÃO DINAMARQUÊS)

Ingredientes	Quantidade
Farinha especial para pães	3 xícaras
Farinha de centeio	¾ de xícara
Fermento instantâneo biológico	¾ de colher de chá
Sal	¾ de colher de chá
Melaço	2 colheres de sopa
Água a 28 ºC	1 ¾ de xícara
Cerveja preta a 20 ºC	⅓ de xícara

1. **Método indireto:** fazer uma esponja com a água, a farinha de centeio, ⅔ de xícara de farinha de trigo e o fermento biológico. Deixar fermentar por 6 horas. Proceder com a massa, adicionando os demais ingredientes e ajustando a hidratação para obter uma massa firme.
2. **Fermentação de piso:** uma hora ou até dobrar de volume.
3. **Divisão:** retirar os gases delicadamente e bolear.
4. **Fermentação intermediária:** uma hora.
5. **Modelagem:** expelir os gases da massa levemente e modelá-la, enrolando-a como rocambole. Distribuir em assadeira para pão de forma untada.
6. **Fermentação final:** uma hora ou até dobrar de volume. Fazer cortes decorativos com bisturi. Pincelar.
7. **Cocção:** 190 ºC por 35 a 40 minutos.

PÃO INTEGRAL DE 5 SEMENTES

Ingredientes	Quantidade
Água a 24 ºC	2 xícaras
Fermento biológico seco	1 envelope
Azeite de oliva	2 colheres de sopa
Mel	3 colheres de sopa
Sal	½ colher de chá
Açúcar mascavo	3 colheres de sopa
Farinha especial para pães	2 xícaras
Farinha integral	1 xícara
Aveia	½ xícara
Semente de girassol	5 colheres de chá
Semente de papoula	5 colheres de chá
Gergelim torrado	5 colheres de chá
Linhaça, semente	5 colheres de chá
Chia, semente	5 colheres de chá

1. Fazer uma esponja com a farinha integral, ½ xícara de água e o fermento biológico. Deixar fermentar por uma hora. Adicionar os demais ingredientes e misturar até obter uma massa coesa. Adicionar as sementes no último minuto de mistura.
2. **Fermentação de piso:** uma hora.
3. **Divisão:** desinflar a massa suavemente e cortá-la em pedaços de 50 g.
4. **Fermentação intermediária:** uma hora
5. **Modelagem:** retirar os gases suavemente da massa e boleá-la.
6. **Fermentação final:** uma hora, em assadeira preparada. Pincelar e salpicar sementes.
7. **Cocção:** 180 ºC por 35 a 40 minutos, com vapor.

Receitas suplementares: recheios, brilho e farofa (*Streusel*)

RECHEIO DE AMÊNDOAS

Ingredientes	%	Peso
Pasta de amêndoa (marzipã)	100%	1 kg
Açúcar	100%	1 kg
Sal	1%	10 g
Manteiga	20%	200 g
Ovos	40%	400 g
Farelo de bolo	100%	1 kg
Água	1%	10 g
Essência de baunilha	1%	10 g

1. Misturar todos ingredientes e refrigerar até o uso. Aplicar sobre pão doce, trança ou rosca. Fechar. Pincelar e pulverizar açúcar, se desejar.

MISTURA DE CANELA COM AÇÚCAR

Ingredientes	%	Peso
Açúcar	100%	1 kg
Canela em pó	10%	100 g
Óleo de milho	5%	50 g

1. Misturar todos ingredientes e refrigerar até o uso. Aplicar sobre pão doce, trança ou rosca. Fechar. Pincelar e pulverizar açúcar, se desejar.

RECHEIO DE QUEIJO COTTAGE

Ingredientes	%	Peso
Queijo cottage	100%	1 kg
Açúcar	20%	200 g
Manteiga	15%	150 g
Farinha	10%	100 g
Ovos	20%	200 g
Sal	1%	10 g
Essência de limão	1%	10 g
Essência de baunilha	1%	10 g

1. Misturar todos os ingredientes e refrigerar até o uso. Aplicar sobre pão doce, trança ou rosca. Fechar. Pincelar e pulverizar açúcar, se desejar.

FAROFA OU STREUSEL

Ingredientes	%	Peso
Açúcar	70%	700 g
Manteiga em cubos, gelada	70%	700 g
Farinha	100%	1 kg
Sal	1%	10 g
Canela em pó	1%	10 g

1. Misture todos os ingredientes com as pontas dos dedos até a mistura se assemelhar a grãos de areia e até que a manteiga esteja completamente incorporada. A textura pode ser mais ou menos fina, de acordo com o que desejar para a cobertura de seu produto. Refrigere até o uso e aplique sobre pão doce, trança ou rosca. Puverize açúcar de confeiteiro sobre o pão depois de assado.

Dicas: algumas gotas da essência de sua preferência podem ser adicionadas a esse ponto. Junte farinha e misture até obter uma textura arenosa. Não misture em demasia.

FAROFA PETRÓPOLIS

Ingredientes	%	Peso
Açúcar	75%	75 g
Margarina	50%	50 g
Farinha	100%	100 g
Coco ralado	50%	50 g

1. Misturar todos os ingredientes e refrigerar até o uso. Não misture em demasia. Mantenha sob refrigeracao por até três dias. Aplicar sobre o pão Petrópolis, pincelando-o antes de distribuir a farofa, para melhor adesão.

RECHEIO PARA PÃEZINHOS DE CANELA (STICKY BUNS)

Ingredientes	%	Peso
Farinha de trigo	100%	1 kg
Margarina	100%	1 kg
Manteiga	100%	1 kg
Açúcar	100%	1 kg
Açúcar mascavo	100%	1 kg
Clara	50%	500 g
Sal	0,5%	5 g
Canela em pó	8%	80 g
Noz-moscada	5%	50 g

1. Misturar todos os ingredientes. Espalhar sobre a massa doce aberta, com auxílio de espátula. Fechar como rocambole e cortar em pedaços iguais.

CALDA DE CARAMELO (PARA FUNDOS)

Ingredientes	%	Peso
Açúcar mascavo	250%	1.250 g
Açúcar	100%	500 g
Margarina	100%	500 g
Manteiga	100%	500 g
Mel	200%	1 kg
Melado	25%	125 g
Sal	0,2%	30 g
Canela	0,4%	60 g
Farinha de trigo	5%	50 g
Nozes picadas	5%	50 g

1. Misturar os ingredientes, exceto as nozes. Forrar o fundo da assadeira com essa calda, salpicar as nozes e colocar os pãezinhos. Deixar crescer até dobrar de tamanho e assar em forno quente até dourar. Desenformar imediatamente, ou grudará na fôrma.

RECHEIO DE COCO COM OVOS

Ingredientes	%	Peso
Açúcar	80%	200 g
Coco ralado	100%	250 g
Ovos	40%	125 g
Leite de coco	20%	50 g
Essência de coco	1%	2,5 g

1. Misturar todos os ingredientes e refrigerar até o uso. Aplicar sobre pão doce, trança ou rosca. Fechar. Pincelar e pulverizar açúcar, se desejar.

CREME DE CONFEITEIRO (CRÈME PÂTISSIÈRE)

Ingredientes	Quantidade
Leite	1 litro
Açúcar	160 g
Baunilha (fava)	1 unidade
Amido de milho	100 g
Açúcar	160 g
Ovos	2 unidades
Gemas	4 unidades
Manteiga	125 g

1. Ferver o leite com 160 g de açúcar e a fava cortada. Enquanto isso, misturar o amido de milho, o restante do açúcar, os ovos e as gemas até que a mistura fique completamente lisa. Reserve.
2. Retirar a fava e adicionar a mistura fervente sobre a mistura de ovos, temperando, batendo rapidamente com o batedor. Voltar a mistura ao fogo, mexendo sempre com colher de pau até cozinhar o amido.

3. Retirar do fogo, adicionar a manteiga e misturar até formar um creme liso e brilhante. Colocar em um recipiente e cobrir com filme plástico, que deve tocar diretamente a superfície do creme – isso evita a formação de película. Refrigerar até o uso.

Nota: nunca deixe o *crème pâtissière* exposto à temperatura ambiente por longos períodos de tempo, especialmente durante o verão. O *crème pâtissière* não apresenta boa condição para congelamento. Se necessário, apenas refrigere, nunca por mais de três dias.

Flavorizantes (antes da cocção)

- **Café:** Adicione 2 colheres de sopa de café solúvel instantâneo ou expresso ao leite no início da cocção. Após a cocção, adicione 2 colheres de sopa de extrato de café ou licor de café, tal como Kahlúa ou Tia Maria.
- **Picante:** Adicione duas ramas de canela, cravos, cardamomo, gengibre fresco ralado, pimenta branca moída para substituir a fava de baunilha. Deixe ferver para absorver o sabor. Retire e continue o processo.
- **Cítrico:** Adicione raspas de limão, de tangerina ou de laranja ao primeiro líquido, ferva e peneire antes de continuar o processo.
- **Menta:** Faça uma infusão de folhas frescas de menta ao primeiro líquido em ebulição e deixe por alguns minutos. Peneire e continue o processo.
- **Chocolate:** Adicione chocolate meio amargo picado logo após a conclusão do creme (quente), cerca de 50 g por litro de leite ou líquido. Acrescente licor de chocolate.
- **Licores:** Após esfriar, adicione licores tais como Grand Marnier, Cointreau, rum, Kirsch, Anizette. Use com muita moderação, pois o excesso não poderá ser reparado. O sabor se acentua após o resfriamento do creme já no produto final.

Bibliografia

AMENDOLA, Joseph. The Baker's *Manual for Quantity Baking and Pastry Making*. 3ª ed. Rochelle Park: Hayden, 1976.

_____. *Understanding Baking*. 2ª ed. Nova York: Van Nostrand Reinhold, 1992.

BAILEY, Adrian. *The Blessings of Bread*. Nova York: Paddington Press, 1975.

BILHEUX, Roland *et al. Special and Decorative Breads*. Special and Decorative Breads, vol. 1. Nova York: Van Nostrand Reinhold, 1989.

A. Couet & E. Kayser. *Special and Decorative Breads*, vol. 3. Nova York: Van Nostrand Reinhold, 1999.

CULINARY INSTITUTE OF AMERICA. *The New Professional Chef*. 5ª ed. Nova York: Van Nostrand Reinhold, 1991.

CUNNINGHAM, Marion. *The Fannie Farmer Baking Book*. Nova York: Alfred A. Knopf, 1984.

D'ERMO, Dominique. *The Modern Pastry Chef's Guide to Professional Baking*. Nova York: Harper & Row, 1962.

FIELD, Carol. *The Italian Baker*. Nova York: Harper & Row, 1985.

GISSLEN, Wayne. *Professional Baking*. 2ª ed. Nova York: Wiley, 1994.

GLEZER, Maggie. *Artisan Baking across America: the Breads, the Bakers, the Best Recipes*. Nova York: Workman, 2000.

GREENSPAN, Dorie. *Baking with Julia*. Nova York: William Morrow and Company, 1996.

MALGIERI, Nick. *Nick Malgieri's Perfect Pastry*. Nova York: Macmillan, 1989.

_____. *Chocolate*. Nova York: HarperCollins, 1998.

_____. *How to Bake*. Nova York: HarperCollins, 1995.

ORTIZ, Joe. *The Village Baker: Classic Regional Breads from Europe and America*. Berkeley: Ten Speed Press, 1993.

PECK, Paula. *The Art of Fine Baking*. Nova York: Simon & Schuster, 1961.

PYLER, Ernst J. *Baking Science & Technology*. 3ª ed. Kansas City: Sosland, 1988.

QAROONI, Jalal. *Flatbread Technology*. Nova York: Chapman & Hall, 1996.

ROBERTSON, Laurel *et al*. *Laurel's Kitchen Bread Book: a Guide to Whole-Grain Breadmaking*. Nova York: Random House, 1985.

STEAR, Charles A. *Special and Decorative Breads Handbook of Breadmaking Technology*. Nova York: Elsevier Science, 1990.

SULTAN, William J. *Practical Baking*. 4ª ed. Westport: AVI, 1986.

SULTAN, William. *Modern Pastry Chef*, vols. 1 e 2. Westport: AVI, 1977.

THURIES, Yves. *Le livre de recettes d'un compagnon du tour de France*. 3 vols. Gaillac: Societé Editar, 1979, 1980, 1982.

Fontes de fórmulas

Livros

COLWIN, Laurie. "Bread Baking Without Agony". Em *Home Cooking: a Writer in the Kitchen*. Nova York: Harperperennial Library, 1995.

MOOSEWOOD COLLECTIVE. *Sundays at Moosewood Restaurant*. Nova York: Simon & Schuster, 1990.

ROMBAUER, Irma S. & BECKER, Marion Rombauer. *Joy of Cooking*. Indianapolis: Bobbs-Merrill, 1975.

Sites

http://www.theartisan.net (receitas italianas de pão)

http://bread.allrecipes.com (ideias de pratos e conselhos para cozinhar)

http://www.rkish.tripod.com/breadsbooksbiscotti (experiências de forno com pães franceses diversos)

http://www.cs.cmu.edu/afs/cs/Web/People/mjw/recipes

http://www.indianfoodsco.com/Recipes/breads (pães indianos)

Bagel, iguaria tipicamente judaica criada no fim dos seiscentos, na Europa ocidental.

Originária do Império Austro-Húngaro, a baguete vienense consagrou-se na França e hoje é adorada por todos.

A baguete, em seus variados formatos, faz sucesso com sua crosta fina e crocante.

De textura delicada, o pão de champanhe possui sabor e aroma frutado e leve.

Pulla, um tipo de brioche que acompanha o café finlandês.

O *Stollen* alemão, por sua tradição e simbologia, transforma-se em um belo presente natalino.

Pães rústicos, como o *pugliese* e a *ciabatta*, diferenciam-se pelas cavidades pronunciadas, miolo denso e casca crocante e atraente.

Doughnuts encantam pela variedade de coberturas.

Feita com azeitonas, azeite e alecrim, a *fougasse* é ótimo aperitivo, ideal para acompanhar um vinho tinto encorpado.

Originário do século XVIII, o *muffin* requer fôrma especial e sua textura macia é muito apreciada na Inglaterra.

Kugelhopf, massa estilo brioche, extremamente versátil e enriquecida.

Os pães integrais, de textura granulosa e sabor forte, reproduzem exatamente a composição do grão do trigo.

Os tão brasileiros sonhos, feitos com massa doce e recheados com *crème pâtissière* e outros.

A *challah*, símbolo judaico, presença obrigatória no Shabat.

As infinitas possibilidades de sofisticação, aliadas ao seu caráter primitivo, fazem do pão o mais sedutor dos alimentos.

A massa folhada, característica dos *croissants*, pode ser montada de várias maneiras e propicia inúmeras modelagens e recheios.

Índice de fórmulas

Amanteigados, 381
Ana's golden sesame loaf, 403
Bagel, 298
Baguete rústica de tripla fermentação, 399
Baguete vienense, 309
Baguette française à la pâte fermentée, 307
Baguettino e *grissini,* 269
Baladi (método indireto), 283
Bâtard à la pâte fermenteé, 304
Biscotti Riverside, 390
Biscuits, 369
Brioche, 357
Brioche oriental, 330
Brioche tropical, 361
Brownies, 392
Calda de caramelo (para fundos), 410
Challah, 328
Chocolate chip cookie (comercial), 385
Ciabatta, 290
Coffee cakes e pãezinhos de canela, 356
Conchas, 397
Cookie da boda mexicana, 380
Cookie de aveia, 383
Cookie vienense de chocolate, 382
Creme de confeiteiro (*crème pâtissière*), 411
Croissant I, 349

Croissant II, 351
Double chocolate chip cookie, 386
Doughnuts, 337
Estévia chocolate chip cookies, 388
Farofa ou *Streusel,* 408
Farofa Petrópolis, 409
Focaccia 3 farine, 286
Fougasse, 288
Kugelhopf, 339
Lavash ou pão folha, 292
Massa dinamarquesa (*danish*), 353
Massa doce, 335
Mistura de canela com açúcar, 407
Muffin de *blueberries,* 376
Muffin de germe de trigo, 377
Multigrão, 396
Naan, 282
Ollebrod (pão dinamarquês), 405
Pain complet aux olives, 314
Pain de campagne, 311
Pain au champagne, 402
Pão árabe (método direto), 280
Pão árabe integral (método indireto), 281
Pão completo, 312
Pão de abacate, 248
Pão de alho e ervas aromáticas, 253

Pão de aveia, 395
Pão de banana, 375
Pão de batata recheado com requeijão
   cremoso, 258
Pão de batata-doce, 257
Pão de cachorro-quente (*hot-dog*), 249
Pão de cebola, 244
Pão de cenoura e beterraba, 271
Pão de centeio com pré-fermento, 320
Pão de centeio, canela e uva-passa
   (estilo alemão), 326
Pão de cerveja, 252
Pão de *champagne* e maçã, 317
Pão de chocolate com cerejas, 401
Pão de coco recheado, 263
Pão de fécula de batata, 255
Pão de forma (*pain de mie*), 246
Pão de girassol, 325
Pão de hambúrguer, 251
Pão de kabocha ou abobóra japonesa, 273
Pão de mandioquinha, 254
Pão de milho (*cornbread*) americano, 374
Pão de polenta ao *poolish*, 315
Pão de queijo da Lorena, 373

Pão de torresmo, 260
Pão delícia, 261
Pão francês, 242
Pão integral com mel (fermentação
   dupla), 322
Pão integral de 5 sementes, 406
Pão Petrópolis, 266
Pão português com erva-doce, 267
Pão sem sova, 296
Pizza, 284
Porto e roquefort, 404
Pretzels, 300
Recheio de amêndoas, 407
Recheio de coco com ovos, 410
Recheio de queijo cottage, 408
Recheio para pãezinhos de canela
   (*sticky buns*), 409
Rosca de mandioca, 265
Scones, 371
Sonhos, 274
Stollen alemão, 341
Strudel de maçã, 393
Toll house chocolate chip cookie
   (artesanal), 387

Índice geral

Açafrão, 209
Ação em produtos específicos, 184
Ácido ascórbico ou vitamina C, 118
Ácido cítrico, 121
Açúcar branco (sacarose), 171
Açúcar e saúde, 178
Açúcar invertido (líquido ou emulsão), 177
Açúcar marrom (mascavo), 172
Açúcar na fermentação, O, 179
Açúcar processado, O, 171
Açúcar, 166
Açúcares com conservantes à base de álcool, sorbitol, manitol, maltitol e xilitol, 176
Aditivos, 116
Adoçantes artificiais, 173
Agentes expansores, 142
Água em panificação, 127
Água, 125
Amilase, 122
Anis, 209
Antiguidade (8000 a.C.-600 d.C.), 42
Apresentação, 10
Ar, 142
Aroma, 158

Ascomicetos (fermento de fato), 152
Bactéria (esquizomicetos), 152
Bagels, 240
Baguete, 239
Basidiomicetos (mofo), 153
Baunilha, 209
Benefícios, 157
Beterraba, A, 169
Bibliografia, 415
Biga, 216
Biscoitos e *cookies*, 184
Biscoitos ou *cookies*, 378
Boleamento, 76
Bolos amanteigados, 185
Bolos cremosos, 184
Bolos sem gorduras, 185
Boulangerie, 38
Breve história do pão, 42
Bromato de potássio, 121
Cana-de-açúcar, A, 168
Canela, 210
Características do pré-fermento, 162
Caramelização, 182
Carbodióxido (CO2), 142
Cardamomo, 210
Casca, 98

Caso especial do leite em pó, O, 134
Categorias, 169
Cerveja, 131
Challah, 239
Ciência por trás da elaboração de pães, A, 61
Classificação, 143
Coagulação da proteína do ovo, 182
Coberturas, 87
Cocção (*cuisson*), 80
Cocção: o caso do *dutch oven*, ou panela de ferro fundido batido, 84
Coloração: natural *versus* artificial, 56
Como classificar os vários tipos de massas, 233
Como diferenciamos o padeiro do artesão?, 50
Composição e estrutura, 200
Composição, 99
Computando percentagens de uma fórmula, 224
Computando quilogramas em percentagens, 226
Conservação e sanitarização, 204
Conservantes, 56
Considerações gerais, 205
Cravo, 210
Crescimento ou prova final (*appret*), 78
Culinária *versus boulangerie*, 36
Cultura láctica, 119
Descanso de mesa ou intermediário (*pointage*), 76
Descrição, 208
Desenvolvimento do glúten, 181
Dissacarídeos (açúcar duplo), 170
Divisão (*pesage*), 75
Durabilidade, 158
Egito, 43
Embalagem e estocagem, 92
Emulsificantes, 122
Endosperma, 98
Enzimas, 122

Era industrial (1700-1887), 45
Esfriamento, 91
Esponja, 220
Espumas, 181
Estágio de desenvolvimento, 71
Estágio de limpeza, 71
Estágio de mistura, 70
Estágio final, 71
Estocagem, 92, 209
Estrelas, 47
Estrutura, 158, 200
Farinha de trigo, A, 98
Farinha, 96
Fator de conversão de fórmulas, 227
Fermentação biológica, 149
Fermentação de piso (*pointage*), 72
Fermentação do fermento natural, 74
Fermentação no método direto, 74
Fermentação, 181
Fermento biológico comercial, 145
Fermento comercial, 141
Fermento e fermentadores, 140
Fermento natural ou pré-fermento, 151
Fermento natural, 140
Fermento natural, a mãe do padeiro, 154
Fermento químico, 143
Ficomicetos, 152
Finalização, 86
Flavorizantes (antes da cocção), 412
Fontes de fórmulas, 416
Fórmulas, 232
Frescor, 202
Funcho (*fennel*), 198
Funções correlatas do sal, 139
Funções da água, 126
Funções específicas em massas fermentadas, 181
Funções gerais mais importantes do açúcar, 180
Fungos imperfeitos (fermentos porosos), 153
Gelatina, 120

ÍNDICE GERAL

Gelatinização, 182
Gengibre, 119, 211
Gergelim, 211
Germe ou embrião, 97
Glúten, 119
Gordura e nutrição, 196
Gordura ou banha de porco, 191
Gordura, 120
Gorduras de origem animal, 189
Gorduras de origem vegetal ou mista, 192
Gorduras e saturação, 187
Gorduras monossaturadas, 188
Gorduras na panificação, 198
Gorduras poli-insaturadas, 188
Gorduras saturadas, 187
Gorduras, 186
Graduação, 203
Grão de trigo, O, 97
História, 166
Idade Média, 44
Índice de fórmulas, 417
Informações gerais, 202
Ingredientes enriquecedores, Os, 164
Introdução, 34
Lecitina, 118
Leite e derivados, 132
Leite, 120
Líquidos em panificação, 131
Livros, 416
Margarina, 193
Massa doce, 332
Massa laminada ou massa folhada, 362
Massas enriquecidas, 327
Massas magras e pães estendidos, 278
Melhoradores comerciais, 120
Melhoradores naturais de massa, 117
Método cremoso, 181
Método de cilindro, 222
Método de mistura contínua rápida, 221
Método de mistura na produção artesanal, O, 56
Método direto de mistura, 220

Método indireto de mistura, 216
Metodologia: o método de percentagem, 223
Métodos de mistura da massa, 216
Microrganismos na produção de pré-fermentos, 152
Mistura de ingredientes (*pétrissage*), 65
Modelagem e formas (*façonnage*), 77
Mofo, rope e envelhecimento, 124
Monossacarídeos (açúcar simples), 170
Nota do editor, 6
Nota sobre a temperatura do líquido, uma, 128
Noz-moscada, 211
O que é açúcar?, 167
O que é glúten?, 112
O que é o pão artesanal?, 49
Óleo de peixe, 192
Óleos vegetais, 192
Outras farinhas, 106
Ovos na confeitaria, 205
Ovos na panificação, 207
Ovos, 120, 132, 199
Padeiro: o verdadeiro coração do pão!, O, 22
Pães *au levain*, 302
Pães caseiros, 395
Pães diversos brasileiros, 242
Pães e massas fermentadas, 184
Pães estendidos, 276
Pães estirados, 238
Pães integrais, 236, 319
Pães italianos, 238
Pães pretos, 239
Pães rápidos, 185, 368
Pão artesanal, 46
Pão artesanal: terra, água, ar e fogo, 159
Pão branco, 235
Passos básicos na elaboração de pães, Os, 62
Pectina, 119
Percentagem e pré-fermentos, 228

Pesagem precisa dos ingredientes, 62
pH ácido, 128
pH alcalino, 128
pH da água, O, 126
Polissacarídeos (açúcar complexo), 171
Poolish, pâte fermentée, pré-fermento líquido ou esponja líquida, 218
Prefácio à 3ª edição, 24
Prefácio à 4ª edição, 20
Prefácio à 6ª edição, 14
Prefácio, 28
Pretzels, 240
Principais flavorizantes e especiarias na panificação, 208
Principais fontes, 168
Processo biológico de fermentação, O, 150
Produção doméstica, 159
Proporção para conversão, 148
Qualidades principais, 206
Química por trás da elaboração de pães: os ingredientes básicos, A, 94
Receitas suplementares: recheios, brilho e farofa (*Streusel*), 407

Roma antiga (1000 a.C.), 44
Sal, 137
Século XX, O, 45
Semente de abóbora, 211
Semente de papoula, 212
Símbolos nacionais, 240
Sites, 416
Sova, 75
Suco de vegetais e frutas, 131
Técnica por trás da elaboração de pães, A, 214
Temperatura de derretimento, 195
Temperatura de utilização, 191
Temperatura, 148
Tempo de preparação, 158
Terminologia, 154
Textura, 158
Tipos de farinha de trigo, 103
Tipos de trigo e suas características, 101
Tratamentos da farinha, 102
Vapor, 129, 142
Viennoiserie, 343
Vinho, 131